LE FIGARO
LE FIGARO

ullstein

Das Buch

Nachdem Familie Ulrich vier aufregende Jahre in Rom verbracht hat, heißt es im Sommer 2009: Umzug nach Paris – die Stadt der Liebe und des Savoir-vivre soll die nächste Station des Auslandskorrespondenten der *Süddeutschen Zeitung* sein. Doch während seine Frau vom Wechsel an die Seine sehr angetan ist, hegt Stefan Ulrich gewisse Zweifel. Zum einen hat er Italien und das *Dolce Vita* in sein Herz geschlossen, zum anderen sind seine Sprachkenntnisse seit dem Grundkurs am Gymnasium etwas eingerostet. Und so gestalten sich die ersten Wochen und Monate in der neuen Stadt mal überraschend kompliziert, mal heiter-katastrophal. Von der Wohnungssuche mit astronomischen Mietpreisen über Hausmeister und Handwerker, die sich als Künstler verstehen, bis hin zum Versuch, Nicolas Sarkozy dazu zu bewegen, ein Interview zu geben, bleibt vor allem eine Erkenntnis: Die Franzosen sind ein merkwürdiges Volk, aber trotzdem merkwürdig liebenswert.

Der Autor

Stefan Ulrich, Jahrgang 1963, ist Paris-Korrespondent der *Süddeutschen Zeitung*. Über seine Zeit als Rom-Korrespondent hat er zwei überaus erfolgreiche Bücher geschrieben, *Quattro Stagioni* und *Arrivederci, Roma!*, beide im Ullstein Taschenbuch erschienen.

Von Stefan Ulrich sind in unserem Hause
bereits erschienen:

Quattro Stagioni – Ein Jahr in Rom
Arrivederci, Roma! – Ein Jahr in Italien

Stefan Ulrich

Bonjour la France!

Ein Jahr in Paris

Ullstein

Besuchen Sie uns im Internet:
www.ullstein-taschenbuch.de

FSC
www.fsc.org
MIX
Papier aus verantwortungsvollen Quellen
FSC® C014496

Originalausgabe im Ullstein Taschenbuch
1. Auflage August 2013
7. Auflage 2013

Umschlaggestaltung und Gestaltung des
Vor- und Nachsatzes: Sabine Wimmer, Berlin
Titelillustration: © Isabel Klett
Satz: LVD GmbH, Berlin
Gesetzt aus der Excelsior
Papier: Munken Print von Arctic Paper
Munkedals AB, Schweden
Druck und Bindearbeiten: GGP Media GmbH, Pößneck
Printed in Germany
ISBN 978-3-548-37505-2

Für Annette, Franziska
und Julius

Eins

Letzte Sonnenstrahlen blitzen zwischen den bewaldeten Hügeln hervor. Doch der Abendnebel steigt bereits aus den Schluchten. Er kriecht den Hang hoch, nistet sich zwischen den Natursteinhäusern mit ihren Schieferdächern ein, wabert um meine Füße und jagt mir einen Schauer über den Rücken. Ich verfluche die Ledersohlen meiner Schuhe und den leichten, in fröhlichem Mausgrau gehaltenen Anzug, den ich für diesen Termin angelegt habe. Jeans und Bergstiefel wären passender gewesen.

Steil steigt der Pfad zwischen Rebgärten empor, in denen herbstliche Weinstöcke stehen. Stumm und duldsam. In Reih und Glied. Wie Soldaten. Hier, im Land der Flüsse Marne und Aisne, haben im Ersten Weltkrieg Deutsche und Franzosen erbittert um jeden Hügel gerungen. Die Böden sind mit Wut und Blut getränkt. Und doch bringen sie einen Tropfen hervor, der in der ganzen Welt für Freundschaft und Feierfreude steht: Champagner.

Etwa eine Million Euro ist ein Hektar des gelobten Schaumweinlandes heute wert. In Gegenden außerhalb des streng begrenzten Anbaugebietes bringt der Hektar höchstens 10 000 Euro ein. Die kleinen Rebenhänge nordwestlich von Reims, durch die ich gerade stapfe, tragen die Champagnersorten Chardonnay, Pinot Noir und Pinot Meunier. Doch ihre Trauben dürfen nicht zu Champagner werden. Denn sie reifen knapp jenseits der Appellation. Das erbost die Weinbauern des gottverlassenen Weilers, der nun vor mir auftaucht. Sie wollen hinein ins Champagnerland, wie viele andere Dörfer der Region. Doch die Champagner-Winzer achten eifersüchtig darauf, dass das Anbaugebiet nicht zu groß wird und ihr sündteurer Schaumwein nicht verwässert. Seit Jahren tobt daher ein Rebenkrieg in der Champagne. Deshalb bin ich ja hier.

Schlotternd streife ich zwischen den einfachen Häusern umher, auf der Suche nach der *Mairie*, dem Rathaus, in dem mich zwei der Champagner-Rebellen treffen wollen. Ich halte nach einem flaggengeschmückten Empire-Schlösschen Ausschau, in dem französische Ortsvorsteher normalerweise residieren. Vergeblich. Ich klopfe an Türen. Ohne Antwort. Vierzig Menschen leben in diesem abgelegenen Dorf, habe ich vorher in meinem Hotel in Reims im Internet nachgelesen. Heute Abend scheinen sie alle ausgeflogen zu sein. Die Nacht sinkt herein. Die Kälte wird schärfer. Kein Licht leuchtet mir. Ich habe Hunger. Ein Gläschen Champagner würde meine Laune heben. Aber hier kann ich allenfalls aus einer rostigen Regentonne trinken. Müde und frierend setze ich mich auf eine Holzkiste. »Hallo! Ist da wer?«, rufe ich. Die Mauern geben nicht einmal ein Echo zurück. Ich schaue nach oben, zu den Sternen. Doch die verhüllt der Nebel. Ein Leben wie Gott in Frankreich hab' ich mir anders vorgestellt.

Zu allem Überfluss ziehen vor meinem inneren Auge allerlei Gestalten auf. Es sind Kollegen aus der Zentrale meiner Zeitung in München. »Typisch Ulrich«, höre ich sie lästern. »Während wir in unserem schnöden Hochhaus zwischen Bahngleisen und Autobahn an der Zeitung für morgen schuften, während sich andere Korrespondenten durch den arabischen Frühling oder den Herbst des Euro kämpfen, sitzt der Ulrich in einem idyllischen Winzerstädtchen und recherchiert über Schaumwein!« Die Kollegen reden sich – in meiner Phantasie – in Rage. Sie malen sich aus, wie ich erst vier Jahre lang *la dolce vita* in Italien genossen habe, um mich nun, vier weitere Jahre, dem *savoir vivre* in Frankreich hinzugeben. »Paris! *Amour!* Juliette Binoche! Champagner!«, höre ich sie hämen. »Es reicht. Schickt den Ulrich in die Produktion – oder nach Nordkorea!«

Natürlich wären diese Reaktionen maßlos ungerecht. Sie könnten nur von Leuten stammen, die Juliette Binoche bloß aus dem Kino kennen und die nichts von der knallharten Recherche ahnen, die mich seit Tagen durchs Champagnerland mit seinen feuchten alten Kellern voller tückischer Hefepilze treibt. Habe ich mich dabei geschont? Nein, das habe ich nicht. Ich habe für diesen Artikel über den Schaumweinkrieg alles riskiert, sogar meine Leber.

Ich höre die Einwände: »Und gestern? Der Termin in dem Städtchen Avize bei der Union Champagne, der größten Kooperative der Champagner-Winzer? War das etwa harte Arbeit?«

Zugegeben, das Treffen verlief eher erquicklich. Zur Begrüßung entkorkten drei charmante Damen der Union Champagne diverse Schaumweinflaschen, damit ich, Amateur, der ich war, einen *Blanc de Blancs* von einem *Blanc de Noirs* zu unterscheiden lernte. Zum Mittagessen kredenzten mir drei Herren der Geschäftsführung verschiedene zu Fisch, Geflügel und Dessert passende Champagner. Zum Abschluss holten sie eine besonders dicke, grünbauchige Flasche mit handgeschriebenem Etikett aus dem Keller. Sie stammte aus einer Zeit, als mein Großvater im Sandkasten spielte, und öffnete sich mit einem trockenen »Plop«.

Natürlich war dieser Termin an der Champagnerfront nicht wirklich unangenehm, auch wenn es mir ein Höchstmaß an Konzentration abverlangte, all die Feinheiten über das Terroir, die Rebsorten, EU-Richtlinien und Vermarktungsstrategien zu erfassen – und das nach mehreren Gläsern. Dafür ist der Termin heute umso ernüchternder. Meine Gesprächspartner sind Kälte, Nebel, Hunger und Durst. Wenn das die Kollegen ahnten!

Dann sehe ich doch noch ein Licht am oberen Dorfrand aufscheinen. Vor einem niedrigen Haus hängen die Trikolore Frankreichs und das Sternenbanner der Europäischen Union. Zwei ältere Männer in groben Pullovern öffnen. Sie führen mich in einen kahlen, von Neonlicht erleuchteten Raum. An der Wand hängt, als einziger Schmuck, das Bild des streng dreinblickenden Staatspräsidenten. Gut, dass ich den Anzug angelegt habe! Die beiden Männer – der Bürgermeister und einer seiner Freunde – bitten mich, am schlichten Holztisch Platz zu nehmen. Dann reden sie sich in Wut. Eine Unverschämtheit sei das mit den Grenzen des Champagnergebietes, die gerade neu bestimmt würden. Da würden Gemeinden aufgenommen, die das gar nicht beantragt hätten. Ihr Dorf dagegen, das vor vielen Jahrzehnten bereits einmal Trauben an Champagnerhäuser geliefert und sich so viel Mühe mit seinem Antrag gegeben habe, müsse draußen bleiben. »Man will uns ausschließen«, ruft der Bürgermeister und knallt seine schwielige Faust auf den Tisch.

»Ein abgekartetes Spiel«, poltert sein Freund.

»Geradezu Rassismus«, tobt der Bürgermeister. Sein Dorf habe genauso gute Böden und das gleiche Mikroklima wie die besten Champagnerlagen. Dennoch werde es nun geschnitten, nur weil es – der Willkür der Historie wegen – nicht mehr in der Verwaltungsregion Champagne, sondern in der Picardie liege.

Doch das lasse man sich nicht bieten. Man habe mit anderen übergangenen Gemeinden einen Verein gegründet und werde kämpfen.

Es herrscht wieder Krieg in der Champagne, auch wenn diesmal nicht mit Kugeln, sondern mit Trauben geschossen wird. Natürlich gehe es ihnen nicht um all das Geld, das ein neuer Hektar Champagnerland bringe, versichern die beiden Rebellen ihrem verschreckten Besucher, also mir. »Wir kämpfen vielmehr um die Ehre unseres Dorfes.« Notfalls werde man sich mit Reims, Paris und Brüssel zugleich anlegen. Vercingetorix ist tot und Asterix nur eine nette Erfindung. Doch der Widerstandsgeist kleiner gallischer Dörfer bleibt so quicklebendig wie Champagner.

Zum Abschied schenkt mir der Freund des Bürgermeisters noch eine schwere grüne Flasche mit Kronenkorken und ohne Etikett. Sie enthält die Essenz seiner Äcker, ein sprudelndes Getränk, das er Champagner nennt, auch wenn er das nicht darf. »Probieren Sie und sagen Sie, ob das Champagner ist«, fordert er mich auf und lässt seine Augen unter den buschigen Brauen blitzen.

»Ich kann leider nicht, denn ich muss noch Auto fahren«, sage ich.

Die beiden Rebellen nicken stumm und denken sich wohl: »Die spinnen doch, die Germanen.«

Die Heimfahrt gestaltet sich auch ohne Champagner schwierig. Antonia, meine Ehefrau, lehnt Navigationsgeräte aus grundsätzlichen Erwägungen heraus ab. Zum einen, weil ihr als Nachfahrin schwäbischer Hausfrauen kostspielige Aufwendungen zuwider sind. Man will schließlich nicht wie die Griechen enden. Zum anderen, weil sie als Tochter eines zivilisationsskeptischen Diplomingenieurs neumodischer Technik misstraut. Wenn sie selbst schon keine Landkarten lesen könne, vermöge das ein kleiner Plastikkasten erst recht nicht, hatte Antonia behauptet. Ein Navigator komme ihr daher nicht an Bord. Mein Einwand, ich müsse mich bei meinen Dienstfahrten nun oft alleine im mir noch fremden Frankreich zurechtfinden, fruchtete zunächst nichts. Dann kam mir der Zufall in Gestalt der Zeitung *Le Monde* zu Hilfe. Das Blatt bot Neuabonnenten ein Navigationsgerät als Prämie an. Und da ich als Frankreich-Korrespondent schlecht ohne *Le Monde* auskommen kann, landete doch noch ein Navigator in unserem alten, silbergrauen Passat. Antonia besteht allerdings darauf, den Ton abzuschalten, wenn sie im Auto sitzt. »Denn ich kann diese Stimme nicht ertragen.« Außerdem behauptet sie, das Gerät, das meine Kinder aus unerfindlichen Gründen »Froni« tauften, führe ohnehin nur auf den Holzweg. Leider hat Antonia damit immer mal wieder recht.

An diesem Abend geleitet mich Froni allerdings zunächst anstandslos aus dem Dorf hinaus und auf die Landstraße. Die Fahrt geht durch die menschenleeren Gefilde der *France profonde*, des tief ländlichen Frankreichs. Äcker wechseln sich mit Laubwäldern ab. Ein Wildschwein taucht am Wegrand im Scheinwerferlicht auf. Dann befiehlt Froni: »Nach 250 Metern rechts abbiegen!« Obwohl Französinnen normalerweise viel Wert auf Manieren legen, kommt nie ein »Bitte« aus dem Lautsprecher. Und obwohl Französinnen geistreiche Streitgespräche lieben, lässt sie sich nie auf Diskussionen ein.

Mein Bruder, der in Bayern lebt, kann sich dagegen mit seiner Navigatorin unterhalten. »Du bläde Henna«, schreit er, wenn sie ihn auf Abwege führt.

Die Navigatorin antwortet dann etwas spitz, aber höflich: »Ich kann Sie leider nicht verstehen.«

Solche Subtilitäten sind meiner Froni fremd. »Jetzt rechts abbiegen!«, herrscht sie mich an. Natürlich folge ich ihr, schließlich kenne ich mich im wilden Grenzland zwischen Champagne und Picardie nicht aus. Ich lande auf einem geteerten Waldweg, der sich immer wieder verzweigt und schließlich zu einem schlammigen Pfad verengt. »Wenden«, schnauzt Froni. Dann behauptet sie, sie habe keinen Satellitenempfang mehr.

Daher beschließe ich, die Navigation persönlich zu übernehmen. Bei der Rückfahrt verirre ich mich im Geflecht der Waldwege. Es ist spät geworden. Kein Wildschwein ist mehr unterwegs. Froni hüllt sich in Schweigen. Ich stecke fest. Allein im tiefen Frankreich. In Dunkelheit und Kälte. Wenn das die Kollegen wüssten.

Während ich nervös gegen Fronis Gehäuse klopfe und im Schummerlicht der Innenbeleuchtung des Wagens vergeblich eine Landkarte zu Rate ziehe, baut sich eine Frage vor mir auf, groß und grundsätzlich:

Wie konnte es so weit kommen?

Noch vor wenigen Monaten war ich, ohne es immer zu wissen, der glücklichste Mensch der Welt. Ich lebte mit Antonia und unseren Kindern Bernadette und Nicolas in Italien, in Rom, also dort, wo ich immer leben wollte, seit ich als kleiner Junge erstmals mit meinen Eltern über die Alpen gefahren bin. In Rom gab es eigentlich alles, was ich mir wünschte: italienische und deutsche Freunde, einen meist azurblauen Himmel, *Spaghetti allo scoglio* auf einer Terrasse am Meer, Pinien und Zypressen vor antiken Ruinen und barocken Kuppeln, Berge zum Wandern und sogar Skifahren, einen Cappuccino auf der Piazza Santa Maria in Trastevere, Joggingwege im Park der Villa Doria Pamphili, einen Palazzo mit allerlei sympathisch-skurrilen Gestalten, in dem wir wohnten, und das rötlich-warme Licht, das all dem eine romantische Grundfärbung verleiht.

Zugegeben, ich bin jetzt nicht objektiv. Wie sollte ich es auch sein, da ich doch immer noch, oder wieder, verliebt in Italien bin. Warum ich das Land dann verlassen habe? Das ist eine andere Geschichte. *Arrivederci, Roma!*

Zwei

Jedenfalls stecke ich nun hier an diesem trüben Septemberabend in Nordfrankreich in der Sch… – pardon, im Schlamassel, statt in der lauen römischen Abendluft mit dem Hausmeister Filippo vor unserem Palazzo zu stehen und bei einer Tasse *caffè* oder einem *bianco*, einem Gläschen Weißwein, den Tag ausklingen zu lassen. Dabei hatte ich mich zuletzt auf den Abschied von Rom und den Neuanfang in Paris so gefreut. Als mich der Chefredakteur vor etlichen Monaten am Telefon fragte, ob ich mir vorstellen könnte, als Korrespondent nach Frankreich zu gehen, sagte ich nassforsch »Ja«; und Antonia, Bernadette und Nicolas taten das auch. Antonia war glücklich, an ihre zwei Studiensemester an der Sorbonne anknüpfen und ihre alte Liebe Frankreich auffrischen zu können. Die zwölf Jahre alte Bernadette schwärmte vom Eiffelturm und von der Pariser Mode. Nicolas, inzwischen neun Jahre alt, freute sich schlichtweg auf den Umzug, aufs Kistenpacken, den Riesenlaster, den Einzug in sein neues Zimmer. Auch hoffte er insgeheim, am französischen Atlantik endlich die ganz großen Fische zu fangen. Mich selbst lockte es, ein mir noch wenig bekanntes Land richtig gut kennenzulernen, um es dann den Lesern meiner Zeitung zu beschreiben. Ich war neugierig auf Frankreich, diesen charmanten Koloss aus Geschichte, Kultur und Lebensart. So träumten wir alle unsere kleinen Träume – und die Geschichte nahm ihren Lauf.

Anders als Antonia bin ich keiner, der gern unvorbereitet ins kalte Wasser springt. So trafen in unserer römischen Wohnung alsbald schwere Kisten voller Bücher ein. »Kulturschock Frankreich«, »Spaziergänge in Paris« oder *»La France que j'aime«* (»Das Frankreich, das ich liebe«), lauteten die Titel. Natürlich machte sich meine Familie über mich lustig.

»Du musst natürlich wieder einmal alles zuerst theoretisch angehen«, seufzte Antonia.

»Wo sollen wir denn diese unzähligen Bücher hintun?«, stöhnte Bernadette.

»Kummer und Sorgen erfüllen mein Herz«, klagte Nicolas. Seit er angefangen hat, die Comics über Dagobert Duck zu lesen, bereitet ihm jede unnütze Ausgabe Pein. Schließlich möchte auch er einmal Milliardär werden und in Goldmünzen baden.

Ich aber ließ mich nicht beirren, las mich in die Französische Revolution und die Nöte der Pariser Vorstädte ein, grub mich durch die Werke französischer Intellektueller und paukte Französisch-Vokabeln. Dass ich das französische Fernsehen – per Satellit in meine römische Wohnung gesandt – kaum verstand, steigerte nur meinen Eifer.

Bösen Zungen zum Trotz ging ich die Sache jedoch nicht nur theoretisch, sondern auch praktisch an. Daher führte der letzte Sommerurlaub unserer römischen Jahre nach Korsika. »Die Insel ist ja ein italienisch-französischer Zwitter«, erklärte ich meiner überraschten Familie, »und daher für uns als Übergangsstation geradezu ideal.«

So spuckte uns eines heißen Julitages die Fähre in Bastia aus. Es wurde ein schönes Anschnuppern an Frankreich, das nur unwesentlich davon beeinträchtigt wurde, dass ich mir kurz zuvor beim Wohnungssuchen in Paris den Mittelfuß gebrochen hatte. Die

Bürgersteige an der Seine sind nämlich höher als am Tiber, und ich war wohl mit dem Kopf in den Wolken, die am Pariser Himmel zahlreich sind. Jedenfalls musste ich mich nun mit einem Gipsfuß durchs knapp 40 Grad heiße Korsika schleppen. Während Antonia und die Kinder im Mittelmeer planschten, saß ich schwitzend in einem viel zu niedrigen Klappstühlchen am Sandstrand und fluchte über meinen Vokabeln. *Je peste, tu pestes, il peste* – ich schimpfe, du schimpfst, er schimpft ... Immerhin hatte ich eine romantisch-rustikale Unterkunft in einem Bergdorf bei Calvi gebucht. Zu unserer Wohnung unter dem Dach führte eine Art Hühnerleiter empor. Zum Glück konnte ich wegen meines Fußes die Koffer nicht hochtragen. Antonia wirkte am Ankunftstag übrigens ein wenig angespannt. Dabei waren die Koffer gar nicht sooo schwer.

An Korsika gefiel uns besonders, dass man überall Italienisch sprechen konnte. Zugleich gewannen wir wie nebenbei einen Einblick in die kulturellen Unterschiede zwischen den beiden romanischen Schwesternationen. In der zweiten Woche hatten wir ein Häuschen in einer Ferienanlage bei Ajaccio reserviert. Die Anlage um das Schwimmbecken war hübsch und mediterran heiter, nur die Musik befremdete uns. Vom frühen Morgen bis zum Abend erklangen Trauermärsche aus den Lautsprechern. Spätestens nach einer Stunde am Pool fühlten wir uns moralisch zerrüttet. Wir beschwerten uns beim Besitzer der Anlage über die Musik. Der Mann nahm seine Ohrstöpsel heraus und hörte uns geduldig an. Dann sagte er: »Ich verstehe Sie ja. Aber wir haben hier nun mal viele Italiener als Gäste. Die sind eher lebhaft, wenn Sie verstehen, was ich meine.« Wir sahen ihn fragend an. »Sie machen einen Höllenlärm, die Italiener! Doch mit dieser Trauermusik kann ich sie ein bisschen runterdimmen.«

Italiener hin, Italienisch her – das Französische kam auf der *Île de la Beauté*, der Insel der Schönheit, dennoch nicht zu kurz. Ich kaufte mir morgens die Zeitungen *Le Monde*, *Le Figaro* und *Libération* im örtlichen *Café de Commerce*, setzte mich auf eine Piazza – *scusi: Place* – in den Schatten der Platanen und tat, als würde ich Französisch lesen. Dabei achtete ich darauf, die Blätter richtig herum zu halten. Abends hörten Antonia und ich im französischen Fernsehen, wie Rettungstrupps versuchten, die traditionellen Waldbrände auf Korsika zu löschen. Die Bilder erleichterten das Verständnis ungemein. Und zwischendurch schaffte ich es sogar, meinen ersten Simenon-Krimi im Original zu lesen: *»La Guinguette à deux sous«*, zu Deutsch: »Maigret und die kleine Landkneipe«.

Damit nun kein falscher Eindruck entsteht: Frankreich, die Franzosen und das Französische sind mir von Kindheit an vertraut. Meine Münchner Großmutter väterlicherseits benutzte hingebungsvoll Wörter wie Trottoir und Portemonnaie und behauptete, ihre Eltern seien so fein gewesen, dass sie sich – wir sind in der Zeit vor dem Ersten Weltkrieg – abends bei Tisch bisweilen auf Französisch unterhalten hätten. Meine Saarbrücker Verwandten mütterlicherseits badeten ohnehin im Französischen. Sie kauften unter der Woche ihren Muscadet bei Cora im nahen Sarreguemines und spazierten sonntags auf den Spicherer Höhen ins Nachbarland.

Mir selbst haben als jungem Menschen mehrere engagierte Lehrer am Gymnasium Tutzing die Sprache der Grande Nation beigebracht. So lasen wir bei Herrn Neumeister – von uns Schülern Monsieur Neufmaître genannt – sogar den dezidiert anspruchsvollen Roman *»L'Assomoir«* (»Der Totschläger«) von Émile Zola, wobei ich die deutsche Übersetzung unter der Bank nicht immer ausnahmslos zu Rate ziehen musste.

Auch reiste ich einmal im kulturell besonders aufnahmefähigen Alter von 14 Jahren mit der Familie nach Frankreich. Der Urlaub ist mir aus drei Gründen gut in Erinnerung: Erstens aßen meine Eltern, mein Bruder und ich damals in einem gepflegten Fischlokal der Bretagne *Homard à l'armoricaine*. Dabei handelt es sich nicht etwa um Hummer auf amerikanische Art – also mit *Freedom fries* und Coca Cola. *»Armor«* ist vielmehr das keltische Wort für »Land am Meer«, die Bretagne. Der Hummer à l'armoricaine in seiner Sauce aus Olivenöl, Cognac, Knoblauch, Schalotten, Tomaten, Zucker, Kräutern und Cayennepfeffer gehört definitiv zum Köstlichsten, was es aus dem Meer auf den Tisch geschafft hat. Das konnte ich damals allerdings noch nicht beurteilen. Dafür erinnere ich mich genau an den Augenblick, als mein Vater die kräftige Schere vom Körper des Panzertieres trennen wollte. Die von roter Sauce triefende Zange glitt ihm dabei aus der Hand, flog über seinen Kopf nach hinten und landete im Ausschnitt jener feinen Dame am Nachbartisch, die zweifellos aus sehr altem französischem Adel stammte. Dass Madame eine weiße Spitzenbluse trug, machte die Sache nicht besser. Jedenfalls lernten wir so, wie distinguierte Franzosen fluchen.

Zweitens nächtigten wir seinerzeit an einer Bucht südlich von Brest in einem nostalgischen kleinen Hotel. Meine Eltern fanden es romantisch, mein Bruder und ich schrecklich altmodisch. Allerdings mochten wir Kinder die gusseiserne Badewanne, die sich prima in ein Aquarium verwandeln ließ. Da hinein setzten wir die Schnecken, Muscheln, Krabben und Taschenkrebse, die wir bei Ebbe am Strand aufsammelten. Nach zwei Tagen hatte sich das Aquarium in eine bestialisch stinkende Brühe verwandelt. Wir lernten so, dass sich Süßwasser nicht für Salzwassertiere eignet – und dass auch bretonische Zimmermädchen sehr laut fluchen können.

Drittens besuchten wir auf der Rückfahrt Paris. Paris! Diese Kathedrale der Kultur und Kunst, diese Metropole der Musen und Museen. Meine Eltern wollten damit einen Samen in uns legen, der reiche Frucht tragen sollte. Ich interessierte mich allerdings weniger für Notre Dame, Louvre und Invalidendom als vielmehr für den Ausgang des Fußball-Bundesligaspiels Bayern München gegen Eintracht Braunschweig. Damals, im September 1977, gab es weder Internet noch Smartphone. Verzweifelt suchte ich daher eine Ausgabe jener heute weltweit an jedem anspruchsvollen Kiosk gehandelten Zeitung, für die ich mittlerweile schreibe. Tatsächlich fand ich an einem Stand aus grünem Gusseisen das süddeutsche Blatt. Rasend überflog ich die Seiten. Da prangte, druckerschwarz auf zeitungsweiß: Bayern München – Eintracht Braunschweig 3:2. Ich schwenkte die Zeitung und brach mitten auf dem Trottoir in Jubel aus. Auf der Stirn meines Vaters bildeten sich Falten. »So ein Banause«, zischte er meiner Mutter zu.

Damals dachte ich, Banause sei etwas zum Essen. Die Tore für Bayern schossen übrigens der heutige Vereinspräsident Uli Hoeneß und ein gewisser Gerd Müller. Er ist mit dem aktuellen Bayern-Star Thomas Müller weder verwandt noch verschwägert. Doch wir lernten schon damals: Ein Müller trifft immer.

So also waren meine profunden Kenntnisse von Frankreich und Paris, als ich mich auf Korsika daranmachte, die Grande Nation noch besser kennenzulernen. Zurück in Rom feierten wir mit Freunden und Nachbarn in unserem Palazzo ein rauschendes Abschiedsfest von *Bella Italia*. Ich spürte Hände, die mir auf die Schulter klopften, hörte Stimmen, die mir ins Ohr wisperten: *»Arrivederci, Roma! Bonjour, la France.«* Dann gingen die letzten Lichter aus.

Als wir am Morgen in unserer weitläufigen römischen Wohnung mit dem auberginefarbenen Marmorboden erwachten, warteten die Möbelpacker schon vor der Tür. Am Abend war die Wohnung leer. Am nächsten Tag rüsteten wir uns für die lange Reise nach Nordwesten. Unser Passat quoll über von all den letzten Dingen, die wir nicht den Möbelmännern anvertrauen wollten. Auf den Rücksitz zwischen die Plätze von Bernadette und Nicolas stellten wir eine Plastikwanne mit den Fischen aus Nicolas' Aquarium. Neben einigen Neons und Schwertträgern tummelten sich da »Schnecki«, eine schwarz-goldgelb gefärbte Prachtschmerle, die gern mit lautem Schmatzen Schnecken aussaugte, und »Nuckelpinne«, ein kräftiger Wels mit struppigen Barthaaren und eindrucksvoller Rückenflosse. Im Kofferraum installierten wir den Käfig für Bernadettes vier Meerschweinchen Jakob Brödler alias Giacomo, Nelly, Mucki und Susi. Filippo und Federica, das Hausmeisterehepaar, drückten uns noch mit Mortadella belegte Panini und zwei Flaschen San Pellegrino in die Hand – es würde sehr heiß werden. Dann ging es los. Das heißt, nun lief noch Paola, eine Freundin aus dem Palazzo, in der Tiefgarage auf unser Auto zu und verwickelte Antonia in ein Abschiedsgespräch. »Nur ganz kurz noch, Stefan«, sagte sie immer wieder.

Die Stunden verrannen, im Wagen mit den Meerschweinchen und Fischen wurde es stickig, und ich wurde nervös. »Antonia, so langsam müssten wir es packen.« Schließlich fuhren wir tatsächlich das letzte Mal aus der Tiefgarage unseres römischen Palazzo hinaus. Filippo und Federica standen am Tor. Sie winkten und winkten. Dann wurden sie im Rückspiegel immer kleiner. Wir bogen auf den *Lungotevere* und folgten einem der römischen Stadtbusse auf dem Weg Richtung Norden. Das erste Morgenlicht streifte die Hügel, und die Pinien grüßten zu uns herab. Ich presste die Zähne zusammen, um die Tränen zu unterdrücken, und schwor mir im Stillen, dass ich irgendwann nach Rom zurückkehren würde.

So verließen wir die Stadt meiner Träume. Wir wählten die Küstenautobahn, fuhren noch einmal durch die Landschaften, die uns so ans Herz gewachsen waren. Nordlatium, Maremma, Pisaner Ebene, Apuanische Alpen, Riviera di Levante. Genua. Dann, vorbei an Turin, hinauf ins Aosta-Tal. Unterwegs gab es Streit über die richtige Wagentemperatur. Nicolas bestand auf 25 Grad, wegen seiner tropischen Fische. Bernadette befand, ihren Meerschweinchen würden 22 Grad mehr behagen. Sie argumentierte, die kleinen Nager seien äußerst sensible Tiere – im Gegensatz zu Fischen. *»Ma vaffanculo!«*, gab Nicolas in breitem Römisch zurück. Das bleibt jetzt unübersetzt.

Natürlich musste unser reisender Zoo ständig halten. Mal suchte Bernadette eine Autobahnraststätte nach Löwenzahn ab, weil ich den Ankauf von teurem Rucola verweigert hatte. Mal fragte Nicolas an einer Tankstelle nach frischem Wasser für die Fische. Am Abend machten wir hoch oben im Aosta-Tal Station. Ich hatte extra ein Bungalow-Hotel mit Garten ausgewählt. So konnten Giacomo und Co. genüsslich grasen, während wir auf der Wiese ausgestreckt den Abend verbummelten und beobachteten, wie die Sterne aufleuchteten. Es wurde unsere letzte Nacht in Italien.

Am Morgen passierten wir am Monte Bianco die Grenze, ohne dass sich irgendetwas Dramatisches ereignete. Weder veränderte sich das Wetter, noch die Landschaft. Dennoch verspürte ich ein Kribbeln und Ziehen im Bauch wie früher vor Examensklausuren. Was würde uns in Frankreich erwarten? Wie würden uns die Franzosen empfangen? Widersprüchliche Stimmen wurden in mir laut. Da waren die Freunde und Verwandten in Deutschland, die fast unisono meinten: »Ihr dürft nach Paris ziehen, ihr Glückspilze! Paris, oh, là, là! Wie wir euch beneiden! Das ist doch ein Traum!« Ganz ähnlich hatten sie sich vier Jahre vorher vor unserer Abreise nach Rom ausgedrückt. Und hatten sie damals nicht recht gehabt mit ihren schönen Prognosen, überwiegend jedenfalls?

Doch dann waren da noch unsere italienischen Freunde. »Ihr zieht nach Paris? *Boh* ... Das ist sicher eine tolle Stadt – für eine Reise. Aber dort leben? *Sono forse un po' freddi i nostri cugini francesi.*« Sie seien vielleicht etwas kühl, die französischen Cousins. »So herzlich wie bei uns in Rom werdet ihr in Paris jedenfalls kaum aufgenommen.«

Dabei verbindet die beiden Metropolen an Tiber und Seine seit 1956 eine exklusive Städtepartnerschaft. Weltweit ist nur Paris der Stadt Rom ebenbürtig, und umgekehrt, so lautet die Botschaft. Dennoch sind sich Italiener und Franzosen, trotz aller Gemeinsamkeiten in Geschichte, Sprache, Küche und Kultur, nicht immer grün. Die Franzosen mit ihrem starken Staat finden, die Italiener mit ihrem schwachen Staat seien liebenswert, aber nicht so ganz ernst zu nehmen. Die Italiener wissen das und argwöhnen, die Franzosen schauten auf sie herab. Dabei stecken in Millionen Franzosen italienische Vorfahren. Selbst Bonaparte ist nicht wirklich ein französischer Name. Und die Franzosen würden heute nicht so vorzüglich speisen, wenn nicht eine gewisse Katharina von Medici im 16. Jahrhundert italienische Köche an den französischen Hof gebracht hätte – behaupten jedenfalls die Italiener.

Mit solchen Gedanken fuhren wir hinab ins Tal der Saône und dann durchs grüne Burgund der Hauptstadt entgegen. Unterwegs stellte ich verzückt fest, dass auch französische Raststätten von der italienischen Firma »Autogrill« betrieben werden. »Da fühlt man sich doch gleich zu Hause«, sagte ich.

»Jetzt werde bitte nicht albern«, sagte Antonia. »Wir ziehen doch nicht nach Frankreich, um weiter *panini*, *tramezzini* und *grissini* zu essen.«

Nach zwei Tagen Fahrt durch die Sommerhitze trafen die Meerschweinchen, Fische und wir erschöpft, aber lebend in Paris ein. Endlich in Paris! Ich rechnete damit, dass das die Tiere kaltlassen würde. Umso mehr freute ich mich auf die begeisterten Reaktionen der Kinder. Die Boulevards! Der Montmartre! *La Tour Eiffel!* Nicolas und Bernadette würden Augen machen! Das taten die beiden dann auch, freilich anders, als ich das erwartet hatte.

Die Stadt der Liebe wird, wie andere Metropolen auch, von einem lieblosen Autobahnring umschlossen. In Rom heißt er *Grande Raccordo Anulare*, vulgo *Gra*, in Paris *Boulevard périphérique*, kurz *périph* genannt. In diese Stadtautobahn bogen wir nun ein. Tröstet der *Gra* wenigstens noch mit Blicken auf grünes Hügelland über das Verkehrschaos hinweg, so bietet der *périph* Großstadt pur. Bis zu fünf Fahrbahnen pro Richtung breit, grenzt dieser 35 Kilometer lange Asphaltring das Pariser Zentrum von den Vorstädten ab. Der Verkehr ist auch für *Gra*-erprobte Menschen infernalisch. 270 000 Fahrzeuge wälzen sich jeden Tag über den *périph*, keine andere Stadtautobahn Europas ist dichter befahren. Von den zehn stauträchtigsten Stellen Frankreichs liegen sieben auf dem *Boulevard périphérique*. Schon das erklärt, warum Pariser nie pünktlich sein können. Ein achselzuckendes *»Tu sais, le périph …«* entschuldigt jede Verspätung.

Es soll Geschäftsleute geben, die mehr Zeit auf dem Ring als im Büro verbringen, obwohl sie nicht faul sind. Viele steigen daher bereits auf Zweirad-Taxen um oder benutzen selbst ein *»moto«*, um wie Kampfhunde rechts und links an den dahinzuckelnden Autos vorbeizuschießen. Wer, wie wir, das erste Mal über den *périph* fährt, bekommt daher leicht Panikattacken. Das Hupen, Reifenquietschen und Motorbeschleunigen sowie die alles umnebelnden Abgase steigerten unsere Beklemmung noch. Und auch die Bebauung verschaffte keine Entlastung. Links und rechts der Stadtautobahn machen sich mehr oder weniger scheußliche Bürohochhäuser auf jedem Meter des brettebenen Landes breit. So sah das Paris aus, in das wir an jenem Nachmittag des 31. Juli hineinfuhren.

In unserem Auto wurde es zunächst totenstill. Im Rückspiegel sah ich, wie Bernadette und Nicolas mit weit aufgerissenen Augen das Inferno auf sich wirken ließen. Etwa fünf Minuten lang sagten sie gar nichts. Dann ging es los:

»Das soll Paris sein?«, schnaubte Bernadette und verzog ihr Gesicht, als fahre sie durch eine Geisterbahn. »Das ist ja abscheulich!«

»Was für ein Alptraum!«, fiel Nicolas ein. »Das ist die schrecklichste Stadt der Welt!«

Antonias Beschwichtigungen, es handle sich um den Autobahnring, und der sei nirgends schön, auch nicht in Rom, steigerten nur noch die Entrüstung der Kinder. »Der *Gra* ist tausendmal schöner«, behauptete Bernadette.

»Ich will sofort zurück nach Rom«, brüllte Nicolas.

Als ich ungerührt weiterfuhr, begannen die beiden

miteinander zu tuscheln. Dann riefen sie im Chor: »Wir pro-tes-tie-ren! Wir strei-ken! Wir strei-ken!« Da ahnte ich, dass aus ihnen noch richtige Franzosen werden würden …

Das Protestgeheul von den billigen Plätzen ignorierend, steuerte ich durch den Verkehr. Alle paar Kilometer führten Autobahnzufahrten neue Ströme von Fahrzeugen zu. Dafür flossen andere Ströme über sogenannte *portes*, Tore, Richtung Innenstadt ab. Das klingt geregelter, als es ist. Tatsächlich drängeln und schieben sich Autos und Motorräder, jede kleinste Lücke hektisch nutzend, von außen hinein in die Mittelbahnen und wieder zurück. Dass dabei nicht noch mehr Unfälle passieren, ist mir bis heute rätselhaft. Damals nahm mich das Getümmel so in Anspruch, dass ich gar nicht merkte, wie das Geschrei auf den Rücksitzen verstummte und stille Tränen über Bernadettes Gesicht kullerten. »Mein armer Schatz, du brauchst doch nicht zu weinen. Du wirst bald sehen, wie gut es dir in Paris gefallen wird«, tröstete sie Antonia.

Mein Gott, was tue ich den Kindern da an, dachte ich bei mir. Laut sagte ich, auf ein Verkehrsschild deutend: »Schaut, da steht: *Porte d'Italie*. Jetzt kennen wir schon mal den Fluchtweg aus Frankreich.« Keiner lachte.

Während wir schweigend dahinfuhren, läutete mein Handy. Antonia, die besser Französisch spricht als ich und zudem nicht am Steuer saß, ging ran. Ich hörte eine hohe, aufgeregte und ungemein schnell sprechende Stimme aus dem Hörer näseln. Antonia musste mehrmals nachfragen. Dann sagte sie ganz cool: *»Mais nous sommes sur le périph, vous comprenez? On arrive quand on arrive.«* – »Wir sind auf dem *périph*, verstehen Sie. Wir kommen an, wenn wir ankommen.«

»Was ist denn das für einer«, sagte Antonia kopfschüttelnd, nachdem sie aufgelegt hatte. »Der hört doch, dass ich Ausländerin bin, und quasselt dennoch in so einem Tempo auf mich ein …«

»Wer war es denn?«, fragte ich.

»Ein Monsieur Canard, oder so ähnlich. Er sagte, er sei von der Hausverwaltung und wolle endlich unsere Übergabe machen. Heute sei der 31. Juli, das hat er immer wieder betont. Ob mir das denn klar sei. Alle seine Kollegen hätten bereits das Büro verlassen. Und er wolle noch heute Abend mit seiner Familie in die Ferien nach Südfrankreich aufbrechen.«

Oje! Ich erinnerte mich an unsere ersten Tage in Rom. Damals kamen wir am 1. August an. In den folgenden Wochen war kaum jemand zu erreichen, kein Handwerker, kein Telecom-Bediensteter, kein Vermieter. So war die erste Zeit in der nackten, brütend heißen Wohnung bisweilen alptraumhaft. Aber das hatte ich vor lauter Rom-Nostalgie inzwischen fast vergessen.

Nach knapp einer halben Stunde auf dem *périph* überquerten wir die Seine und erhaschten einen kurzen Blick auf jenes Gebilde, das die Pariser liebevoll »Dame de fer«, »Eiserne Dame«, nennen, das in Wahrheit aber dem Skelett einer Giraffe gleicht. »Schaut, Kinder, der Eiffelturm!«, rief Antonia. Doch bevor sich Bernadette die Tränen aus dem Gesicht wischen konnte, war er schon wieder verschwunden. Immerhin hob der Gedanke, künftig ganz nah an diesem Wunderwerk zu wohnen, ein wenig die Stimmung. Kurz darauf konnten wir endlich den *périph* über die *Porte de Saint-Cloud* verlassen. Wir kamen durch urbanere Viertel mit grünen Alleebäumen. Wir sahen die ersten eleganten Haussmann-Häuser – benannt nach dem einstigen Präfekten Georges Eugène Haussmann – mit ihren klassizistischen Fassaden und blanken Schiefer- oder Bleidächern. Auf den Café-Terrassen saßen die Menschen behaglich in der Sonne. »Man scheint hier doch irgendwie leben zu können«, dachte ich mir.

»Die Leute sind aber schick angezogen«, bemerkte Bernadette, die sich schon früh für Mode interessierte. »Aber sie tragen ja kaum Farben. Nur Schwarz, Grau, Weiß und ab und an Blau. Sieht aber klasse aus.«

Auch mir fiel jetzt auf, dass im Straßenbild – anders als im ebenfalls modebewussten Italien – die Knallfarben fehlten. Das jauchzende Gelb, das kesse Orange oder das sinnlich-herausfordernde Rot. Ich musste daran denken, was ich in einem meiner Bildbände über Paris gelesen hatte: Die Stadt sei in Farbe schwer zu fotografieren, weil es in ihr kaum ein Rot gebe. Kein Rot in der Stadt der Liebe? Bevor ich mir weiter darüber Gedanken machen konnte, überquerten wir erneut die Seine, verließen die Stadt und fuhren einen Hügel hinauf in die *banlieue*.

Wie würde Antonia, Nicolas und Bernadette unser neues Zuhause gefallen?

Drei

La banlieue bedeutet im Französischen an sich schlicht und harmlos »Vorort« oder »Vorstadt«. Seit geraumer Zeit wird *banlieue* jedoch immer mehr als Bezeichnung für sozial verwahrloste Problemviertel von Großstädten gebraucht, in denen viele Menschen in gigantischen Plattenbauten wohnen und unter hoher Arbeitslosigkeit, schlechter Schulbildung und grassierender Kriminalität leiden. In diesen *banlieues* konzentrieren sich oft Immigranten aus Nord- und Westafrika, die sich anderswo keine Wohnungen leisten können. Viele Jugendliche aus solchen Einwandererfamilien fühlen sich von Frankreich vernachlässigt und klammern sich daher an ihre ursprüngliche Identität zum Beispiel als Algerier oder Marokkaner. Das zeigt sich etwa dann, wenn sie bei Spielen der *Bleus*, der französischen Fußball-Nationalmannschaft, die algerische Fahne schwenken. Viele andere suchen Bestätigung im Islam und eine kleine Minderheit im radikalen Islamismus.

Berüchtigt wurden die *banlieues* durch einen regelrechten Aufstand der Vorstädte im Herbst 2005. Damals brannten in den Trabantensiedlungen von Paris, Lyon und anderen Großstädten Zehntausende Autos, aber auch Schulen, Geschäfte oder Polizeistationen. Der Staat hat seitdem viel Geld in die Renovierung von Sozialwohnungen gesteckt. An der wirtschaftlichen Misere und damit dem Gefühl der Vernachlässigung und Ausgrenzung in den sogenannten *quartiers sen-*

sibles hat sich aber wenig geändert. Bei meiner Arbeit als Journalist in Frankreich sollte mich das *Banlieue*-Problem immer wieder begleiten.

Nun ist aber *banlieue* nicht gleich *banlieue*. Während die nördlichen Vororte von Paris, die im berüchtigten Departement Nummer 93 liegen, in Frankreich als Chiffre für soziale Probleme gelten, steht die westliche *banlieue* im Ruf der Glückseligkeit. Hier im Departement Nummer 92, in Sichtweite des Eiffelturms und nahe dem Schloss von Versailles, florieren gepflegte, grüne und ruhige Wohnviertel wie Saint-Cloud, Garches oder Vaucresson mit ihren alten Natursteinvillen, blühenden Gärten, traditionsbewussten Bürgerfamilien, polnischen Zugehfrauen und schwarzen Kindermädchen. Das Familieneinkommen ist um ein Vielfaches höher als im Norden von Paris, Grundstücke und Häuser sind oft fast unbezahlbar. Allerdings stellt sich dieser Reichtum nicht protzig zur Schau. Neureiches Auftreten ist verpönt. *Bling-bling*, zu Deutsch Schickimicki-Gehabe, gilt als vulgär. Mancher Multimillionär fährt unter der Woche in seinem kleinen, alten Renault durch die Gegend und gönnt sich nur am Sonntag eine Spritztour im Porsche um ein Rondell im Park von Saint-Cloud. Für Franzosen im Straßenverkehr spricht es übrigens Bände, ob der Wagen vor einem ein Nummernschild mit der »92« oder der »93« besitzt. Doch davon ahnten wir an jenem 31. Juli noch nichts.

Mir war die Wohnungssuche in Frankreich schwergefallen. In Rom lebten wir mitten in der Stadt. Wir konnten zu Fuß zum Vatikan, an den Tiber oder nach Trastevere spazieren. Genauso wollte ich es auch gern in Paris halten. Mein Paris-Bild war bis zu unserem Umzug noch stark von amerikanischen Literaten der sogenannten verlorenen Generation geprägt, die in den zwanziger Jahren dank des hohen Dollarkurses Paris zum Fest fürs Leben machten, im Salon von Gertrude Stein verkehrten und in der mythischen Buchhandlung »Shakespeare and Company« stöberten. Ernest Hemingway war einer jener jungen Amerikaner, F. Scott Fitzgerald ein anderer. Ich malte mir als Abiturient und Student aus, wie sie in den Cafés des *Rive gauche* diskutierten, die Nachtlokale am Montmartre durchstreiften und in schlecht beheizten – aber hochromantischen – Dachwohnungen der Haussmann-Häuser an ihren Romanen schrieben. Als Woody Allen seinen Film »Midnight in Paris« in die Kinos brachte, war ich frappiert, wie sehr dessen Bilder meinem romantischen Paris-Ideal entsprachen. Lachen. Liebe. Lichter. Nächte.

Kurzum: Paris war in meinem Kopf kein realer Ort, sondern ein riesiges Literaten- und Künstler-Café, bevölkert mit Genies, Exzentrikern, Halbweltdamen und geistvollen Schauspielerinnen. Dass einige der allergrößten Romanciers wie Marcel Proust und James Joyce in Paris gelebt hatten, überhöhte mein Bild der Stadt noch mehr. Natürlich war mir bei der Wohnungssuche längst klar, dass dieses Phantasie-Paris mit der tatsächlichen Stadt allenfalls so viel zu tun hat wie das himmlische Jerusalem mit dem irdischen. Doch in irgendeiner Abstellkammer meines Großhirns hatte sich der Gedanke gehalten, dass es kein größeres Glück geben könnte, als in diesem imaginären Paris zu leben und zu schreiben.

Es hätte also nahegelegen, mich im romantischen Paris auf die Wohnungssuche zu begeben. Ich hätte an der *Rive gauche* Umschau halten können, wo außer Ernest Hemingway und Company auch Jean-Paul Sartre, Simone de Beauvoir und Freunde ihren Pastis auf den Café-Terrassen getrunken hatten. Oder im Marais, wo man in unzähligen charmanten Bars und Restaurants versumpfen kann. Am Montparnasse, den Marc Chagall als »Revolution des Auges« und »Rotation der Farben« beschrieb? Am Montmartre, auf dem Pablo Picasso einst als noch armer Künstler malte und Édith Piaf als *môme*, als Göre, herumstrolchte? Oder gar im noblen 16. Arrondissement, wo sich Carla Bruni und Nicolas Sarkozy zu Hause fühlen? Aus alldem wurde nichts. Denn Antonia, Bernadette und Nicolas (nicht Sarkozy, sondern Ulrich) bestimmten unisono: »Wir wollen in der Nähe der deutschen Schule wohnen.« Alle drei hatten in Rom unter den vielen langen Fahrten im Großstadtverkehr zwischen Haus und Schule gelitten. Das sollte nun anders werden; und da die »Internationale Deutsche Schule Paris« nicht in Paris, sondern im westlichen Vorort Saint-Cloud liegt, hatte ich dort Quartier zu machen.

Dummerweise liegt exakt gegenüber der Deutschen Schule auch noch die Amerikanische Schule Paris. Daher sind in Saint-Cloud und Umgebung Häuser und Wohnungen für Ausländer extrem rar und teuer. Ich glaubte naiverweise trotzdem, uns ein charmantes Häuschen mit schönem, großem Garten anmieten zu können. Das Wort »Villa« spukte durch meinen Kopf. Wenn ich schon nicht wie Hemingway mitten in Paris leben durfte, wollte ich wenigstens nach Herzenslust graben, pflanzen, grillen, mit Nicolas Fußball spielen und mit Bernadette Meerschweinchenställe bauen können.

Bei meinen zwei Wohnungssuchen in Paris wurde ich rasch auf den kargen Boden der Realität heruntergeholt. Das gerade noch bezahlbare Angebot war äußerst überschaubar, das akzeptable Angebot tendierte gegen null. Denn die »stattliche Villa«, die ein Makler anpries, erwies sich als Miniaturbruchbude, in der es unseren Meerschweinchen zu eng geworden wäre. Im

»charmanten Einfamilienhaus« blühten die Schimmelpilze. Das »stadtnahe Romantik-Domizil« wiederum stand in einsamster Waldlage rund fünfzig Kilometer westlich von Paris. Und dann war da noch ein an sich hübsches Haus – sogar mit Pool – im relativ schulnahen La Celle Saint-Cloud. Leider hatten es die Vormieter in einem Zustand hinterlassen, den desaströs zu nennen beschönigend wäre. Und der Makler versicherte, die Eigentümer lehnten jegliche »Verschönerungsmaßnahme« ab.

Entsprechend desillusioniert fuhr ich gegen Ende meines zweiten Aufenthalts mit einem Makler – der viel Wert darauf legte, nicht Canard, sondern Canad zu heißen – zur Besichtigung eines *»pavillon«* in einer Anlage namens »Hameau Beauregard« am westlichen Rand von Saint-Cloud. *Pavillon* bedeutet »Einfamilienhaus«, *hameau* seht für »Weiler« und *beauregard* lässt sich mit »Schönblick« übersetzen. Ein IIaus im Örtchen Schönblick – das klang eigentlich nicht schlecht. Angesichts meiner bisherigen Erfahrungen alarmierte mich die Beschreibung aber eher. Als Monsieur Canad dann auch noch versicherte, das Haus sei etwas eigenwillig, aber liebenswert, rechnete ich mit dem Schlimmsten.

Umso leichter war es, mich angenehm zu überraschen. Der *hameau*, der nur über eine private Stichstraße und einen Treppenweg zu erreichen ist, besteht aus einer alten Villa, einem putzigen Backsteinhaus sowie mehreren schmalen, turmhohen Reihenhäusern, die wohl erst 15, 20 Jahre alt sind, im windigen Atlantikklima dieser Anhöhe aber bereits reichlich Patina angesetzt haben. Der zu vermietende *pavillon* war einer dieser Reihentürme. Er hatte einen gelblich grauen, von der Feuchtigkeit fleckigen Anstrich und ziemlich verschmutzte graublaue Fensterläden, die wohl einst an die Provence erinnern sollten. Doch die Häuser standen um einen anheimelnden runden Platz herum, der von einer mächtigen Platane in seiner Mitte beschattet wurde. Zwei Elstern stritten sich im Geäst. Auf einem der Dächer gurrte eine Taube. Aus den Hecken strömte der Duft der ersten Jasminblüten. Ein Mädchen fuhr auf einem Roller vorbei, ein kräftiger Mann mit wolligem, weißgrauem Haar trabte zum Joggen los. Eine Frühjahrsidylle.

Ich muss wohl recht angetan dreingeschaut haben, denn Monsieur Canad sagte nun siegessicher: »Das Beste kommt noch.« Er öffnete die schwere Metalltür zu unserem *pavillon*, wobei die Klinke herunterfiel. Drinnen im Haus fühlte ich mich sofort angekommen. Die Fußböden waren mit Terrakotta ausgelegt, was eine mir warm-vertraute – sprich italienische – Atmosphäre schuf. Da der Wohnturm in Hanglage stand, ging es vom Erdgeschoss mit seiner Küche, dem Arbeitszimmer und der Galerie über eine Holztreppe zum Wohnzimmer hinab, das sich nach Süden zu einem winzigen Gärtchen öffnete. Eine Fensterfront reichte vom Boden des Wohnzimmers hinauf bis zur Decke der Galerie und verlieh dem Häuschen eine Atelier-Atmosphäre. Zudem ging der Blick über das Gärtchen und die Nachbarhäuser hinweg auf die flauschigen Laubbäume des Parks von Saint-Cloud. Überrascht, ja geblendet von so viel Grün und Licht warf ich kaum einen Blick auf das Gästezimmer plus Bad hinter dem Wohnzimmer und auf die drei Schlafzimmer samt Bad im ersten Stock. Ich wollte sofort den Mietvertrag unterschreiben. Canad lachte: »Ich schicke Ihnen die Bedingungen nach Rom. Dann können Sie entscheiden.«

Die Bedingungen hatten es in sich. Da war zunächst der Mietzins, für den man im Brandenburgischen ein Schloss samt Park bewohnen könnte. Doch deutsche Freunde in Paris versicherten uns, der Preis sei völlig normal, »ja, für die Gegend eher günstig«. Sodann gab es da noch einige seltsame Klauseln. Da stand etwa geschrieben, dass der Mieter die Küchengeräte so wie vorhanden akzeptiere und darauf verzichte, die Absauganlage der Gästetoilette zu beanstanden. Eine geheimnisvolle Regel? Antonia, die als gelernte Richterin genau aufs Kleingedruckte schaut, runzelte die Stirn, doch ich beruhigte sie damit, französische Häuser seien eben nun mal ganz anders gebaut und eingerichtet als deutsche. »Das macht ja gerade ihren Charme aus.«

Wir unterschrieben. Und so fuhren wir nun zu viert samt Fischen und Meerschweinchen mehr oder weniger erwartungsfroh unserem künftigen Domizil entgegen. Zum Glück ist Saint-Cloud ein außergewöhnlich hübsches Städtchen. Im Mittelalter von einem Mönch namens Chlodoald gegründet, entstand in seinem Park später ein grandioses Schloss, das im Lauf der Geschichte einem Bruder des Sonnenkönigs, Marie Antoinette und Napoleon gehörte. Im Deutsch-Französischen Krieg von 1870/71 besetzten es preußische und bayerische Truppen, bevor es französische Einheiten in Brand schossen. Die Ruine wurde schließlich beseitigt. Inzwischen trommeln Nostalgiker für den Wiederaufbau des Schlosses.

Wegen der Deutschen Schule leben auf der Anhöhe von Saint-Cloud auch etliche Deutsche. Französische Spötter sprechen daher vom »Sauerkrauthügel«. Diesen fuhren wir nun hinauf und gelangten in eine ruhige, hochromantische Straße: bescheidene und stattliche Villen aus rötlichem Sandstein, von Efeu, Wein und Blauregen überwachsen wie Dornröschenschlösschen; gepflegt verwilderte Gärten, aus denen Zedern wie blaugrüne Kerzenleuchter emporragten; pfeilschlanke Zypressen und silbrige Ölbäume vom Mittelmeer, üppige Bananenstauden, Apfelbäume, baumgroße Fächerpalmen – kurzum, ein Eldorado. Antonia zeigte sich beeindruckt. Die Kinder waren auf einmal entzückt. »Papa, das ist die schönste Straße der Welt«, sagte Nicolas.

»Einfach cool hier«, fand Bernadette.

Ich hatte Sorge, unser künftiger Wohnsitz könnte ein wenig abfallen vor all dieser Pracht. Da fuhren wir auch schon an unserem Haus vorbei. Es wirkte in dieser flamboyanten Straße wie ein Parasit im Fell einer Siamkatze. Der hässliche Anstrich, die abblätternden Fensterläden, die faulende Holzverkleidung des Dachgiebels. Doch Nicolas und Bernadette waren nun auf dem Enthusiasmus-Trip. »Ein kleiner Turm! Wie süß!«, riefen sie. »Wir wohnen in einem Turm! Wenn das unsere Freunde in Rom erfahren!«

Wir mussten noch um drei Ecken biegen, bevor wir auf der *place* des *hameau* eintrafen. Ein spindeldürrer Mann in zu kurzen Anzughosen und spitzen schwarzen Schuhen tigerte vor unserem *pavillon* auf und ab. *»Bonjour, Monsieur Canard«*, sagte ich beim Aussteigen in meinem routinierten Französisch, das mich unfallfrei bis ans Ende dieser Begrüßungsformel trug, und streckte meine rechte Hand aus.

»Canad, wenn Sie erlauben. Canad!«, entgegnete Monsieur Canad gereizt, meine Hand ignorierend. »Gut, dass Sie endlich da sind. Ich wollte schon vor zwei Stunden in den Urlaub aufbrechen.« Er deutete theatralisch auf die verschlossenen Fensterläden der Häuser unseres *hameau*. »So wie alle anderen Franzosen auch!«

»Le périph, vous savez«, entgegnete ich kühl.

Dann schloss Canad unseren *pavillon* auf, wobei ihm wieder die Türklinke auf den Boden fiel. Im Schnelldurchlauf wollte er uns das Haus zeigen. Arbeitszimmer, Galerie, Küche. In der Küche fiel uns auf, dass der

Herd vorgerückt war und auf der Rückseite gewisse Brandspuren aufwies. Antonia öffnete den Kühlschrank und schreckte ob des Geruchs und der Pilzbesatzung im Innern zurück. »Sie haben unterschrieben, dass Sie nichts an der Küche monieren«, meinte Monsieur Canad prophylaktisch.

Wir stiegen ins Untergeschoss hinab, bewunderten den wirklich schönen offenen Kamin des Wohnzimmers, betraten das dahinterliegende fensterlose Gästezimmer und dann das noch weiter in den Hang hineingegrabene Gästebad. Monsieur Canad öffnete hektisch die Wasserhähne des Waschbeckens, um deren Funktionsbereitschaft zu demonstrieren. Es ertönte ein muffiges Rülpsen, doch es kam kein Nass. Daraufhin eilte er hoch und in die Garage, um den Hauptwasserhahn zu öffnen. Mit Erfolg. Davon ermutigt, drückte ich die Spülung der Toilette. Die Wirkung war frappierend. Nicht etwa, weil nun Wasser in die Kloschüssel floss – damit hatte ich gerechnet. Sondern wegen des eigentümlichen Geräuschs, das nun minutenlang das ganze Haus erschütterte. Es klang wie ein immer wieder anspringender und absterbender Rasenmäher – nur viel, viel lauter. *»Mon Dieu, c'est quoi?«*, schrie Antonia.

Wir vermeinten, ein diabolisches Grinsen über das Gesicht von Monsieur Canad huschen zu sehen. »Sehen Sie diesen weißen Kasten da«, sagte er und deutete auf das seltsame autobatteriegroße Gerät unter dem Spülkasten. »Aus dem kommen diese Geräusche. Das Gästebad liegt unter dem Niveau des städtischen Abwasserkanals. Daher müssen die Fäkalien erst einmal hochgepumpt werden. Um Verstopfungen zu vermeiden, werden sie davor in diesem Gerät zerstückelt. Sie dürfen sich das wie einen Häcksler vorstellen. Ich erspare Ihnen die Details.«

»Und das funktioniert?«, fragte Antonia, ein wenig blass um die Nase.

»*Pas de souci* – keine Sorge!«, sagte Canad. »Jedenfalls haben Sie mietvertraglich zugesichert, die Absauganlage der Gästetoilette nicht zu beanstanden.«

»Warum habe ich dich eigentlich Jura studieren lassen?«, zischte Antonia mir zu.

»Weshalb habe ich eigentlich eine Richterin geheiratet?«, fauchte ich zurück.

In diesem Augenblick ertönte ein gellendes Geschrei aus der obersten Etage. »Mama! Papa! Wasser! Hilfe!«, kreischten unsere Kinder. Wir stürmten nach oben, gefolgt von Monsieur Canad. Auf der zweiten Treppe hinauf ins Obergeschoss floss es uns bereits entgegen. Im Schlafbereich angekommen, sahen wir, dass schon das gesamte Stockwerk zentimeterhoch unter Wasser stand. Canad stürmte in einen winzigen Raum, offenbar die Waschküche. Dort stand das Wasser noch höher. Nun entspann sich ein seltsames Schauspiel. Der spindeldürre Monsieur Canad sprang mit seinen eleganten spitzen schwarzen Schuhen wütend auf dem überschwemmten Laminatboden herum, dass es nur so spritzte. Dann riss er sein Handy aus der Tasche und rief offensichtlich seine Hausverwaltungsagentur an. *»Ici, c'est l'enfer!«*, brüllte er in das arglose Gerät. »Das hier ist die Hölle!« Es folgte ein wütender Dialog. Wir standen staunend dabei und verstanden nur so viel, dass Monsieur Canad befahl, sofort einen Klempner herbeizurufen.

Er beendete das Gespräch, röchelte kurz und flüsterte: »Das waren die Vormieter! Sie haben beim Ausziehen das Wasser abgestellt! Klar, dass dann beim Wiederanstellen alle Dichtungen platzen! Nun haben wir die Bescherung. Am 31. Juli bekommen wir keinen Klempner her. Die fahren heute alle in den Urlaub. Vor Anfang September kommen die nie zurück. *C'est l'enfer!*«

Antonia und ich waren ganz seiner Meinung. Allerdings konnte ich mir die Bemerkung nicht verkneifen: »Monsieur Canard, wir haben nicht unterschrieben, in einem Schwimmbad zu wohnen. Schließlich sind wir beide Volljuristen.«

»Canad, wenn ich bitten darf«, antwortete Monsieur. »Und das mit dem Schwimmbad ist übertrieben.«

Nicolas und Bernadette hatten derweil ihren Spaß. Sie hüpften auf dem völlig durchweichten Teppichboden im Flur des Obergeschosses herum, dass es nur so spritzte, und schrien: *»C'est l'enfer! C'est l'enfer!«* Schön, wie schnell sie Französisch lernten.

Vier

In dieser hochnotpeinlichen Lage ertönte eine kräftige Männerstimme aus dem Erdgeschoss: »Brauchen Sie Hilfe?«

»Ja«, schrien Monsieur Canad, Antonia und ich wie aus einem Munde. Dann planschten wir die Treppe hinunter. In der Tür stand eine eigentümliche Gestalt. Ein Mann in Adiletten und einem weiten kanariengelben Trainingsanzug. Sein Kopfputz bestand aus einem seltsamen rosafarbenen Stoffgebirge, das womöglich einen Turban darstellen sollte, sich bei genauerem Hinsehen jedoch als alte Damenstrumpfhose mit verknoteten Beinen entpuppte. Darunter leuchtete ein schwarzes, freundliches Gesicht hervor. Wenn es lachte, blitzten die schneeweißen Zähne.

Wir müssen den Mann wohl ziemlich entgeistert angeschaut haben, als sei er eine Erscheinung.

»Je suis Napoléon«, stellte er sich vor und zeigte seine schneeweißen Zähne.

Wir schauten noch verblüffter drein. *»L'empereur?«*, entfuhr es Antonia.

Napoléon lachte. »Nein, ich bin nicht der Kaiser, sondern *la bonne à tout faire*, das Mädchen für alles, von gegenüber.« Er deutete über den Platz auf das niedliche Backsteinhaus, das mit seinem Obst- und Gemüsegärtchen wirkte, als entstamme es einer Modelleisenbahn-Landschaft. »Ich habe Ihre Schreie gehört. Sie brauchen Hilfe!«

Er blickte auf das Wasser, das die Treppe herunterrieselte und auch bereits von der Decke tropfte. Dann sprang er mit ein paar Sätzen die Treppe hoch, uns im Gefolge. Er eilte in die Waschküche, holte einen Schraubenzieher aus seiner Trainingshose, stemmte ihn in eine Ritze an einem Wandabsatz und hebelte ein Brett heraus. Dahinter kam ein verrosteter Boiler zum Vorschein, aus dem es nur so spritzte. Napoléon griff nach unten und drehte einen Hahn zu. Das Spritzen wurde schwächer und versiegte schließlich ganz. Einen Moment war Ruhe. Wir schauten uns betreten, aber auch erleichtert an. »Ich muss jetzt wieder rüber«, sagte Napoléon. »Mich um Madame kümmern. Wenn Sie sich ein bisschen eingerichtet haben, kommen Sie doch dieser Tage mal vorbei. Damit wir uns kennenlernen.«

So schnell, wie er aufgetaucht war, war Napoléon wieder verschwunden.

Apropos einrichten. Ich deutete auf den überschwemmten Boden und sagte streng: »Monsieur Canad, unsere Möbelpacker kommen morgen. Wie sollen wir hier einziehen?«

Canad blickte erstmals zerknirscht drein. »Das Wasser trocknet in der Sommerhitze schnell«, stammelte er dann. »Und ich werde gleich unsere Ferienvertretung in der Hausverwaltungsagentur alarmieren. Sie wird sich so schnell wie möglich um einen Klempner kümmern.«

»Im August?«

»*Pas de souci!* Ehrenwort!«

Danach gingen wir alle in die noch trockene Küche, um das Übergabeprotokoll zu unterzeichnen. Ich bestand darauf, darin festzuhalten: »Wasserflecken auf Teppich im ersten Stock wegen Überflutung.« Canad wiederum gestattete uns großzügig, den unbrauchbaren Herd und Kühlschrank wegzuwerfen. Die Überschwemmung hatte ihm gutgetan. Er war jetzt viel kooperativer. Obwohl er immer wieder nervös auf die Uhr schaute, antwortete er bereitwillig auf unsere Fragen nach dem nächsten Baumarkt, Kaufhaus und Telefonladen. »Am besten fahren Sie ins Parly 2 von Le Chesnay«, sagte er. »Wenn Sie da nicht alles finden, gehen Sie einfach ins Einkaufszentrum von Saint-Quentin-en-Yvélines. Das kennen Sie nicht? Na, das liegt gleich neben Montigny-le-Bretonneux.«

Uns schwirrte der Kopf, und wir bestanden darauf, dass Canad alles auf einer Karte, die die Vormieter hinterlassen hatten, einzeichnete. Dabei entdeckten wir: Viele französische Ortschaften legen keinerlei Wert auf kurze, eingängige Namen. Natürlich gibt es Paris, Lyon, Lille oder Brest, aber es gibt eben auch, und nicht zu knapp, Ahaxe-Alciette-Bascassan, Labastide-sur-Bésorgues, Monceau-le-Neuf-et-Faucouzy, Montaignac-Saint-Hippolyte, Saint-Lubin-des-Joncherets oder eben Saint-Quentin-en-Yvélines. Denkt man nun noch die Neigung der Franzosen dazu, rapid zu sprechen und Silben zu verschlucken, dann kann man sich vorstellen, wie schwer es für den Frankreichneuling insbesondere am Telefon wird, die Wegbeschreibung nach, sagen wir, Wy-dit-Joli-Village zu finden.

Teilweise wurden bei Gebietsreformen einfach die Namen zusammengeschlossener Gemeinden aneinandergehängt. Häufiger rühren die komplizierten Namen aber daher, dass in Frankreich unzählige Orte nach Heiligen benannt sind. Das mag verwundern, da die Republik viel Wert auf die Trennung von Kirche und Staat legt, der Einfluss der Bischöfe geringer als in Italien oder Deutschland ist und nur noch wenige Franzosen regelmäßig den Gottesdienst besuchen. Einst galt Frankreich jedoch als »älteste Tochter der Kirche«. Das ist im Land noch auf Schritt und Tritt zu sehen und zu spüren. Die großartigen gotischen Dome und anrührenden romanischen Dorfkirchen zeugen ebenso davon wie viele Gemeindenamen. So habe ich nicht weniger als sechsundvierzig Orte gezählt, die sich nach Saint Denis nennen, dem Heiligen Dionysius, der auf dem Montmartre enthauptet wurde und danach noch kilometerweit mit seinem Kopf in den Händen marschierte. Er wird unter anderem gegen Kopfschmerzen angerufen. Um all die nach ihm benannten Städte und Dörfer zu unterscheiden, hängen die Franzosen einen Beinamen an. Saint-Denis-des-Monts etwa, oder Saint-Denis-sur-Loire.

Nicolas und Bernadette kamen nun in die Küche und versicherten, das Planschen in der Hölle sei schön gewesen, aber nun hätten sie Hunger. Auch wir wollten nach der langen Fahrt und der feuchtfröhlichen Hausübergabe vor allem ausspannen und etwas essen. So entließen wir Monsieur Canad in seine Ferien. Wir wischten das Wasser auf, so gut es ging, schlossen unseren leeren Turm ab und begaben uns nach draußen. Kein Mensch war zu sehen. Die Parkplätze vor den anderen Häusern waren leer, die Fenster verrammelt. Genauso wie Italien fährt auch Frankreich Ende Juli/Anfang August möglichst geschlossen in den Urlaub. Wir fühlten uns ein wenig verlassen unter der Platane auf dem kleinen Platz. Da sahen wir, dass in dem Modellbahnhäuschen ein Fenster offen stand. Eine ältere Dame mit spitzer Nase und kokettem Bubikopf-Haarschnitt lugte heraus. Es musste Napoléons Madame sein. *»Bonjour, Madame«*, grüßten wir unisono. Sie nickte uns hoheitsvoll, aber wohlwollend zu. Nun hatten wir in der neuen Nachbarschaft schon zwei Freunde.

Zu Abend aßen wir in einem Bistro auf dem Boulevard der Republik von Saint-Cloud. Wir wählten *faux-filets* und *pommes frites*, die französische Alternative zum

Hamburger, denn für kulinarische Experimente waren wir zu müde. Immerhin lernte ich vom Wirt noch, dass das populärste französische Bier *1664* heißt – benannt nach dem Gründungsjahr einer Straßburger Brauerei –, das beste dagegen *Leffe*. Allerdings stammt das aus Belgien. Die Nacht verbrachten wir nicht, wie vier Jahre zuvor bei unserem Einzug in Rom, auf Behelfsbetten in einer kahlen Wohnung, sondern im Hotel. Wir sind älter geworden.

Ich träumte von einem spindeldürren Mann in Hochwasserhosen und spitzen Schuhen, der, seinen abgeschlagenen Kopf in den Händen, durchs überflutete Paris hüpfte und schrie: *»C'est la France! C'est la France!«* Dann sehe ich mich auf dem Dach unseres römischen Palazzo sitzen und eine italienische Zeitung lesen. Eine Taube landet neben mir. Sie trägt eine Fanmütze des Fußballvereins AS Roma auf dem Kopf. »Du wirst nur in Rom glücklich bleiben«, zwitschert sie. Verstört fahre ich aus dem Schlaf.

Tags drauf sahen wir einen schweren Laster samt Anhänger einer Tutzinger Speditionsfirma am Frühstückssaal des Hotels vorbeidonnern. Wir ließen Croissants und Milchkaffee stehen und eilten hinaus. So früh hätten wir die Umzugsleute nicht erwartet. Wir holten sie vor der Stichstraße zu unserem Haus ein. Die Möbelpacker erzählten uns, sie seien am Abend vor ihrer Abfahrt in Rom noch bestohlen worden. Jemand habe ihr kleines Begleitauto, das vor unserem Palazzo parkte, aufgebrochen und allerlei Dinge entwendet. Das tat uns sehr leid. Nun waren wir und unsere Gäste vier Jahre lang in Rom von Dieben und Einbrechern verschont geblieben – und dann musste so etwas in letzter Minute passieren.

Zu allem Überfluss stellten die Umzugsleute auch noch fest, dass ihr Laster zu groß war, um durch die

Stichstraße bis auf den Platz vor unserem Haus zu fahren. Daher mussten sie ihn vorher abstellen und alles selbst bis zum Turm schleppen. Sie nahmen es sportlich und wurden dabei heftig von Bernadette und Nicolas unterstützt, die unermüdlich Lampen, Blumentöpfe und Kleiderkisten herbeischafften. Schnell merkten wir, dass der Turm viel kleiner war als unsere römische Wohnung und einfach nicht alles hineinpasste. So schickten wir etliche Möbel mit der Spedition zurück, um sie für spätere Zeiten in Tutzing einzulagern. Dennoch wurden es zwei vergnügliche Einzugstage. Wir kannten die Möbelleute vom Umzug nach Rom her und verstanden uns mit ihnen prächtig. Sie stellten nicht nur alles auf, sondern halfen uns auch, Bilderhaken anzudübeln und die eine oder andere kleine Macke im Haus zu reparieren. Bernadette und Nicolas einigten sich erstaunlich reibungslos über die Zimmerverteilung im ersten Stock. Beide sicherten sich kleine, aber schöne Räume mit Blick nach Süden auf den Park. Antonia und mir wiesen sie ein winziges Schlafkämmerchen nach Norden neben der Waschküche zu, in das kaum unser Bett hineinpasste. Ich dachte an den alten Wappenspruch meiner Familie – »Unser Herz blüht den Jungen« – und hielt den Mund.

Zur Belohnung durfte ich eine Schnellpizzeria gleich um die Ecke entdecken. Sie wurde zwar nicht von Italienern, sondern von jungen Algerienfranzosen betrieben, aber ihre Pizza war fast so knusprig wie die in unserer römischen Lieblingspizzeria »Dei Marmi« in Trastevere. Ich holte Pizza und Bier. Wir setzten uns mit den Umzugsleuten im warmen Abendlicht unter die Platane und schmausten so schön wie in Italien. Aus dem Fenster des Natursteinhäuschens schaute Madame heraus. Wir grüßten uns wie alte Nachbarn.

Am nächsten Morgen, während die Möbelpacker weiter unseren Turm beluden, kamen zwei junge Schwarze in blauen Overalls mit einer Werkzeugtasche an und fragten, ob hier in der Nähe ein »Msiö Ülrìsch« wohne.

»Wir ziehen gerade erst ein, wie Sie sehen, und kennen die Nachbarschaft noch nicht«, antwortete ich. »Dem Namen nach muss es sich aber wohl um einen Ungarn oder Finnen handeln. Keine Ahnung, ob ein solcher hier in der Gegend lebt.«

»Aber dieser Msiö Ülrìsch soll genau in diesem *pavillon* wohnen«, insistierte der Wortführer der beiden und wedelte mit einem Stück Papier herum.

Ich warf einen Blick darauf. Da stand: »Monsieur Ulrich, Hameau Beauregard, pavillon 10«. Ich hatte den Handwerker einfach nicht verstanden. In Italien wurde ich immer *dottor Uuulrik* genannt, mit der Betonung auf der ersten Silbe. Fortan würde ich also *Monsieur (Msiö) Ülrìsch* heißen, mit einem ganz scharfen »sch« am Ende, etwa wie im deutschen Wort »schießen«. Bald erfuhr ich, dass die Franzosen prinzipiell sämtliche Fremdwörter und alle ausländischen Namen französisch aussprechen. Dabei ist die letzte Silbe zu betonen, immer, ausnahmslos und ohne jede Rücksicht auf Verständnisverluste. Bei Zuwiderhandlungen droht die sofortige Ausweisung. Der amerikanische Präsident heißt daher auch in den Hauptnachrichten stets *Baràck Obamà*. Im Radio wird eine bekannte Popsängerin als *Ladỳ Gagà* angekündigt. Später folgt ein Song mit dem Titel *Sinjöng in se röin*. Er soll von einem gewissen *Frooonk Sinatrà* stammen. Zu Höchstleistungen laufen die Moderatoren auf, wenn wegen nicht zu ignorierender Verwicklungen der Weltgeschichte Wörter wie Massachusetts oder Leutheusser-Schnarrenberger auszusprechen sind. Dann verlieren Nichtfranzosen definitiv den Überblick, um was es eigentlich geht.

Als ich mich als *Msiö Ülrìsch* outete, schauten mich die beiden Blaumänner verblüfft an. »Warum taten Sie denn dann vorher, als ob Sie nicht Msiö Ülrìsch seien?« Kopfschüttelnd erklärten sie, den Boiler reparieren zu wollen. Nach allen Berichten über das Leben in Frankreich, die ich gelesen und von persönlich Betroffenen gehört hatte, grenzte das an ein Wunder: Zwei Handwerker kommen binnen zwei Tagen – und das am 2. August. Monsieur Canad hatte Wort gehalten. Ich wäre den Blaumännern am liebsten mit dem Ruf »Vive le französische Handwerk« um den Hals gefallen. Doch dann hätten sie wohl endgültig gedacht, nicht nur der Boiler, sondern auch *Msiö Ülrìsch* sei nicht ganz dicht. Daher bot ich den beiden lieber zwei *espressi* aus unserer italienischen Maschine an, um sie bei Laune zu halten. Sie nahmen überrascht und gern an. »Wo kommen Sie her?«, wollte der Wortführer wissen.

»Aus Deutschland. Genauer gesagt aus München, aber das werden Sie nicht kennen.«

»Ah, aus München«, sagte der Handwerker und schnalzte anerkennend mit der Zunge.

»Sie kennen München?«, fragte ich erstaunt. »Wegen der *fête de la bière*, dem Oktoberfest?«

»*Fête de la bière*? Nie gehört. Aber in München spielt doch Frooonk Ribéry. Ein toller Fußballer, einfach *super génial*! Komisch ist nur, dass er für Bayern viel besser spielt als für die *Bleus* – unsere französische Nationalmannschaft. Wenn das so weitergeht, wird er noch Deutscher werden.«

Während die beiden am Boiler herumhantierten, entspann sich ein lebhaftes Gespräch – trotz unseres ungeübten Französisch. Franzosen neigen eigentlich dazu, leicht ungeduldig zu werden, wenn jemand die Sprache Molières und der gebildeten Menschheit nicht fehlerfrei beherrscht, inklusive der Feinheiten des weltweit berüchtigten *subjonctif*. Doch beim Thema

Fußball lassen sie sich schon mal zu einem Plausch mit bildungsfernen Fremdlingen herab. Wobei sich Fußball in Paris eher als Gesprächsöffner bei den sogenannten einfachen Leuten bewährt. Das gehobene Bürgertum steht auf eine ganz andere, nur scheinbar brutale und schmutzige Sportart, deren Subtilität für das bloße Auge kaum wahrzunehmen ist: auf Rugby.

Nach wenigen Minuten hatten die Handwerker den Boiler abgedichtet, ziemlich »oberfläschlich«, wie Nicolas, der Technik-Experte unserer Familie, befand. Die Blaumänner aber waren hochzufrieden. Sie zeigten strahlend auf ihr Werk und riefen: *»Impec!«* Das Wort steht für *impeccable*, »tadellos«, und wird in Frankreich verwendet, wenn es eine besonders feine Leistung zu würdigen gilt. Nicolas fasste das sofort richtig auf. Wenn er künftig einmal eine schlechte Note von der Schule heimbrachte und eventuellem Tadel vorbeugen wollte, deutete er nur auf das Blatt, reckte den Zeigefinger und rief: *»Impec!«*

Am Abend fuhren unsere Möbelpacker mit ihrem riesigen Lastwagen ab. Die Kinder liefen ihnen winkend nach. Wir hatten sie alle ins Herz geschlossen und hofften darauf, in einigen Jahren wieder mit ihnen umziehen zu können. Fast fühlten wir uns jetzt ein bisschen einsam in unserem *hameau*. Wir hatten an diesem heißen Augustabend noch über 30 Grad. Obwohl es schon nach neun Uhr abends war, ging die Sonne gerade erst unter. In Paris ist es im Sommer viel länger hell als in Rom. Wir beschlossen, unseren Garten einzuweihen. Er bestand, bei wohlwollender Schätzung, aus vielleicht 40 Quadratmetern vertrockneter Wiese, die sich zwischen unserem Wohnzimmer und der tiefer gelegenen, durch ein Mäuerchen abgegrenzten Straße ausbreiteten. Die Vormieter waren schon vor Monaten ausgezogen. Was an Blumen und sonstigen Zierpflanzen auf dem Grundstück gediehen sein mochte, war der Sommerhitze zum Opfer gefallen. Nur die umgrenzenden Lorbeer- und Kirschlorbeerbüsche, ein Apfelbaum und eine weiße Rose hatten überlebt. Als wir unsere Brotzeit – Baguette, Salami, Käse, Trauben, Apfelsaft und, zur Feier des Tages, eine eisgekühlte Flasche Sancerre – auf dem verblichenen Rasen ausbreiteten, schaute mich Bernadette eindringlich aus ihren großen, runden Augen an, so wie sie es immer tut, wenn sie Wichtiges mitzuteilen hat. Dann sagte sie ohne Vorwurf, aber bestimmt: »Papa, du hattest uns einen Garten versprochen. Dies hier ist eine Wüste. Eine sehr kleine Wüste.«

»Wo sollen wir hier Fußball und Tischtennis spielen?«, fiel Nicolas ein. »Da hätten wir doch gleich in Rom bleiben können!«

Antonia rettete die Situation. »In Rom hatten wir gar keinen Garten«, sagte sie praktisch. »Doch hier haben wir etwas, aus dem wir einen Garten machen werden.« Sie klang wie Moses, der seinem kleingläubigen Volk Israel den Weg durch die Wüste ins Gelobte Land wies.

Vielleicht lag es am Umzug, vielleicht an der Hitze, vielleicht war auch die zweite Flasche Sancerre nicht ganz in Ordnung: Wir schliefen jedenfalls tief in den nächsten Morgen hinein. Als Antonia und ich erwachten, hörten wir die Amseln vor dem Fenster zwitschern. Ansonsten war es vollkommen still im *hameau*. Leise, um die Kinder nicht zu wecken, schlichen wir hinunter ins Wohnzimmer. Die Sonne schien draußen auf den verbrannten Rasen und die Reste unseres Picknicks. *Pique-nique* – das Wort ist übrigens französischen Ursprungs und setzt sich aus *piquer*, »aufpicken«, und *nique*, »Kleinigkeit«, zusammen. Dass das perfide Albion, vulgo Großbritannien, ebenfalls das *picnic* erfunden haben will, beweist nur seine Perfidität. Allein schon die Bilder der französischen Impressionisten, etwa von Édouard Manet oder Claude Monet, beweisen, dass das *pique-nique* eine urfranzösische Sache ist.

Solche etymologischen Betrachtungen waren uns an diesem Morgen allerdings egal. Wir schauten auf die noch leeren Regale und auf die vollen Umzugskisten, die sich meterhoch stapelten. Genauso sah es exakt vier Jahre zuvor in unserer Wohnung in Rom aus. *Tempi passati* oder, besser gesagt: *Déjà vu*. Ich machte uns zwei *caffè*. Wir setzten uns auf unser beigegraues deutsches Designersofa, das ich einst unter größten Mühen auf dem Autodach nach Rom geschafft hatte. Wir nippten an unserem Espresso und genossen den Moment der Ruhe zwischen zwei großen Lebensabschnitten. Ohne böse Absicht ging ich dann an die bereits installierte Stereoanlage und legte einen Song von Antonello Venditti auf: *»Grazie, Roma.«*

»Danke, Rom, das uns zum Weinen bringt«, heißt es darin, auf den Fußballverein AS Roma gemünzt. Doch ich bezog den Song auf die Stadt, auf meine Stadt, an der ich mehr hänge als an jedem anderen Ort der Erde, vom Garten meiner Kindheit vielleicht einmal abgesehen. Antonia, die ausgeglichener und klarer als ich veranlagt ist, hat Rom dagegen nie verklärt. Sie mochte es, doch sie sah auch seine Schattenseiten. Umso erstaunter war ich, als Antonia jetzt wie von einem leichten Erdbeben erschüttert wurde und in Tränen ausbrach. »Antonia?«

»Stefan?«, schluchzte sie. »Es ist nichts. Ich merke nur plötzlich, wie sehr mir all das fehlen wird. Die Freunde. Das Meer. Die Stadt. Rom!«

Ich legte den Arm um sie und dachte bei mir: *»Grazie, Roma!«*

Am Abend desselben Tages, Antonia, Bernadette und Nicolas schliefen bereits, setzte ich mich erstmals in mein neues Büro. Der Raum war viel kleiner und bescheidener als mein Arbeitszimmer in Rom, doch der Blick vom Schreibtisch ging ebenso in die Weite. In Rom ging er nach Westen, Richtung Paris, hier in Saint-Cloud nach Süden, Richtung Rom. In dem kleinen Zimmer waren bereits zwei weiße Billy-Regale aufgestellt. Das eine war schon voll. Darin standen meine Lieblingsbücher über Italien. Das andere war noch fast leer. Es enthielt meine Bücher über Frankreich. Doch es sollte sich bald füllen.

Während ich so, bei einem Glas Merlot, auf der Suche nach der verlorenen Zeit am Schreibtisch saß und auf den nachtblauen Park von Saint-Cloud schaute, wurde ich von einem Glockenton aus meinen melodramatischen Gedanken gerissen. Ostern? Eher nicht um diese Jahreszeit. Da ich noch über keinen französischen Telefonanschluss verfügte, musste es mein italienisches Handy sein, meine derzeit einzige Verbindung zur Außenwelt. Ich tippte auf die Annahmetaste, sagte gewohnheitsmäßig *»pronto«* und erwartete ein *»dottor Uuulrik«* oder vielleicht schon ein *»Msiö Ülrìsch«*. Stattdessen sagte jemand: »Herr Ulrich?«

Der Anrufer war ein pensionierter deutscher Journalist, der einige Zeit in Rom und dann mehrere Jahre in Paris gearbeitet hatte. Er kannte mich vom Lesen her, hatte gehört, dass ich nun ebenfalls Italien gegen Frankreich eingetauscht hatte, und wollte mir daher Mut zusprechen. »Ich liebte Rom«, sagte er. »Und mein erstes Jahr in Paris war das allerschlimmste meiner ganzen Karriere. Ich verstand die Leute kaum. Meine Telefonate wurden abgewimmelt. Meine E-Mails nicht beantwortet. Die französische Politik mit ihren Ritualen war mir überaus fremd. Auch meine Familie fühlte sich unglücklich hier. Es war, wie gesagt, ein schreckliches Jahr. Doch als wir dann, einige Jahre später, Frankreich verließen, haben wir alle geweint. Nicht vor Erleichterung, sondern aus Abschiedsschmerz.«

»Wie war das möglich?«, fragte ich.

»Das werden Sie bald selbst herausfinden«, sagte er. Dann legte er auf.

Ich blieb noch lange am Schreibtisch sitzen, Msiö Merlot sei Dank. In Ruhe ließ ich unsere römischen Jahre an mir vorbeiziehen. Die Laute, die Gerüche, das Licht. Dann dachte ich an all die magischen Realisten, jene besonders phantasievollen und zugleich pragmatischen Menschen, die ich in Italien kennengelernt hatte. Schließlich gab ich mir einen Ruck. Genug der Melancholie. Es wäre doch gelacht, wenn ich nicht auch in Frankreich magische Realisten finden würde. Wenn ich dieses Land, das so viele Menschen in aller Welt lieben, nicht lieben lernen könnte. Dann dachte ich an Goethes Faust. Würde ich einen Augenblick in Frankreich verbringen, in dem ich mir wünschte: Verweile doch, du bist so schön?

Fünf

Anderntags waren alle pathetischen Gedanken verflogen. Das Licht war zu hell und silbrig für blümerante Phantastereien. Wir beschlossen, uns erstmals von unserem Sauerkrauthügel hinunter in die Stadt zu wagen, zu einem Schnupper-Spaziergang durch Paris. Aufgeregt packten wir alles in zwei Rucksäcke: Fotoapparate, Stadtplan, Kulturreiseführer – ohne ein gutes Fachbuch gehe ich schließlich nicht aus dem Haus! Sonnenbrillen und Sonnencreme. Für diesen Tag waren sage und schreibe 35 Grad angekündigt. Das schreckte uns nicht. Von Rom her waren wir noch ziemlich feuerfest. Nicolas setzte seine blaue AS-Roma-Kappe auf, um an der Seine Flagge zu zeigen. Bernadette schnürte ihre todschicken, knöchelhohen, goldfarbenen Turnschuhe. »Die Franzosen sind sehr elegant, das habe ich gleich gesehen«, sagte sie schelmisch grinsend. »Da wollen wir doch gleich mal *bella figura* machen.« Dann verließen wir das Haus.

Auf dem Weg zur Bushaltestelle kamen wir an einer *boulangerie* vorbei. Nicolas blickte durchs Schaufenster, hielt abrupt an und sagte: »Ich will unbedingt einen Brotschläger.«

»Einen was?«, fragte Antonia.

»Na, einen Brotschläger, wie in dem Film!«

Wir hatten vor kurzem eine französische Komödie gesehen, in der sich zwei Männer mit Brotstangen vermöbelten. Mit anderen Worten: Nicolas wollte eine Baguette. Warum auch nicht. Dann hätten wir gleich Proviant für unsere Tour, und noch dazu ausgesprochen günstigen.

La France und ihre Baguette! Das sind fast schon Synonyme. Jeder kennt das Klischee vom Franzosen, der, eine Brotstange unter den Arm geklemmt, durch die Straßen läuft. Klischees sind verpönt – doch sie geben die Wirklichkeit bisweilen treffend wieder. Italiener lieben Pasta. Stimmt. Bayern lieben Dackel. Stimmt auch. Franzosen führen ihre Baguette Gassi. Stimmt ebenfalls und immer noch. Eine gute Baguette ist leicht, schlank, duftig, knusprig, verführerisch, so wie sich Französinnen und Franzosen selbst gern sehen, vor allem, wenn sie in Paris leben. *La baguette* steht aber auch für Sicherheit – wer sie dabeihat, hungert nicht – und für die vielbeschworene *égalité*, die Gleichheit. Jedermann kann sie sich leisten. Das französische Stangenbrot ist somit Symbol, Accessoire, Nahrungsmittel und politisches Bekenntnis zugleich. Es ist dem Franzosen so unerlässlich wie dem Briten der Regenschirm und dem Texaner der Colt. Womit wir wieder bei den Klischees wären.

Jedenfalls genießt *la baguette* in Frankreich viel Aufmerksamkeit. Ein beliebtes Streitthema unter Nachbarn ist es, wo das beste Stangenbrot am Ort zu kaufen sei. Und wenn die Franzosen den *déclin*, den Niedergang ihres Landes, beklagen, was sie seit Menschengedenken pausenlos tun, wird zum Beleg darauf verwiesen, die Baguette sei auch nicht mehr das, was sie früher einmal war. Dabei ist sie heute womöglich besser denn je, wenn man sie nicht beim Discounter, sondern in einer *boulangerie* kauft. Dort geben sich die Bäcker meist alle Mühe, um aus Wasser, Weizenmehl, Hefe und Salz eine duftig-luftige Delikatesse zu zaubern. Welche Qualität muss das Mehl haben? Wie schnell ist der Teig zu rühren? Wie lange muss er ruhen? Wie heiß wird gebacken? Trotz des Niedergangs des Einzelhandels gibt es immer noch 30 000 *boulangers* in Frankreich – und jeder fabriziert die Baguette auf seine Weise.

So lässt sich trefflich darüber diskutieren, wer die beste Baguette backt. In Paris wird das allerdings einmal im Jahr hochoffiziell festgelegt. Im März kürt eine Jury aus Gastronomen, Prominenten und per Los ermittelten Bürgern *»La meilleure baguette de Paris«*. Die Juroren betasten die goldfarbenen Krusten, beschnuppern die cremefarbene Molle, messen die Größe der Luftbläschen, kauen und glauben, wie Sommeliers, allerlei Aromen herausschmecken zu können, von Getreide natürlich, aber auch von Nüssen oder Honig. Der Sieger des Wettbewerbs erhält das Privileg, ein Jahr lang den Präsidenten im Élysée-Palast mit frischer Baguette zu beliefern. Vor einigen Jahren gewann ein aus dem Senegal stammender *boulanger* namens Djibril Bodian. Die Bilder des lachenden dunkelhäutigen Mannes in seiner weißen Bäckerkluft machten im ganzen Land die Runde. Sein Sieg sei die beste Antwort auf den auch in Frankreich grassierenden Rassismus, sagte Bodian. »Ich selbst betrachte mich als französisch, als so französisch wie mein eigenes Brot.«

Während ich meiner Familie von der Baguette erzählte – man hat als Vater und Journalist ja einen Bildungsauftrag –, unterbrach mich Bernadette: »Jetzt lass uns lieber endlich eine Baguette essen.« Von wegen, ›Der Mensch lebt nicht vom Brot allein‹!

Im Laden angekommen, mussten wir feststellen: Baguette ist nicht gleich Baguette. Da gab es lange und kurze, solche mit runden, spitzen oder gar doppelten Enden, Exemplare mit glatter, körniger oder mehlbestäubter Kruste. Die kräftige, etwas griesgrämig dreinschauende Bäckersfrau mit den rotblonden Haaren deutete auf ihre Regale. »Welche Baguette wollen Sie? Vielleicht eine *Tradi-Graines* aus vielen verschiedenen Körnern? Eine dunklere *Baguette de Campagne*? Oder eine *Sarmontine* nach südwestfranzösischem Rezept mit Sesam?«

»Juste une baguette – einfach irgendeine Baguette«, sagte Bernadette, die ein Faible für Sprachen hat und bereits etwas Französisch sprach.

»Alors une tradition«, meinte die Bäckerin und überreichte uns ein Stangenbrot der klassischen Art.

Als wir ihr erzählten, dass wir aus Deutschland stammten und ganz neu hier seien, taute sie auf. »In Deutschland wird Handwerkskunst doch noch geschätzt. Das habe ich im Fernsehen erfahren. Dort müsste man Bäcker sein. Bei uns werden Handwerker dagegen nicht gewürdigt. Der Staat erstickt uns mit all seinen Steuern. Und hier im Westen von Paris ist das Bäckerleben besonders schwer.«

»Warum denn?«, fragte ich verblüfft.

»Les gens ont la grosse tête!«

»Die Leute haben einen dicken Kopf?« Wir schauten sie verständnislos an.

»Das ist so eine Redewendung«, erklärte die Bäckerin. »Ich meine damit: *Ils tracent le plafond avec le nez.«*

»Sie trassieren die Zimmerdecke mit der Nase?« Nun waren wir völlig ratlos.

Antonia kam als Erste auf die Lösung. »Ach so! Sie wollen sagen, dass die Leute hier hochnäsig sind.«

Die Bäckerin nickte. Gerade wir als Ausländer müssten uns darauf einstellen, in Paris generell und hier im reichen Westen im Besonderen kühl und distanziert behandelt zu werden. Das hatten wir nun schon öfter gehört, aber noch nicht persönlich erlebt.

Wir liefen weiter. Nicolas trug seine Baguette unter dem Arm und sah, der AS-Roma-Mütze zum Trotz, bereits sehr französisch aus. Allerdings hatte er die knusprige Spitze des Brots schon abgeknabbert.

Aus Rom waren wir es gewohnt, dass die Innenstadt im August ziemlich verwaist war, von den Touristen einmal abgesehen. Auch Paris sei jetzt verlassen, hatte man uns gesagt. Leider galt das nicht für die Autos. Langsam bahnte sich der 72er Bus seinen Weg von Saint-Cloud Richtung Innenstadt. Wir besprachen, was wir uns ansehen wollten. »Ich muss auf den Eiffelturm«, meinte Bernadette apodiktisch.

»Ich würde gern *Paris Plages* kennenlernen«, sagte Antonia. »Offenbar sind im Sommer an der Seine richtige Sandstrände aufgeschüttet, mit Liegestühlen, Imbissständen und Live-Musik.«

»Ich will sehen, wie es zur Zeit von Asterix und Obelix in Paris aussah«, rief Nicolas. »Damals hieß es doch noch anders, oder?

Eine Französin, die uns zugehört hatte, drehte sich um. »Es hieß Lutetia«, erklärte sie freundlich in gebrochenem Deutsch. »Viel davon werdet ihr nicht mehr sehen. Aber es steht noch ein antikes Theater, die *Arènes de Lutèce*. Das ist sehr romantisch dort, das solltet ihr euch ansehen.« Dann gebe es da noch ein absolutes »must« – sie sprach es »möst« aus –, zumal mit Kindern und im Sommer. Die Dame zog ihre sorgfältig gezupften Augenbrauen nach oben und leckte sich kurz mit der Zunge über die Lippen. »Ich sage nur *Berthillon*.«

»*Berthillon?*«, fragten wir. »*C'est quoi?*«

»Dort gibt es das beste Eis der Stadt.« Sie schaute auf Nicolas' Kappe. »Es schmeckt noch besser als in Rom.«

»Glauben wir nicht«, murmelte Nicolas.

Der Bus fuhr nun die sommerblaue Seine entlang und näherte sich dem Eiffelturm. Während die anderen

Fahrgäste das gar nicht zu bemerken schienen, drückten wir uns die Nasen an den Scheiben platt. Den Eiffelturm von unzähligen Fotos, Filmen und Schlüsselanhängern her zu kennen war die eine Sache. Ihn nun in Fleisch und Blut – pardon, in Eisen – vor sich stehen zu sehen, eine ganz andere. Wie ein kolossales Ausrufezeichen ragte er aus dem Häusermeer, um Himmel und Erde darauf aufmerksam zu machen: *Voilà Paris!*

Wir stolperten aus dem Bus, liefen über den Pont d'Iena, und das bronzefarbene Ungetüm vor uns auf dem grünen Marsfeld wurde größer und größer. Wir staunten und fotografierten so hemmungslos wie die Japaner um uns herum. Dann stellten wir uns in einer der dicken Menschenschlangen auf, die sich unter dem modernen Weltwunder ringelten. Wir warteten eine Stunde, zwei Stunden, zweieinhalb Stunden. Doch die Kinder murrten nicht. Der Blick hoch hinauf ins eiserne Fachwerk des Turms begeisterte uns immer wieder. Bernadette fotografierte es aus verschiedenen Perspektiven, erprobte die verschiedenen Möglichkeiten meiner Kamera und entdeckte dabei ihr Talent fürs Fotografieren.

Die Aussicht von oben herab? Ist das Anstehen schon wert. Sie hat uns aber nicht ganz so begeistert wie der Blick von unten hinauf. Die obere Plattform ist mit ihren 276 Metern so hoch, dass man fast ein Gefühl wie im Flugzeug hat und ein bisschen weit weg von all den Monumenten ist. Zudem sieht man die berühmteste Sehenswürdigkeit von Paris, den Eiffelturm, vom Eiffelturm aus schlecht. Unser Lieblingsaussichtsplatz wurde daher später der Arc de Triomphe. Er liegt im Zentrum eines Strahlenkranzes aus prächtigen Avenuen, ist »nur« 50 Meter hoch – und gewährt, besonders nachts, einen prächtigen Blick auf *la Tour Eiffel*.

Nach der Besteigung des Turms hatten wir Hunger.

Unsere Baguette war natürlich längst von Nicolas aufgegessen. Ganz in der Nähe fanden wir eine für den Verkehr gesperrte Straße voller Lokale, die man im Badischen als Fressgässle bezeichnen würde. Dort verliebte sich Nicolas. Nicht in ein Mädchen, sondern in ein Gericht namens *moules*. Begeistert machte er sich über die kleinen, goldgelben Miesmuscheln in ihrer pechschwarzen Schale her, die in einem Zwiebel-Gemüsesud gegart worden waren und ihm in einem gusseisernen Topf serviert wurden. *»Ça y est, petit bonhomme?«*, fragte ihn die Kellnerin.

»Impec!«, antwortete Nicolas und reckte den Daumen. Dann wollte er von uns wissen, was *petit bonhomme* heiße. Wir erklärten es ihm. Die Bedeutung liege irgendwo zwischen »junger Mann« und »Stöpsel« – der Ausdruck sei aber in jedem Fall freundlich gemeint. Nicolas war dennoch empört. »In Italien haben mich die Kellner immer *giovanotto* (junger Bursche) genannt, das ging ja noch. Aber *petit bonhomme ...*« Er rollte die Augen.

Die Kellnerin kam zurück. »Und jetzt, *les enfants*, noch ein Eis?«

Bernadette antwortete distinguiert: »Wir gehen zu Berthillon. Im Übrigen sind wir keine *enfants*, Kinder mehr, sondern schon *ados*.«

Ados ist die trendige Abkürzung für *adolescents*, Jugendliche. Und Bernadette wollte gern schon als Teenager durchgehen. Auch Antonia und mir gegenüber bestand sie künftig darauf, dass wir sie und Nicolas nicht mehr als Kinder, sondern als *ados* anredeten. Antonia wiederum amüsierte es, dass sie und ihre Freundinnen, obwohl alle der reiferen Jugend angehörend, in Paris wie in Rom kokett als Mädchen bezeichnet wurden. Aus *le ragazze* in Italien wurden hier in Frankreich *les filles*.

Von den *moules* und anderen Köstlichkeiten gestärkt, schlenderten wir ziellos weiter, ließen die goldene Pickelhaube des Invalidendoms samt dem Napoleon-Grab links liegen und standen plötzlich in einem bezaubernden Park. Dem Jardin du Luxembourg. Die in Paris ohnehin äußerst ersprießliche Stadtgärtnerei hatte hier ihr Bestes gegeben. Dottergelb, feuerrot, schneeweiß und königsblau leuchteten die Beete, die Wiesen und Kieswege säumten. Unzählige Menschen lagen auf den kurzgemähten Rasenflächen, saßen in einem Biergarten im Schatten von Kastanien oder beobachteten die Modellsegelboote, die die Kinder in einem Bassin fahren ließen. Das Schloss im Hintergrund, das Palais du Luxembourg, erinnerte uns an Italien. Kein Wunder, war es doch von der toskanischen Herzogstochter und französischen Königin Maria de' Medici im florentinischen Stil erbaut worden.

Bevor ich zu einem Exkurs über die Unterschiede französischer und italienischer Gärten anheben konnte – schließlich wollte ich den immensen Nutzen all meiner Buchkäufe demonstrieren –, drängte meine Familie weiter. Nicolas wollte jetzt die »Arena von Asterix und Obelix« sehen. Wir liefen zum Pantheon empor, wo ich mich nicht mit der Idee durchsetzen konnte, die Kirche Saint-Étienne-du-Mont zu besichtigen. So verpassten Antonia und die *ados* nicht nur ein Juwel der Gotik und Renaissance, sondern auch noch eine spannende Geschichte. Denn in der Kirche wurde 1857 der Pariser Erzbischof von einem abtrünnigen Priester ermordet, der nicht an die unbefleckte Empfängnis glaubte. Meine Familie sollte das nie erfahren.

Immerhin fanden wir die Arena von Lutetia aus der Zeit der Römer und Gallier: Im Häuserdickicht tat sich überraschend ein weiter, runder, von Bäumen und Büschen umstandener Sandplatz auf. Ein Teil der Sitzreihen des Amphitheaters ist noch erhalten. Junge

Leute machten auf den Stufen ein Picknick, während einige Alte im Sand Boules spielten.

»Eine Oase der Ruhe in der lauten Stadt«, sagte einer der Alten zu uns, während wir im Sand der Arena standen und uns umschauten. »Doch es ging hier nicht immer so ruhig zu.«

»Weil Asterix und Obelix hier waren?«, fragte Nicolas rasch. Natürlich wusste er, dass die beiden Gallier Phantasiefiguren waren. Aber der Gedanke, sie könnten hier Römer vermöbelt haben, gefiel ihm trotzdem.

»Nicht unbedingt deshalb«, lachte der Alte. »Sondern weil hier vor fast zweitausend Jahren ungefähr 17 000 Menschen saßen – etwa so viele wie in einem Fußballstadion.«

»Und was haben die gemacht?«, fragte Nicolas, der sich durchaus für Geschichte interessiert – sonst hätte er mit seinem Vater Rom auch kaum überlebt.

»Die schauten zu, wie sich hier, auf dem Sandboden, wo wir gerade stehen, die Gladiatoren bis aufs Blut bekämpften oder von wilden Löwen auffressen ließen.«

Angegruselt eilten wir hinaus ins Sonnenlicht, durchquerten den Jardin des Plantes mit seiner Pflanzenpracht und den alten Gewächshäusern und liefen hinunter zur Seine. Am linken Flussufer stießen wir auf eine abwechslungsreiche Promenade mit Beeten, Skulpturen, Restaurant-Booten und kleinen Amphitheatern aus Beton, die sich zum Wasser hin öffnen. Dort spielte Musik, und es wurde getanzt, Walzer, Fox, Samba, je nachdem, welche Bühne man gerade betrat. Alte und Junge wiegten sich in den Armen. Ein paar Schritte weiter legte ein Paar einen schmissigen Tango hin.

»Wollen wir auch tanzen?«, fragte Antonia und zog mich bestimmt Richtung Sambaplatz.

»Jetzt werdet bitte nicht peinlich«, rief Bernadette ernsthaft besorgt.

»Aber hier kennt uns doch noch keiner«, sagte Antonia.

»Man weiß nie, wer gerade auf Paris-Besuch ist«, sagte Bernadette. »Gehen wir lieber Eisessen zu Berthillon.«

Wir spazierten über eine Brücke auf die Île de la Cité. Antonia und ich bewunderten die filigrane Rückseite von Notre Dame, um die sich die Strebebögen wie ein Reifrock legen. Der Blick von Südosten auf die Kathedrale, der sie inmitten von Kastaniengrün wie eine prächtige Abteikirche auf dem Land wirken lässt, zählt für mich zu den schönsten Eindrücken von Paris. Doch eine nähere Beschäftigung mit der Kathedrale, in der sich Napoleon Bonaparte selbst zum Kaiser krönte, war an diesem Nachmittag noch nicht angesagt. Zu stark lockte jetzt Berthillon.

Es waren nur wenige Schritte über den Pont Saint-Louis hinüber auf die ruhige und gleichzeitig so zentrale Insel des Heiligen Ludwig, auf der ich genauso wie halb Paris am liebsten leben würde. Nur, *hélas*, die Wohnungen auf der Île Saint-Louis sind unerschwinglich.

Gleich rechts hinter der Brücke sahen wir die Menschenschlange, die sich hier morgens wie abends, im Sommer wie im Winter, immer zu bilden scheint. Sie wartete vor dem Eisverkauf eines Cafés mit brauner Holzfassade, auf dem in goldener Farbe und verschnörkelter Schrift nur ein Wort steht: »Berthillon«. Das reicht. Alle Pariser wissen, was das heißt. Jawohl, alle. Deshalb stehen sie hier auch alle so brav an, Seite an Seite mit den Touristen.

Nun ist die Suche nach dem besten Eis natürlich Geschmackssache. Jeder hat seine Vorlieben, und so lässt sich das beste Eis der Welt genauso in Rom wie in Rüsselsheim entdecken. Was in den Reiseführern steht, ist allenfalls, nun ja, die Spitze des Eisbergs. Berthillon aber, 1954 gegründet und noch heute ein Familienunternehmen, ist doch ein Sonderfall. Denn hier geht es nicht nur um Gefrorenes und Halbgefrorenes, sondern auch um die Demonstration, dass sich in der Hauptstadt der Französischen Revolution alle Bürger etwas ganz Besonderes, und durchaus Teures, leisten können, zumindest ab und an. *Égalité oblige.* Wer dazugehören will zur kultivierten, distinguierten, reichen und bisweilen einschüchternd schicken Welt an der Seine, der geht einfach sonntagnachmittags zu Berthillon, kauft sich eine Kugel *Caramel au beurre salé* oder *Nougat au miel*, setzt sich damit auf eine Stufe der Treppe, die zur Seine hinabführt, genießt das Ambiente und schleckt. Paris, das sich gern so elitär und selbstbezogen gibt, kann so leicht zugänglich sein.

»*C'est bon?*«, fragte eine junge Frau Bernadette, die mit ihrer Zunge vorsichtig, um ja nichts kaputtzumachen, über eine Kugel *Gianduja à l'orange* schleckte.

»*C'est hyper bon*«, antwortete meine Tochter, die bereits wusste, dass gut in Paris niemals gut genug ist. Gefällt einem etwas, so reckt man das Kinn leicht nach vorn, dreht die Hände nach außen und ruft mindestens aus: »*C'est super bon! J'adore ça!* – Das ist supergut! Ich himmle das an!« Darunter geht es definitiv nicht.

Die Sonne stand nun schon ziemlich tief hinter Notre Dame. Die Farben wurden satter, wärmer. Mit dem Licht in Paris ist es ja so eine Sache. Oft ist es silbrig oder silbergrau und eher kühl intoniert, als spiegele es den nahen Ärmelkanal und den Atlantik wider. Dieses Licht ließ mich, als ich frisch von Rom herkam, zunächst frösteln. Ich war die roten Feuerfarben Latiums gewohnt, das warme Licht des Mittelmeers, die Umbratöne der Maremma, Orangen und Zitronen in Palermo. Das Licht kleidet Italien wie ein weich fließender, warmer Stoff und gibt Menschen und Dingen einen besonderen Glanz. Dieses tiefe Leuchten fehlte mir anfangs in Paris sehr. Das Silberblau und Silbergrau an der Seine, das im Herbst oft vom Nebelgrau abgelöst wird, ließ mich fremdeln.

An diesem Abend aber war das Licht italienisch warm. Im kleinen Park an der Spitze der Île de la Cité beim Pont Neuf saßen junge Leute auf den Ufermauern der Seine und blickten aufs vorbeiziehende Wasser. Freundescliquen lagen im Gras, ein Tuch zwischen sich. Baguette. Wein. Käse. »Ach, ist das schön hier. Genauso wie damals, in meiner Studentenzeit an der Sorbonne«, sagte Antonia.

»Mit wem warst du denn damals hier?«, fragte ich in beiläufigem Ton.

»Das weiß ich jetzt nicht mehr.«

»Ah ja. Jedenfalls ist es wirklich schön hier. Fast so schön wie in Rom.«

»Ach, du mit deinem Rom!«

Drüben am rechten Seine-Ufer, unterhalb des Rathauses, kam Antonia dann noch mehr auf ihre Kosten. Dort lag nun Paris Plages. Die Stadt hatte die Quaistraßen für die Autos gesperrt. Es ging zu wie auf einer Strandpromenade am Mittelmeer. Sand, Beach-Volleyballer, Skater, Akrobaten, Straßenmusikanten, Imbissbuden, ein gepflegtes Schwimmbecken mit weißblau gestreiften Badekabinen. Am Zaun ein Schild mit der Aufschrift: »Das Fotografieren der Schwimmer ist streng verboten.«

Plagisten im gelben Trikot kümmerten sich um die Verteilung der Liegestühle auf den Sandabschnitten. Die Reinigungskräfte waren ganz in Grün gekleidet und fuhren auf Fahrrädern mit angeschnalltem Mülleimer und Besen herum. Polizisten in kurzen blauen Hosen gingen per Inlineskates schwer bewaffnet auf Streife. An einer Stelle spielte eine amerikanische Band à la New Orleans *What a wonderful world*. Überall drehten sich Paare beim Tanz. Zwei junge Schwarze parodierten Michael Jackson.

Uns zog es zu einem ramponierten schwarzen Klavier ohne Vorderverkleidung, das da auf dem Seine-Quai herumlungerte wie ein eigentlich soignierter Herr nach durchzechter Nacht. Am Klavier saß ein Mann mit weißen Haaren und spielte Chansons. Eine junge Frau mit langem Zopf, vielleicht seine Tochter, stand daneben und sang. In den Pausen teilte sie dieLiedtexte an die Leute aus, die sich um das alte Klavier sammelten. Rentner und Teenager, Weiße und Schwarze, Schöne und Hässliche – Pariser. Sie kannten die Melodien und sangen hingebungsvoll mit. *Les amants de Paris*, *J'aime Paris au mois de mai*, *Padam, Padam* und natürlich: *Sous le ciel de Paris*.

Unterdessen hatte der Himmel von Paris ein bedrohliches Aussehen angenommen. Schwarze Wolken türmten sich hinter den mittelalterlichen Türmen der Conciergerie, in der nach der Französischen Revolution Marie Antoinette gefangen saß. Ein böiger Wind stieß über die Seine ans Ufer vor und zauste die Sommergäste. Die Baumkronen rauschten – und schon prasselte der Regen los. Alles floh die Treppen hoch, in Ladenpassagen und Brasserien. Wir nahmen am Rathaus unseren 72er Bus nach Saint-Cloud. Es wurde Nacht. Der Bus fuhr am Louvre und den Tuilerien-Gärten vorbei, umkurvte den Obelisken der Place de la Concorde. Hinter der Prunkbrücke namens »Alexandre III.« leuchtete wie eine Verheißung die goldene Kuppel des Invalidendoms. Auf dem Glasdach des Grand Palais flatterte die Trikolore trotzig im Sturm. Dann drückten wir noch einmal die Nasen an die Scheiben. Eine riesige Wunderkerze glitzerte auf, als ob in ihr tausend kleine Sterne explodierten: der Eiffelturm. Wir schauten uns an. *»Paris, c'est hyper cool«*, sagte Bernadette. In diesem Moment musste ich ihr zustimmen.

Sechs

Am nächsten Tag war Arbeit angesagt. Ich räumte mein Büro ein, suchte nach Themen für meine ersten Frankreich-Artikel für die Zeitung, legte ein Handarchiv an. Draußen ertönte ein heftiges Rumpeln, als fahre ein Lastwagen mit platten Reifen auf der Straße vorbei. Ich kannte das Geräusch schon. Es kam von den Mülltonnen, die hier überaus häufig geleert werden. Der Hausmüll, so man es wollte, täglich, Wertstoffe zusätzlich mittwochs, Glas am Samstag. Allerdings muss man die schweren Tonnen selbst über den Treppenweg zur Straße unterhalb unseres *hameau* bringen. Daher das tiefe Rumpeln. Kurz darauf kam Antonia zu mir ins Büro: »Rate mal, wen ich gerade beim Tonnenrausfahren gesprochen habe?«

»Marie Antoinette?«

»Quatsch, Napoléon!«

»Den Kaiser?«

»Nein, den schwarzen Hausmeister von gegenüber. Er ist sehr nett! Er sagte, Madame – seine Chefin – habe Info-Broschüren über Saint-Cloud für uns. Wir sollten doch vorbeikommen, sie zu holen.«

Wir läuteten am Gatter vor dem Modelleisenbahnhaus. Napoléon öffnete. Als Kopfputz diente ihm diesmal eine Jutetasche, die er sich mit einer Schnur umgebunden hatte. Er bemerkte unsere Blicke und lachte. »Ich erledige viele kleine Dinge für die Leute in der Umgebung, oft Malerarbeiten«, sagte er. »Da will ich mir meine Haare nicht dreckig machen, *putain*.«

Putain heißt eigentlich »Hure«. Das Wort wird in Paris aber längst ganz allgemein verwendet, und zwar von allen Schichten. Es dient einfach der Bekräftigung, *putain*. Zur Not kann man auch *bordel* sagen.

Napoléon lupfte die Jutetasche und zeigte seine prächtigen Rastalocken.

»Kommen Sie doch herein.«

Er führte uns in den Garten und ließ uns an einer Garnitur unter einem Apfelbaum Platz nehmen. Dann holte er die Broschüren. »Ich habe Napoléon schon gefragt, ob er sich um Bernadettes Meerschweinchen und Nicolas' Fische kümmern könnte, wenn wir mal im Urlaub sind«, flüsterte Antonia. »Er macht das gern. Wir könnten ihn immer fragen, wenn wir Hilfe brauchen. Wer weiß, vielleicht wird er noch ein zweiter Filippo für uns.«

»Ach, Filippo«, seufzte ich und dachte wehmütig an den Freund und Hausmeister in unserem Expalazzo in Rom. Wenn er doch nur hier wäre, um uns genauso durch den französischen Alltag zu geleiten, wie er das im italienischen getan hat.

Napoléon brachte die Broschüren. Sie enthielten allerlei Tipps und Anregungen für Neubürger, von der Erläuterung des deutschlandwürdigen Müllsammelmodells bis hin zu Kursen in der Kunst des Gärtnerns.

»Die Gemeinde hier ist super organisiert«, sagte Napoléon. »Einfach *impec!* Ganz anders als die *banlieue*, aus der ich komme.«

Dann erzählte er, seine Familie stamme eigentlich von der Elfenbeinküste. Seine Eltern seien nach Frankreich gekommen, um Arbeit zu finden. Sein Vater sei später wieder nach Westafrika zurückgegangen. Er sei dann bei der Mutter im Norden von Paris aufgewachsen, in einem *HLM* in Saint-Denis.

Saint-Denis sagte uns natürlich schon was. Diese *banlieue*, in der das Stade de France liegt, gilt als Prototyp eines *quartier sensible*. Aber was bedeutete *HLM*, das Napoléon »aschelem« aussprach?

»Sozialwohnung«, erklärte er, »genauer gesagt *habitation à loyer modéré* – Wohnung mit maßvoller Miete. *HLM* eben.«

Franzosen lieben Abkürzungen heiß und innig. Das macht es dem Ausländer nicht einfacher, sie zu verstehen. So wird ein Obdachloser, vulgo Clochard, heute allgemein als *SDF* (sprich: esdef) bezeichnet. Das steht für *sans domicile fixe* – ohne festen Wohnsitz. Die Pariser Wirtschafts-Elitehochschule *École des Hautes Études Commerciales* wiederum nennt sich *HEC* (sprich: aschöse). Schwierig wird es, wenn ein esdef eine aschelem findet und sich an der aschöse bewirbt. *Putain!*

»Das war nicht leicht damals«, erzählte Napoléon weiter. »Ich war der Älteste von vier Geschwistern. Meine Mutter arbeitete als Concierge in einem großen Wohnblock und hatte wenig Zeit für uns. Ich hab' einiges angestellt, *putain de bordel de merde*!«

»Was denn?«, fragte Antonia, die zur Direktheit neigt.

Napoléon rollte nur die Augen und schaute ins Geäst des Apfelbaumes.

»Und wie sind Sie hierhergekommen, als Concierge von Madame ... Wie heißt sie doch gleich?«

»Von Madame Delacroix. Da hatte ich Glück. Meine Cousine arbeitet im Supermarkt von Saint-Cloud. Und Madame suchte jemand, der ihr ein bisschen hilft. Das war meine Chance. Die Leute hier im Westen von Paris können zwar ganz schön herablassend sein. Aber hier im *hameau* sind alle in Ordnung.«

Die Sonne schien in den Garten hinein und trocknete die Jogginghosen von Napoléon und die Spitzennachthemden von Madame, die einträchtig auf einer Leine zwischen Apfelbaum und Zaun nebeneinanderhingen. In diesem Augenblick ging die Terrassentür auf. Die ältere Dame, deren Gesicht wir bereits kannten, weil sie oft aus dem Fenster schaute, kam heraus, auf ein Spazierstöckchen mit versilbertem Griff gestützt.

»*Ah! Les nouveaux voisins*, die neuen Nachbarn!«, rief sie mit erstaunlich kräftiger Stimme. Die Augen in ihrem kleinen, sorgfältig geschminkten Gesicht blitzten unternehmungslustig auf. »Claire Delacroix«, stellte sie sich vor. »Lassen Sie uns ein bisschen plaudern.«

Dann erzählte Madame ohne Umschweife, sie sei seit zwei Jahren Witwe. Ihr Mann sei stets *en bonne forme* gewesen, gut beieinander. Eines Tages habe er beim Aufstehen über starke Schmerzen geklagt. Sie habe ihn in ein nahe gelegenes Krankenhaus gebracht. Dort sei er rasch verstorben. »Es ist übrigens ein gutes Krankenhaus – falls Ihnen mal etwas zustößt.« Ihr selbst sei das Alleinsein schwergefallen, zumal mit ihrer Gehbehinderung. »Aber jetzt hab' ich ja den da.« Sie stupste Napoléon mit dem Stöckchen. Es sah nicht böse aus, eher kameradschaftlich.

Wir zogen gleich Erkundigungen bei unseren freundlichen Nachbarn ein. Meine größte Sorge? Wie würde ich so schnell wie möglich einen Telefon- und Internetanschluss bekommen. Denn ohne *la toile*, wie hier das Internet heißt, war ich als Journalist des 21. Jahrhunderts nicht arbeitsfähig, zumal in einem technikvernarrten Land wie Frankreich. Mit Grausen erinnerte ich mich noch an die Verhandlungen mit Telecom Italia während unserer ersten heißen Sommerwochen in Rom. Sie trieben mich fast in den Wahnsinn. So etwas wollte ich nicht noch mal erleben. Wie würde es mit France Télécom klappen? Die Berichte von Kollegen und Bekannten waren nicht ermutigend. »Die Beraterin der Télécom besaß den Charme einer Kettensäge und interessierte sich wesentlich mehr für die Lackierung ihrer künstlichen Fingernägel als für ihre Kunden«, schrieb etwa der nette ZDF-Kollege Alexander von Sobeck in einem Frankreichbuch. Sollte meine Rom-Sehnsucht in Paris derart in Erfüllung gehen?

»*Merde*, einen Internetanschluss brauchen Sie!«, schrie Napoléon und wurde blass, soweit das in seinem Fall möglich war. »*Ce n'est pas évident* – das ist alles andere als einfach.«

Madame schlug nur die Hände zusammen und sagte: » Oh, là, là!« Jedenfalls gebe es im nahen Einkaufszentrum Parly 2 einen Télécom-Laden. Da könnten wir es ja mal versuchen.

»Bonne chance!«, riefen die beiden uns nach.

Wir riefen die Kinder, pardon, die *ados*, die gerade mit den Meerschweinchen im Garten spielten. Gemeinsam machten wir uns auf den schweren Gang. Wir rechneten mit dem Schlimmsten.

Frankreich als große, ach was, größte Kulturnation grenzt sich gern von den USA ab. Besonders der Pariser blickt, seinen Überlegenheitskomplex genüsslich pflegend, auf *les Américains* herab. Mag der Amerikaner mehr Geld und mehr Muskeln haben – den Franzosen schmücken dafür Geist und Lebensart. Umso verblüffender ist es, zu erleben, wie viel beide Völker im Alltag eint: die Faszination durch die Technik, ein bisweilen nonchalanter Umgang mit der Umwelt, die sakrale Verklärung von Präsident und Nation. Die Amerikaner kochen nicht selbst, sondern lieben Fertiggerichte? 96 Prozent der Franzosen konsumieren Tiefkühlkost (die Zahl nennt der Newsweek-Journalist Ted Stanger – na gut, der Mann ist vielleicht parteiisch). Die Amerikaner kaufen in Shopping Malls anstatt in charmanten kleinen Krämerläden, Boutiquen und Chocolaterien ein? Die Franzosen zieht es unwiderstehlich in riesige Einkaufszentren, *centres commerciaux* genannt, die sich kaum von einer Shopping Mall unterscheiden.

»Parly 2« sollte, als es Ende der sechziger Jahre eröffnet wurde, eigentlich »Paris 2« heißen, doch den Stadtvätern der Metropole war das nicht recht. Eine Shopping Mall mit dem Namen der Hauptstadt – das ging schon gar nicht. Heute sprechen die Leute einfach von »P2«, nicht zu verwechseln mit der gleichnamigen italienischen Geheimloge. P2, oder Parly 2, empfing uns mit riesigen Parkdecks und einer verwirrenden Fülle von Läden aller Art. Etwa 250 Geschäfte, Bars und Restaurants begrüßen auf 100 000 Quadratmetern jedes Jahr bis zu 20 Millionen Besucher. So charmant und klein kann Frankreich sein. Wir stärkten uns im vergleichsweise lauschigen Zinc-Café bei Crêpes, Galettes und frisch gepressten Fruchtsäften. Dann stürzten wir uns ins Getümmel.

Schon nach wenigen Stunden fanden wir den Laden der France Télécom, der von der Tochterfirma »Orange« geführt wird. Am Eingang empfing uns eine urfranzösische Einrichtung, wie es sie in jedem besseren Restaurant, Geschäft, Amt oder Museum gibt: der *accueil*, Empfang, nicht zu verwechseln mit der Kasse. Es war recht ruhig an diesem Feriennachmittag, nur etwa fünf Leute standen vor uns an. Es dauerte trotzdem. Unmittelbar vor uns kam ein uraltes Ehepaar an die Reihe. Mit brüchiger Stimme sagten sie, sie kämen überhaupt nicht zurecht mit all den Sachen, die man ihnen verkauft habe. »Das Telefon mit dem Anrufbeantworter, die vielen Kabel und vor allem die seltsame weiße Schachtel mit all den blinkenden Lichtern …« Die Leute waren fast am Weinen, und mir lief es kalt über den Rücken.

Die adrette Frau am *accueil* reagierte freundlich darauf. »Wollen Sie sich nicht erst einmal setzen? Vielleicht ein Glas Wasser? Es wird sich gleich einer unserer Berater um Sie kümmern.« Sie zwinkerte den beiden aufmunternd zu. »*Pas de souci, ça va aller.* – Keine Sorge, das wird schon klappen.«

Dann kamen wir an die Reihe. Wir erzählten der Frau, dass wir die ganz große Lösung brauchten, Handy, Festnetztelefone, Internet, Internetfernsehen … Sie deutete in den hell erleuchteten Raum, in dem sich viele exotische Geräte tummelten wie die bunten Fische eines Meerwasseraquariums. Überall hingen, standen und klebten Plakate mit Sonderangeboten, Spezialtarifen, Paketlösungen. Ich bin kein Technikfreak, und Antonia ist es noch weniger. Wie sollten wir uns da jemals zurechtfinden?

Die Frau am Empfang bemerkte unsere verschreckten Blicke und reagierte sehr freundlich: »Wollen Sie sich nicht erst einmal setzen? Vielleicht ein Glas Wasser? Es wird sich gleich einer unserer Berater um Sie kümmern. *Pas de souci, ça va aller!*«

Wir tranken das Wasser und setzten uns auf eine runde Couch. Unsere beiden *ados* sprangen begeistert im Laden herum und bewunderten die Aquariumsfische: »Wow, schau, das iPad!«, rief Bernadette. »Das will ich haben!«

Eine halbe Stunde später guckte einer der Angestellten in sein Notebook. *»Msiö Ül – äh – rìsch?«*, fragte er in den Raum. Wir meldeten uns. Eine weitere halbe Stunde später verließen wir mit einer saftigen Rechnung und Orange-Tüten voller Kartons das Geschäft, beladen wie die Weihnachtsmänner. Auf die Frage, ob das denn alles funktionieren werde, nickte uns der Verkäufer aufmunternd zu: *»Pas de souci, ça marche!«*

Ich kabelte all die Geräte zusammen, wie es mir der

Mann geduldig auf ein Blatt Papier gezeichnet hatte. So etwa muss es den Ingenieuren gehen, die die europäische Weltraumrakete Ariane zusammenbasteln. Das Herz der hochkomplexen Anlage bildete die »weiße Schachtel«, von der das alte Ehepaar gesprochen hatte. Orange nennt sie die »Livebox«. Ich stellte sie in meinem Büro auf und verband sie: erstens mit einer Telefonbuchse in der Wand, zweitens mit meinem Computer, drittens mit der Steckdose, viertens mit einer kleineren weißen Schachtel, die ich ebenfalls in eine Steckdose steckte.

Eine weitere kleine Schachtel wurde unten im Wohnzimmer via Steckdose mit dem Fernseher verkabelt. Auf diese Weise sollte offenbar die Livebox dem Fernseher per Stromleitung Leben einhauchen und Programme übertragen. Dann begann ich, Installations-CDs abzuspielen, Masken auszufüllen, Code-Wörter einzugeben. Darüber wurde es immer später. Meine Familie schaute irgendwann herein, um mir eine gute Nacht zu wünschen. Ich nahm sie kaum wahr, denn ich brütete gerade über einer winzigen Buchstaben-Ziffern-Folge auf der Rückseite der Livebox. Sollte das da nun der Buchstabe O oder die Ziffer 0 sein? Hätte ich noch mehr Haare besessen, hätte ich mir jetzt wenigstens welche raufen können. *Putain de bordel de merde.*

Ich grübelte darüber nach, wie das alles funktionieren würde. Das hätte ich mir sparen können. Denn es funktionierte nicht. Die Lämpchen der Livebox blinkten nicht grün, sondern richtig böse gelb und rot, als wollten sie den Exitus der Schachtel ankündigen. Wütend kabelte ich alles wieder ab, steckte es in Kartons und Tüten, ging zu Bett und schlief schlecht. Durch meine Halbträume geisterten Generationen von Journalistenkollegen, die sich die Haare rauften und riefen: »Ein Telefonanschluss? Internet? Oh, là, là!«

Immerhin konnten wir auf unsere Rom-Erfahrung zurückgreifen, der Telecom Italia sei Dank. Daher wussten wir: Es geht nur mit teutonischer Beharrlichkeit, ja Sturheit. Wir mussten den Leuten so lange auf die Nerven fallen, bis unser Problem zu ihrem Problem wurde. Daher tauchten wir vier am folgenden Morgen wieder in der »Boutique Orange« auf. Wir warfen der freundlichen Dame am *accueil* die Kartons auf den Tisch und riefen so laut, dass es alle im Laden hören konnten: »*Ça ne marche pas*. Und wir wollen jetzt kein Glas Wasser, sondern einen Techniker, der zu uns nach Hause kommt.«

Die Dame meinte, wir sollten uns keine Sorgen machen und erst mal auf der runden Couch Platz nehmen. Dort warteten wir sehr lange. Wir wussten zu diesem Zeitpunkt noch nicht, dass laut werden nicht die beste Taktik in Frankreich ist. Antonia sollte mir später nach eingehender Beobachtung der Pariserinnen und vielen Feldversuchen erklären: »Man muss beherrscht, distinguiert und scheinbar höflich bleiben, dabei aber spitz formulieren und sehr bestimmt auftreten. Zugleich sollte man eine gewisse nervöse Unduldsamkeit andeuten – aber eben nur andeuten. Ich weiß, das klingt nicht einfach. Aber auch du kannst das lernen.«

In der Orange-Boutique verfügten wir über diesen Erfahrungsschatz noch nicht. Dafür mussten wir warten. Dann kam ein Angestellter zu uns und sagte: »Jetzt in der Ferienzeit haben wir leider keine Techniker zur Verfügung. Wenden Sie sich doch bitte an unser Geschäft in Saint-Quentin-en-Yvelines.«

Er sprach es rasend schnell und wie Säktänvlin aus. Doch in Sachen französische Ortsnamen waren wir ja schon alte Hasen. Ich nickte wissend und drehte mich zu meiner Familie um: *»Allons, enfants!«*

Eine Stunde später kreuzten wir mit unseren

Schachteln bei den Orange-Leuten von Säktänvlin auf.

Saint-Quentin-en-Yvelines ist, wie Cergy-Pontoise oder Marne-la-Vallée, eine jener *villes nouvelles* – »neuen Städte« –, die seit den sechziger Jahren am Reißbrett entworfen und dann rund um Paris gebaut wurden, um die Hauptstadt zu entlasten. Sie wurden zu steinernen Zeugnissen zentralistischer Planwirtschaft und erzählen einiges über das Land: über die magnetische Anziehungskraft, die die Hauptstadt wie schon seit Jahrhunderten auf die Bürger ausübt; über den Glauben, alles von der Schaltzentrale Paris aus autoritär steuern zu können; über die Sünden einer Nachkriegs-Stadtplanung, die den Menschen gerecht werden wollte, sich dabei an abstrakten Prinzipien orientierte und darüber bisweilen die Menschen vergaß; und über die eigentümliche, monumentale Hässlichkeit, die französische Neustädte mit ihren überdimensionierten, rasch vergammelnden Betonplätzen und Hochhausnestern ausstrahlen können. *Bonjour tristesse.* Der Kontrast ist enorm zwischen solchen entseelten Ensembles und den gewachsenen französischen Orten mit ihrem ein bisschen altmodischen Charme, den schmucken Rathäusern und Kirchen und gemütlichen Brasserien. Wie kann dasselbe Volk erst so Schönes und bald darauf so Hässliches errichten?

Die Fassaden können allerdings täuschen: Mancher Bürger zieht eine gutbeheizte Wohnung mit modernem Bad in einem Hochhaus einer zugigen, nicht sanierten Altbauwohnung vor. Zur Ehrenrettung Frankreichs sei zudem gesagt: Die städtebaulichen Fehler wurden erkannt. In den *banlieues* werden inzwischen Hochhäuser gesprengt und durch kleinere, menschenfreundlichere Einheiten ersetzt. Die Orte, auch die Trabantenstädte, legen viel Wert auf schöne Grünanlagen und üppigen Blumenschmuck. Ein »Nationalrat der blühenden Städte und Dörfer« veranstaltet jedes Jahr einen Wettbewerb und vergibt die Auszeichnung als *ville fleurie* oder *village fleuri* in vier Kategorien. Je nach Abschneiden dürfen sich die prämierten Gemeinden mit einer bis vier Blumen unter dem Ortsschild schmücken.

Das Einkaufszentrum von Saint-Quentin-en-Yvelines, in dem sich unser Orange-Laden befand, wirkte weniger exklusiv als Parly 2. Uns fielen zwei Dinge auf: zum einen die zahlreichen schwarzen Franzosen, die hier wie in vielen Gegenden der Hauptstadtregion leben, zum anderen die ausnehmende Freundlichkeit, mit der wir behandelt wurden, ob nun am Informationsschalter des Zentrums, im Burger-Restaurant mit islamisch korrektem Halal-Fleisch oder eben bei Orange.

Wir zeigten erneut unsere Schachteln vor und wurden zu zwei Technikern im hinteren Bereich des Ladens geführt: Henri, ein Schwarzer, und Jules, ein Rotblonder. Die beiden schauten sich unsere Ausrüstung an und meinten bedauernd: »Sie müssten uns schon noch Ihren PC oder Ihr Notebook mitbringen, damit wir alles einrichten können.«

Vielleicht dachten sie, uns so schnell loszuwerden. Doch am nächsten Nachmittag waren wir wieder da – diesmal mit *ordinateur*, wie in Frankreich der Computer heißt. Die beiden Techniker machten sich darüber her. Während Henri ununterbrochen vor sich hin pfiff, wippte Jules im Rhythmus der Rapmusik, die aus seinem Kopfhörer dröhnte. Gleichzeitig kabbelten sich die beiden pausenlos, was uns einen kostenlosen Kurs in volkstümlicher Sprache verschaffte. »*Zut alors!* – Verdammt noch mal!«, schimpfte Henri, während er ein Programm aufrief.

»*C'est foutu* – das ist im Eimer«, maulte Jules, eine Box beiseiteschiebend.

»*Ta gueule* – halt's Maul«, raunzte Henri.

»*Conard* – Vollidiot«, gab Jules zurück.

Dabei waren beide bester Laune und verstanden sich prächtig. *»Ça roule«*, sagte Henri am Ende und überreichte uns strahlend unseren Computer plus Zubehör.

»Ça ne marche pas«, sagte ich einen Tag später, als wir wieder alle vier im Orange-Laden aufkreuzten.

Mittlerweile kannte man uns dort. *»Ah, les Allemands«*, begrüßte uns die Dame mit den phantastischen Fingernägeln am *accueil*. »Schön, Sie wiederzusehen.«

So ging es etliche Augusttage. Wir brachten uns Baguette und Apfelschorle mit und genossen auf der ledernen Rundcouch die klimatisierte Kühle bei Orange. Während wir warteten, bis sich Henri und Jules wieder fluchend unserem *»truc«*, »Zeug«, zuwandten, kamen wir endlich mal wieder so richtig zum Lesen: Nicolas verschlang meine alten Asterix-Hefte, die beim Umzug nach Paris zum Vorschein gekommen waren. Bernadette widmete sich einem ihrer Liebes-Vampir-Romane. Die seien jetzt *en vogue*. Antonia stürzte sich in anspruchsvolle französische Lektüre, *»Trois femmes puissantes«* von Marie Ndiaye. Ich studierte *Figaro*, *Libération* und *Le Monde*. Allmählich begann ich sogar, den Inhalt zu verstehen.

So vollzog sich, in angenehmer Atmosphäre, etwas, was Nachbarn und Kollegen später als *miracle* würdigen sollten, auch wenn sich die vatikanische Wunderkommission in Rom bislang noch nicht zu diesem Fall geäußert hat: Wir waren binnen zehn Tagen komplett verkabelt und vernetzt. Telefonanlage, Handys, Fax, Internet, Fernsehen – alles funktionierte. Antonia und ich öffneten eine Flasche Crémant, den kleinen Bruder des Champagners, prosteten uns zu und schrien: *»Touché!«*

Nicolas und Bernadette tippten sich an die Stirn: »Die spinnen, die Eltern!«

Sieben

Eines Morgens klingelte es an unserer Tür. Ich las mich gerade in meinem Arbeitszimmer in die französische Parteienlandschaft ein. Niemand im Hause fühlte sich bemüßigt aufzumachen. Typisch. Also ging ich zur Tür, öffnete. Die Klinke fiel wie gewöhnlich zu Boden. *»Putain de merde.«*

»Comment?«, hörte ich eine Stimme fragen. Sie gehörte einer angenehmen Erscheinung. Schlank, mittelgroß, enger schwarzer Hosenanzug, dunkelbraune, halblange Haare, feine Gesichtszüge, ein bisschen moderner Schmuck, wenig Schminke, braune Augen.

»Oh, là, là!«, hätte ich beinahe gerufen. Zum Glück dachte ich es nur. Ich war noch nicht rasiert und hatte das alte, blaue, am Kragen leicht ausgefranste Sweatshirt an, das ich gern zu Hause trage, wenn ich niemanden erwarte. Oje.

Die Erscheinung musterte mich – amüsiert, wie mir schien. Dann öffnete sie ihre malvenfarben geschminkten Lippen und sagte etwas. Es klang wie: *»Je suis horror.«*

»Sie sind der Horror?«, fragte ich entgeistert.

»Horror«, bestätigte die Erscheinung, wobei sie das »H« am Anfang verschluckte und die letzte Silbe betonte. »Meine Familie und ich wohnen da drüben in der alten Villa. Wir sind am Wochenende aus den Ferien zurückgekommen und haben von Madame Delacroix gehört, dass Sie Deutsche sind und neu hier eingezogen sind. Sie taten mir so leid!«

»Weil wir Deutsche sind?«, fragte ich. Oder lag es an unserem alten Passat vor der Tür und meinem Sweatshirt?

»Nein«, sagte Horror lachend. »Weil Sie doch ganz neu hier sind, noch niemanden kennen und sich jetzt in der Ferienzeit sicher ganz einsam fühlen. Deshalb würden wir Sie gern einladen. Wie wäre es morgen Abend, so gegen sieben, zu einem *apéritif*? Einem *apéritif plutôt dînatoire*?«

Erst ein Aperitif und dann ein *dîner*, ein Abendessen – das klang gut. Das klang sehr gut. »Horror hat uns für morgen zu einem großen Abendessen eingeladen«, erzählte ich Antonia.

»Horror?«

»Die Nachbarin von gegenüber aus der alten Villa.«

»Bist du sicher, dass sie nicht Aurore heißt?«

Ich fasste mir an den Kopf. Aurora, die Morgenröte – na klar!

Wir fühlten uns sehr geehrt. Deutsche Freunde, die in einem anderen Vorort von Paris wohnen, hatten uns erzählt, sie würden auch nach Jahren noch kaum von ihren Nachbarn gegrüßt. Und eine Einladung zu Franzosen nach Hause sollten wir uns erst einmal aus dem Kopf schlagen. So etwas dauere lange. Sehr lange.

Entsprechend aufgeregt waren wir am folgenden Abend. Wir machten uns fein zurecht. Ein *dîner*! Bei Franzosen! In Saint-Cloud! Das würde sicher recht formell werden. Antonia zog ein langes, schmal geschnittenes Sommerkleid mit Jäckchen an. Ich zwängte mich in einen hellen Anzug und schnürte mir eine Krawatte um den Hals. Wir hatten immer noch um die 30 Grad draußen. Ich schwitzte, und mein Hemdkragen zwickte.

»Du hast das Hemd zu heiß gewaschen«, stellte ich

ohne jeden Vorwurf in der Stimme gegenüber Antonia fest.

»Ta gueule!«, antwortete sie. »Du futterst einfach zu viel in Frankreich.«

Bernadette schlüpfte in ihren kurzen weißen Spitzenrock, den sie sich bei unserem ersten Bummel über die Champs-Élysées von ihrem Ersparten bei Abercrombie and Fitch gekauft hatte. Nicolas trug normalerweise nur Cargohosen, am liebsten kurz und in Nato-Tarnfarben. Wir mussten unmittelbaren Zwang androhen, damit er eine feine lange Bundfaltenhose, ein blaues Hemd und einen Pullunder anzog. Dann bekam er ein Blumensträußchen in die Hand. Bernadette trug die Pralinen. So gerüstet verließen wir das Haus und überquerten im Gänsemarsch den kleinen Platz mit der Platane.

Die alte Villa gegenüber ist ein stattlicher Bau mit Erkern, Giebeln und in die Mauern eingelassenen Schmucksteinen im Art-déco-Stil. Ein wild wuchernder Garten umgibt sie. Wir klingelten. Ein kräftiger Mann mit wolligen, weißgrauen Haaren öffnete. Éric, wie er sich vorstellte, trug olivgrüne Hosen im Cargo-Stil und ein T-Shirt. Hinter ihm stand Horror alias Aurore in Jeans. Die beiden blickten uns erstaunt an. »Ihr seid aber fein!«, riefen sie wie aus einem Mund. Dann beugte sich Éric zu Antonia hinüber und begann, sie zu küssen.

Ich griff zum Colt, den ich dummerweise nicht dabeihatte. Doch dann dämmerte mir: Das waren die *bises*, die in Frankreich obligatorischen Begrüßungsküsschen. Wer wo wie viele Bussis in welcher Reihenfolge bekommt, ist eine Wissenschaft, der sich ganze Internet-Blogs widmen. Dort ist von *bise*, *bi-bise* und *quadri-bise* die Rede, wobei vor *over-bisage* gewarnt wird. Als Grundregel gilt: Frauen küsst man immer,

Männer (als Mann) nur, wenn man verwandt oder befreundet ist. Wahrscheinlich wird bald ein Forschungslehrstuhl dazu eingerichtet, zumal *faire la bise* unter jungen Franzosen immer noch populärer wird. Ein Professor namens Frédéric Saldmann – er ist Autor des Werks »Wir waschen uns die Hände« – warnt bereits vor den Risiken und Nebenwirkungen der Schmatzer. »Hört auf, euch zu küssen!«, fordert er. Dadurch würden gefährliche Keime übertragen. Besser sei es, sich zu verbeugen wie die Japaner.

Éric scheint kein Anhänger Saldmanns zu sein. Er küsste Antonia herzhaft auf beide Wangen, ich habe genau hingeschaut. Was sollte ich tun? Ich küsste Horror.

Es wurde ein vergnüglicher Abend ohne weitere Küsse und fast ohne interkulturelle Missverständnisse und Pannen. Éric und Aurore führten uns durch die Villa, die sie von Aurores Eltern geerbt und mit viel Geschmack modern renoviert und eingerichtet hatten. Nur der Boden im Wohnzimmer war noch nicht verlegt. Ich deutete auf den in mattem Schwarz schimmernden Estrich und fragte Éric: »Was macht ihr denn da für einen Belag drauf? Fliesen? Parkett?«

»Das bleibt so«, antwortete Éric. »Sieht doch gut aus.« Ich Spießer.

Kurz darauf hörte ich, wie Antonia Éric fragte: »Wie wollt ihr eigentlich den Wohnzimmerboden belegen? Parkett? Fliesen?«

»Du Spießer«, raunte ich ihr zu.

Wir setzten uns auf die schwarze Couch und tranken – jawohl – Champagner. Die Tür zum Garten stand offen. Wir plauderten auf Französisch, und ich fühlte mich plötzlich ganz wohl in der Sprache. Überhaupt fühlte ich mich wohl. Ein lauer Sommerwind wehte herein und ließ die schwarzen Kerzen aufflackern.

Aurore und Éric brachten schwarze Tabletts mit allerlei kleinen Leckerbissen herein. Oliven, Käsestücke, Lachshäppchen. »Es ist so schön wie mit unseren Freunden im Palazzo in Rom«, flüsterte ich Antonia zu.

»Ja, wie in Rom.«

Bernadette und Nicolas saßen etwas verloren herum. »Habt ihr eigentlich Kinder?«, fragte mein Sohn.

»Oder *ados*?«, korrigierte Bernadette.

»Mais oui!« Aurore nickte. »Sogar vier. Nur leider sind derzeit alle weg.«

Dann erfuhren wir:

Valérie, mit 19 Jahren die Älteste, stand kurz vor ihrer Aufnahmeprüfung an die HEC – die Elite-Wirtschaftshochschule – und lernte Tag und Nacht. Wir bedauerten sie. Doch Éric meinte nur, das sei bei ihm nicht anders gewesen, als er sich als junger Bursche auf die X' – die Elite-Ingenieurshochschule École polytechnique – vorbereitet habe. Die Vorbereitungskurse nach dem Abitur dauerten zwei, drei Jahre und seien das Härteste, was man sich vorstellen könne. Ein gnadenloser Wettbewerb um die Plätze in den *grandes écoles*, den Elite-Hochschulen. Doch wer dann die Zugangsprüfung bestehe, habe es geschafft. Die Studienzeit selbst sei eher locker. »Was haben wir gefeiert! Und das Gute ist: Wenn du in Frankreich eine *grande école* besucht hast, brauchst du dir keine Sorgen mehr zu machen. Dann findest du immer einen guten Job! Valérie muss jetzt halt einfach durchhalten.«

Der 17 Jahre alte Quentin tummle sich gerade mit Freunden am Lago Maggiore. »Wir hoffen, dass er nächstes Jahr endlich sein *bac*, sein Abitur, macht«, sagte Aurore. »Er ist nämlich ein bisschen Rock'n'Roll, ihr wisst schon.«

»Ehrlich gesagt, nein«, sagte Antonia.

»Na, eben etwas aufsässig. Er hängt nachts ewig mit

Freunden rum, spielt Gitarre in einer Band, lernt tagsüber wenig und lässt sich gar nichts mehr sagen. Genauso, wie sein Vater früher war.«

Éric lächelte süßsauer und sagte: »*Les chiens ne font pas des chats*. – Der Apfel fällt nicht weit vom Stamm.«

»Zoé wiederum, sie ist gerade 13 geworden, ist fleißig und diszipliniert, so wie ich«, fuhr Aurore fort. »Sie will es unbedingt auf ein sehr gutes Gymnasium schaffen. Am liebsten auf das Henri IV.« Dann sagte sie: »Wisst ihr, wenn du in Frankreich ein Elite-Gymnasium wie das Henri IV. besucht hast, brauchst du dir keine Sorgen mehr zu machen. Dann findest du später immer einen guten Job.«

Grande école, Henri IV., Elite ... Ich verkniff mir die Frage nach der *égalité* – der Gleichheit, die in Frankreich seit der Großen Revolution doch als Grundwert der Gesellschaft gilt. So gut kannten wir uns nun ja noch nicht. Und aus Italien wusste ich: So kritisch die Leute selbst über ihr Land reden mögen – ein Ausländer sollte sich dabei eher zurückhalten. Also hörte ich Aurore weiter zu.

»Derzeit macht Zoé mit unserem Jüngsten, Arthur, einen Segelkurs in der Bretagne. Meine Familie hat dort ein Ferienhaus.«

»Ah, in der Bretagne?«, sagte ich. »Da war ich mal als Kind mit meinen Eltern. Ist es nicht sehr kühl dort?«

»Überhaupt nicht«, sagte Éric. »Der Atlantik kann jetzt im August gut und gern 17 Grad erreichen. Außerdem herrscht in der Ecke, in die wir immer fahren, ein spezielles Mikroklima. Da wachsen Palmen und Mimosen.«

»Wie alt ist Arthur denn?«, wollte Nicolas wissen. Er sprach Deutsch, das die Guerins, wie unsere Gastgeber mit Nachnamen heißen, recht gut beherrschen.

»Er ist elf.«

»Da werden wir ja vielleicht Freunde.«

Allmählich wurde ich hungrig. Die Häppchen nährten nicht wirklich. Außerdem nahm ich nicht zu viele davon. Ich wollte mir den Appetit auf das Abendessen nicht verderben. Und wo blieben eigentlich die anderen Gäste?

Ich tat so, als schnupperte ich in die Luft, und fragte vorsichtig: »Das riecht ja schon verlockend aus der Küche. Was gibt es denn Gutes heute Abend?«

Aurore schaute mich verblüfft an: »Eigentlich nichts mehr. Nur diese *pièces cocktail.*« Sie deutete auf die weitgehend abgeräumten Tabletts mit den Häppchen.

»Aber sprachst du nicht von Aperitif und *dîner*? Nicht dass ich Hunger hätte ...«

Éric und Aurore schauten sich an und prusteten los. »Du meinst den *apéritif dînatoire*? Das bedeutet doch nicht Aperitif und *dîner*. »

»Sondern?«

»Ein paar Drinks und Fingerfood – statt eines Abendessens. Und ihr habt euch auf ein *dîner* gefreut? Deshalb habt ihr euch so fein zurechtgemacht? Ihr Ärmsten! Aber irgendwann werden wir das nachholen.«

Wir hatten wieder etwas über Frankreich dazugelernt.

Kleine Missverständnisse erleichtern die Freundschaft. Wir mussten alle lachen. Nun waren wir beim Thema deutsch-französische Beziehungen angelangt. Ein weites Feld. *»On adore l'Allemagne!«* – »Wir lieben Deutschland!«, rief Aurore. Sie selbst habe in ihrer Zahnarztpraxis nur deutsche Geräte, das seien halt die besten auf dem Markt.

Éric, der als Manager in der Atombranche arbeitet, erzählte, er kaufe sich immer in der deutschen Buchhandlung am Centre Pompidou deutsche Schriftsteller im Original. »Kleist, Hölderlin, Fontane und so. Die harten Sachen! Ich muss viel nachschlagen. Aber so komme ich weiter.« Sein Traum sei es, irgendwann mal die deutschen Philosophen in ihrer Sprache lesen zu können.

Aurore sagte, alle ihre Kinder hätten in der Schule Deutsch wählen müssen, sogar Quentin, der sich sehr gesträubt habe. »Deutsch ist hier so etwas wie bei euch Latein. Die Deutsch-Klassen sind schon eine Art Elite. Wer bei uns Deutsch in der Schule gelernt hat, braucht sich eigentlich keine Sorgen mehr zu machen.«

»Der findet später immer einen Job«, fiel Antonia ein, und nicht nur ich bemerkte die leichte Ironie in ihrer Stimme.

»*Tout à fait!* – Ganz genau! Und wenn ihr in Deutschland weiter so wenig Kinder bekommt, dann werden die jungen Franzosen bei euch bald gut Arbeit finden.«

Die Geburtenrate ist der große Trumpf Frankreichs im bilateralen Vergleich. Während eine Deutsche im Schnitt nur 1,4 Kinder zur Welt bringt (die Geburt eines 0,4-Babys ist schwer vorstellbar – aber so sind nun einmal Statistiker), bekommt die Durchschnittsfranzösin exakt 2,04 Kinder. Das macht aufs gesamte Land hochgerechnet einen großen Unterschied.

»Komisch. Deutschland ist doch sonst so effizient. Warum tut es nicht mehr dafür, dass junge Leute mehr Kinder bekommen? Warum gibt es nicht so viele Krippen wie bei uns?«

Wir wussten keine überzeugende Antwort. Ich konterte vielleicht etwas unbeholfen damit, in Deutschland könne man beim Tanken diesen kleinen Haken am Tankrüssel feststellen und dann herumlaufen. In Frankreich dagegen gehe das nicht. »Man muss ständig den Griff drücken, damit Benzin fließt. Dabei atmet man dauernd giftige Dämpfe ein. Komisch. Frankreich ist doch sonst technisch so effizient. Warum tut es nicht mehr für die Gesundheit der Tankenden?«

Aurore und Éric wussten darauf ebenso wenig eine Antwort wie auf die Frage, warum im Großraum Paris die grüne Welle bei Ampeln unbekannt zu sein scheint. *Touché!*

Nun konterte jedoch Éric, er wundere sich immer wieder, wie oft er beim Reisen in Deutschland nicht mit der Kreditkarte zahlen könne. In Frankreich gehe das in jedem Zeitungsladen. »Seltsam finde ich auch, dass die Kellner im Restaurant beim Bezahlen immer neben einem stehen bleiben und auf das Trinkgeld spechten. Da gerät man schon unter Druck. Bei uns lässt man das Trinkgeld beim Gehen einfach auf dem Tisch liegen. Das ist *liberté*!«

Auch die Atomkraft heizte unserer Diskussion ein. Antonia, aus einer tiefgrünen Familie stammend, hielt ein flammendes Plädoyer gegen die Nuklearenergie. Éric befand, ohne Kernkraft ließen sich die Klimaziele nie einhalten, und das sage er jetzt nicht, weil er Atommanager sei. Gerade Deutschland trommle doch so für den Klimaschutz. »Im Rhone-Tal südlich von Montélimar gibt es sogar eine Krokodilfarm, die mit der Abwärme einer Atomanlage beheizt wird. Das ist gelebter Klimaschutz!«

Franzosen lieben Debatten, Vergleiche und Wettbewerbe, auch zwischen Staaten. Dabei messen sie sich besonders gern an Deutschland, dem »Partner und Konkurrenten«, wie ein früherer Präsident einmal sagte. Die Bitterkeit der Nachkriegszeit ist dabei längst verschwunden. Mein Schwiegervater, der als junger

Ingenieur einige Zeit bei einer Firma in Versailles arbeitete, hatte es noch erlebt, dass man als Deutscher als *boche* bezeichnet wurde. Ein Freund von mir erzählte, ein alter französischer Fahrradhändler habe ihm noch um das Jahr 1980 herum eine Reparatur seines Rads verweigert, weil er Deutscher sei. Wir dagegen sollten in unserer Zeit in Frankreich nie antideutsche Erlebnisse haben. Im Gegenteil. Oft mussten wir die Begeisterung für *le modèle allemand* geradezu dämpfen. Der Enthusiasmus junger Franzosen für Berlin ist ohnehin schon legendär.

»Valérie hat sich zum Abitur eine Reise dorthin gewünscht, gemeinsam mit zwei Freundinnen«, erzählte Aurore.

So endete unser Abend in bestem Einvernehmen. Zum Abschluss stießen wir mit einem runden Calvados *Age Inconnu* auf die deutsch-französische Freundschaft an. Dann machten wir uns über den Platz mit der Platane auf den kurzen Heimmarsch.

Zu Hause ging ich noch mal in mein Büro und suchte im Internet nach einer Lösung für das Rätsel mit dem Tankrüssel. Warum nur lässt er sich in Frankreich nicht arretieren? In einem Blog fand ich schließlich eine Antwort: Weil sonst die Gefahr bestehe, dass die Leute während des Tankens zum Einkaufen gingen oder gleich mit dem Rüssel im Tank losführen. Ein französischer Kommentar dazu lautete: »Die Deutschen blockieren ihren Zapfhahn problemlos und ohne irgendwelche Dummheiten zu machen.«

Vive l'Allemagne.

Acht

Dann kam die *rentrée*, die Rückkehr der Franzosen aus den Sommerferien. Chaos auf den Straßen. *Bison futé* schlug »roten Alarm«. Auf den Autobahnen, die von Ärmelkanal, Atlantik, Pyrenäen, Mittelmeer, Alpen und Vogesen nach Paris führen, ging nichts mehr. *Bison futé?* Ein pfiffiger Bison? So heißt ein breit grinsender Indianer – die Symbolfigur des offiziellen französischen Verkehrsinformationsdienstes. Er wurde nach einem legendären Verkehrsinfarkt im Sommer 1975 geschaffen. Damals kam es an einem einzigen Tag in Frankreich zu insgesamt 6000 Kilometern Stau! Seitdem hat sich einiges verbessert bei Information und Straßennetz. Der pfiffige Bison aber hat nach wie vor viel zu tun, besonders bei der *rentrée*. Auch die Reporter des staatlichen Fernsehens France Télévisions leisten dann Schwerstarbeit. Die Hauptnachrichten zeigen dramatische Reportagen von Menschen, die, sagen wir auf einem Campingplatz bei Arcachon, ihr Zelt auseinanderbauen, ihr Auto beladen und dann im Stau stehen. Oder sie lassen uns daran teilnehmen, wie Familie Dubois zu Hause in Lille ankommt, die Läden aufklappt und den Rasenmäher anwirft. Hochspannend, das alles. Kein Wunder, dass davon die Weltpolitik völlig verdrängt wird. Schließlich ist jetzt *rentrée*.

Wir kannten das Rückkehrchaos schon aus Italien, dort heißt es: *il grande rientro*. So wunderten wir uns nicht, dass jetzt im bislang sommerlich stillen Saint-

Cloud Hektik ausbrach. Auf einmal kam es auch hier zu Staus. Der Parkplatz des Supermarktes Monoprix war überfüllt, und drinnen an den Wurst-, Frischfisch- und Käseständen gab es auf einmal Schlangen. Die Leute deckten sich mit unglaublichen Mengen ein, als drohe nach Schulbeginn der Notstand; und je näher der erste Schultag rückte, umso gereizter wurde die Stimmung. Einmal kam Antonia amüsiert vom Einkaufen zurück. »Hör mal, was ich gerade erlebt habe: Ich stand am Fischstand und sah zu, wie die Leute Krabbenscheren, Garnelen und Lachs einkauften. Die Schlange wurde immer länger, doch der korpulente Verkäufer mit dem wattierten Arbeitsanzug ließ sich mit dem Bedienen ganz viel Zeit.«

Die Pariser wären es ja gewohnt, anzustehen, im Stau, in der Metro, an der Ladenkasse. Aber nun sei doch ein Murren aufgekommen. Eine elegante Dame habe sich zu ihr umgedreht und geflüstert: »Dieser Verkäufer ist ein ganz unverschämter Mensch. Wissen Sie, was er neulich zu mir gesagt hat?«

Antonia verneinte.

»Ta gueule!«, habe er gesagt. »Halt's Maul!« Sie habe sich sofort bei der Geschäftsführung beschwert. Aber nun bediene der Kerl immer noch. Dann habe die Dame gesagt: »Nur damit Sie wissen, mit wem Sie es da zu tun haben! Ich wünsche Ihnen trotzdem noch eine schöne Zeit in Frankreich.«

Auch unser *hameau* verwandelte sich jetzt schlagartig. Aus dem stillen Weiler wurde ein Bienenstock. Autos und Motorräder parkten nun so dicht vor den Häusern, dass kaum noch Platz zum Wenden um die Platane herum war. Alle Fensterläden gingen auf – und wir lernten binnen Tagen die meisten Nachbarn kennen. Mit den einen grüßten wir uns fortan freundlich, ohne viel mehr miteinander zu tun zu bekommen. Mit anderen wurde es ein vertrautes Verhältnis. So lebt im Wohnturm links von uns ein älteres Ehepaar, Monsieur und Madame Rosard. Madame, eine leicht untersetzte, herzliche Frau mit milchweißer Haut und praktischer Kurzhaarfrisur, arbeitet im Bürgermeisteramt. Monsieur, ein Französisch- und Geschichtslehrer, ist bereits in Pension. Seit der *rentrée* konnten wir jeden Morgen sehen, wie er in seinem Schlafzimmer bei offenem Fenster auf einem Tretrad trainierte. Seit er erfahren hatte, dass ich Journalist bin, versuchte er, mich in Diskussionen zu verwickeln.

»Frankreich ist nicht mehr das, was es einmal war«, klagte er, wenn wir uns zusammen auf das Bänkchen unter der Platane setzten. »Die Jungen achten die Alten nicht mehr. Es gibt keinen Respekt mehr.«

In diesem Moment sauste Arthur Guerin auf einem Roller vorbei. »Bonjour, Monsieur Rosard! Bonjour, Monsieur Ülrìsch«, rief er höflich.

Monsieur Rosard fuhr ungerührt fort: »Die Respektlosigkeit, das ist das Schlimmste. Und bald werden wir auch noch Fremde im eigenen Land sein. Ich bin kein Rassist, weiß Gott nicht. Aber in manchem Viertel leben mehr Schwarze und Nordafrikaner als Franzosen.« Er schüttelte traurig den Kopf. »*C'est le déclin* – das ist der Niedergang.«

Wenn ich ihn aufmuntern wollte, so übel stehe Frankreich doch gar nicht da, er möge nur an die Geburtenrate denken, 2,04 Babys pro Frau, machte er eine müde Handbewegung. »Sie kennen Frankreich doch noch gar nicht. Sie werden schon noch sehen. Was nützen uns viele Kinder, wenn sie als Erwachsene sowieso keine Arbeit finden. Und viele Kinder bekommen doch eh nur die da …«

Er deutete hinüber in den Garten von Madame Delacroix, in dem Napoléon gerade seine Slips und die geblümten Unterröcke von Madame aufhängte. Als

Napoléon uns bemerkte, rief er: *»B'jour, Msiö R'sard! B'jour, Msiö 'lrisch!«*

Wir grüßten zurück. »Aber Napoléon hat doch gar keine Kinder. Die Guerins dagegen, Urfranzosen durch und durch, haben vier«, wagte ich einzuwenden.

»Napoléon ist eine Ausnahme. Der ist in Ordnung«, antwortete Rosard.

Ich suchte nach einer Möglichkeit, das Gespräch zu beenden. »Ich muss jetzt mal nach meinen Kindern schauen, sonst setzt bei uns auch noch der Niedergang ein«, versuchte ich zu scherzen.

»Da haben Sie recht«, sagte Rosard. »Passen Sie nur gut auf sie auf. Ihr Deutsche habt ja nicht mehr so viele Kinder.«

In der Folge sollte der pensionierte Lehrer immer mal wieder bei mir vorbeischauen. Meist brachte er mir dann einen Stapel alter Politikzeitschriften mit, in der Meinung, mir damit enorm bei meiner Arbeit zu helfen. Die meisten waren völlig unverdächtige Magazine, *Le Point* etwa oder *L'Express*. Doch ab und an mischte Rosard auch ein Propagandaheft der rechtsextremen Partei Front National darunter. Franzosen politisieren für ihr Leben gern, doch sie bleiben ziemlich vage, wenn man sie fragt, welche Partei sie wählen. Er sei kein Extremist, sagte Rosard immer wieder. Aber Marine Le Pen, die wuchtige blonde Chefin des Front National, sei doch eine interessante Frau. »Oh, là, là«, sagte Rosard, und rieb sich Daumen und Zeigefinger.

Ganz anders war unsere Nachbarin zur Rechten. Wir hatten sie bislang noch nicht kennengelernt. Als wir eines Abends Anfang September in unserem Gärtchen grillten, ging oben im von violetten Rosen umrankten Nachbarturm ein Fenster auf. Dornröschen beugte sich heraus, jedenfalls meinte ich das im ersten Augenblick. Sie hatte lange, gelockte, kastanienbraune Haare, ein ebenmäßiges, sommerbraunes Gesicht mit fein gewölbten Augenbrauen, einer Stupsnase und vollen Lippen. Ihre blauen Augen blitzten schalkhaft. »*Bonjour!* Sie sind die neuen deutschen Nachbarn? *Bienvenus!* Ich bin Élodie. *Enchantée!*«

Während die Sonne unterging, plauderten wir zwischen Garten und Fenster. Élodie erzählte, sie habe bisher in einer Wohnung im 16. Arrondissement von Paris gewohnt. Es sei das schicke Arrondissement. Doch nun habe sie sich von ihrem *petit copain*, ihrem Freund, getrennt. Der *salaud*, der Dreckskerl, sei einer ihrer Freundinnen nachgestiegen. Daher lebe sie vorübergehend alleine hier draußen. Das Haus gehöre ihren Eltern. »Zum Glück habe ich ja meine Arbeit, die füllt mich aus.«

»Was arbeiten Sie denn?«, fragte ich.

»Ich manage einen Hundesalon im 16.«, antwortete sie. »Haben Sie einen Hund?«

»Nein, leider nur Meerschweinchen«, sagte ich.

»Ah … Meerschweinchen! Die sind doch supersympathisch. Bringen Sie die doch mal in meinem Salon vorbei.«

Dann sahen wir eine kleine Hand winken – und die hellblauen Fenster des Turms gingen zu. Dornröschen war verschwunden.

»Eine schöne Nachbarin«, murmelte ich. »Und *hyper sympa* dazu.«

»Ja, sehr nett«, sagte Antonia. »Vielleicht ein bisschen exaltiert. Eine typische verwöhnte Pariserin aus reicher Familie. Und schön ist sie ja nun nicht direkt mit ihrer zu kurzen Nase. Allenfalls apart.«

Ich nickte. Selbstverständlich hatte Antonia recht.

In jenen Tagen sah ich Nicolas immer mal wieder vor der Villa der Guerins herumlungern. Sehnsüchtig spitzte er durch die Blätter der Hecke. Aus dem Garten klang ein »klack, klack, klack, klack«. Manche würden »ping, pong« dazu sagen. Nicolas ist ein begeisterter und begabter Tischtennisspieler. Im Hof unseres Palazzo in Rom stand eine Platte der Vermieterfamilie, und da hatten wir immer mal wieder gespielt. »In Paris wirst du deine eigene Tischtennisplatte bekommen«, hatte ich Nicolas versprochen. Doch dafür war unser Gärtchen nun definitiv zu klein.

»Ich würde so gern mit diesem Arthur Tischtennis spielen«, sagte Nicolas jetzt.

»Dann läute doch bei den Guerins und frag einfach«, meinte ich nonchalant, als ob ich in seinem Alter gar nicht schüchtern gewesen wäre.

»Ich trau mich nicht recht«, sagte Nicolas ehrlich. »Und ich sprech doch auch noch kaum Französisch.«

Wir griffen zu einer List. Ich riet Nicolas, seinen ferngesteuerten Helikopter in den Garten der Guerins fliegen zu lassen. Dann konnte er läuten, um ihn zu holen. Unser Plan ging auf. Bald darauf hörte ich aus dem Garten der Villa wieder das »klack, klack«. Ab und an rief einer der beiden Jungs *»touché«* oder *»bravo«*. Da wusste ich, dass die beiden sich gut verstehen würden.

Bald darauf luden wir die Guerins zum Abendessen in unser Gärtchen ein. Éric und Aurore meinten, sie würden so gern mal etwas Bayrisches essen. Das war kein Problem. Im Monoprix-Supermarkt gibt es – wohl wegen der Deutschen Schule hier – eine *charcuterie allemande*, einen deutschen Wurstwarenstand. Dort kaufte Antonia Leberkäs, Nürnberger Rostbratwürstel, Kraut- und Kartoffelsalat. Sogar Weißbier einer großen Erdinger Brauerei gab es im Monoprix – zu sagenhaften Preisen. Zum Aperitif aber schenkten wir unseren Gästen natürlich etwas Französisches aus – den feinen Crémant aus dem Elsass, den mir mein Saarbrücker Onkel immer beschaffte. Éric schlürfte ein Schlückchen, kippte den Kopf leicht nach hinten, schmeckte nach, überlegte und sagte dann: »Ah, ein Crémant! Und nicht der schlechteste! Ich finde es toll und mutig, dass ihr so etwas zum Aperitif ausschenkt. Wir versnobten Franzosen würden dazu immer Champagner reichen.«

Da wussten Antonia und ich, dass wir schon wieder einen Fauxpax begangen hatten.

So war unsere erste Zeit in Paris. Es gab Treffer und Fehlschläge, doch insgesamt, so fand ich, hatten wir uns gar nicht schlecht geschlagen. Besonders stolz war ich auf Bernadette und Nicolas, die sich in ihren neuen Klassen in der neuen Schule gut zurechtfanden. Bald brachten sie erste Freundinnen und Freunde zum Mittagessen mit nach Hause. Viele unserer Bekannten in Deutschland meinten, es sei doch eine Riesenchance für die Kinder, im Ausland aufzuwachsen. Die Fremdsprachen. Der Horizont. Doch sie übersahen dabei, wie schwierig es ist, sich mehrmals in einer völlig anderen Umgebung einzupassen. Rom? Paris? Das klingt supersympathisch. Doch es ist etwas ganz anderes, dort Urlaub zu machen oder dort zu leben. Bernadette und Nicolas hatten während unserer ersten Jahre im Ausland ihre Geburtsstadt München kaum vermisst. Doch je älter sie wurden, desto mehr wünschten sie sich eine Heimat. Welche Heimat? Nicolas war fünf, als wir München verließen, neun, als wir von Rom nach Paris gingen. Wo war seine Heimat?

Neun

Solche Gedanken gehen mir durch den Kopf, als ich an jenem ungewöhnlich trüben, nebligen, dunklen und kalten Septemberabend in der Champagne, von der schon die Rede war, tief in der *merde* stecke. Ich verfluche meine Idee, einen Artikel über den Champagnerkrieg und die Schaumwein-Rebellen zu schreiben, die ich gerade besucht habe. Mein Blick fällt auf die schwere grüne Flasche mit Pseudochampagner auf dem Beifahrersitz. Das Geschenk des Bürgermeisters aus dem gottverlassenen Weiler. Und wenn ich jetzt den Kronenkorken öffne, die Flasche austrinke und dann hier im Auto meinen Rausch ausschlafe?

Ich verscheuche diesen verlockend defätistischen Gedanken und versuche wieder, mein Navigationsgerät namens Froni in Betrieb zu setzen. *»Putain de bordel de merde«*, zische ich, während ich gegen Fronis Gehäuse klopfe. Dann falle ich ins Italienische: *»Porca miseria! Che cavolo sto faccendo.* – Verflucht noch mal! Was zum Teufel mache ich eigentlich hier!« Es flucht sich so schön international. Ach, Italien! Ich schalte die Scheinwerfer aus, lehne mich im Autositz zurück und warte, dass mich der Nachtmahr holt.

Es sind solche Stunden, in denen man Bilanz zieht. Wieder einmal. Man hat ja nichts Besseres zu tun. War es richtig, beruflich und privat, von Rom nach Paris umzuziehen? Wir hatten es doch so gut in Rom. Aber irgendwie wurden wir alle der Stadt müde. Uns lockten neue Ufer. Und hätte uns die Zeitung überhaupt viel länger in Rom gelassen? Wohl kaum. Doch würden wir hier in Frankreich je so glücklich wie in Italien werden? Ungewiss. Die Zeichen deuten in die eine wie in die andere Richtung. Ich klopfe wieder gegen Froni, das Luder. Draußen wabern die Nebelschwaden um mein Auto herum. Plötzlich höre ich eine Stimme: »Fahren Sie 3,2 Kilometer geradeaus. Dann rechts abbiegen.« Es ist Froni. Eine halbe Stunde später bin ich auf der Autobahn nach Paris.

Wenn Bernadette von der Schule heimkommt und ich sie frage, wie es so war, antwortet sie normalerweise: »Ach, ganz okay.« Diesmal ist es anders. »Chantal hat mich zu ihrem Geburtstag eingeladen«, frohlockt Bernadette. »Chantal! Das coolste Mädchen in der Klasse! Rate mal, wo wir feiern?«

»In einem Pfarrheim? Bei Quick, dem Burger-Restaurant?«

»Ach, Papa!«, schnaubt meine Tochter. »Wir feiern in einer Pariser Disco. Chantals Mama hat sie für den Nachmittag angemietet.«

Natürlich freue ich mich für Bernadette. Doch ich frage mich auch, ob ein Pfarrheim nicht vielleicht passender gewesen wäre.

Jedenfalls leben wir uns alle immer besser in Frankreich ein; und ich lerne manches an meiner neuen Heimat schätzen. Zum Beispiel eine Höflichkeit, wie ich sie im eher rotzigen Rom kaum bemerkte. Frankreich wird, der Großen Revolution zum Trotz, noch immer vom Versailler Königshof mit seinen bis zur Dekadenz verfeinerten Sitten und Unsitten geprägt. Ich werde das später auch als Journalist in der Pariser Politiker-Szene mit ihrer elitären Attitüde und den unzähligen Hofschranzen und Günstlingen erfahren. Zunächst aber erlebe ich als Privatmann das angenehme Erbe Versailles'. Im Schwimmbad halten mir wildfremde und manchmal wild aussehende Jugendliche höflich die Türen auf. In unserer Straße grüßen spielende Kinder, die ich noch nie getroffen habe, wenn ich an ihren Gärten vorbeigehe: »Bonjour, Monsieur.« Erst denke ich bei solchen Gelegenheiten, die *ados* wollten mich veräppeln. Dann merke ich: Es ist ernst gemeint. Sie sind so erzogen. Bin ich wirklich schon sooo alt? Oder ist Frankreich halt immer noch das Land der verfeinerten Lebensart? Ich nehme mir jedenfalls vor, Antonia künftig öfter die Tür aufzuhalten.

Überhaupt denke ich mir, es könne nichts schaden, den Zeitungslesern über die Politik hinaus mehr vom Pariser Charme zu vermitteln. Doch wo beginnen? Chercher la femme? Soll ich versuchen, die Faszination zu ergründen, die die Pariserin in der ganzen Welt auslöst? Als ich der Redaktion das Sujet unterbreite und einen vierwöchigen Recherche-Sonderurlaub samt Spesenvorschuss beantrage, meinen die Kollegen, das Thema sei vielleicht doch ein bisschen diffizil für den Anfang. »Etwas weniger Kompliziertes wäre besser.«

Ich denke an unsere bisherigen Erlebnisse zurück. Na klar. Der Abend bei Paris Plages. Das Klavier an der Seine. Die Chansons. Ich könnte einen klassischen Pariser Chansonnier porträtieren. Doch wo suchen, wo finden?

Wie so oft in meinem Beruf kommt mir der Zufall zu Hilfe. Ein Freund erzählt mir, er habe von einem Chansonnier gehört, der seit mehr als einem halben Jahrhundert auf der Bühne singe und einst das Lied *Non, je ne regrette rien* für Édith Piaf komponiert haben soll. So stehe ich jetzt vor der Tür einer Altbauwohnung im Pariser *Quartier latin*. Ein alter Herr in blauer Hose, Jeanshemd und Filzpantoffeln öffnet und bittet mich in seinen Salon, ein Eckzimmer mit Blick auf das Théâtre National de l'Odéon. Seit mehr als 50 Jahren lebt er hier, und das hat seine Spuren hinterlassen. An den Wänden hängen goldene Schallplatten, Fotos und andere Erinnerungsstücke. Während er einen Kaffee zubereitet, fragt er mich liebenswürdig: »Warum sind Sie zu mir gekommen? Was darf ich Ihnen erzählen?«

Ich habe etwas Scheu davor, Charles Dumont mit einem Chanson ins Haus zu fallen und sofort von jenem Lied zu sprechen, das alle immerzu von ihm hören möchten. Vielleicht ist es ihm ja lästig, wenn sein langes schöpferisches Leben voller Musik auf jenen einen Song reduziert wird, den er vor mehr als einem halben Jahrhundert komponiert hat. Ich suche nach einem anderen Anfang für unser Gespräch. Die Sonnenstrahlen fallen schräg in den Raum und lassen winzige Staubteilchen tanzen, als folgten sie einer geheimen Choreographie. Das Licht streift über einen hellbraunen Flügel. Er dominiert den Salon. Monsieur Dumont folgt meinem Blick und sagt: »Ich glaube, dass auch die Dinge eine Seele haben, und sei es nur eine kleine.« Dann erzählt er von der wilden Ehe mit seinem Klavier.

Vor etwa zwei Jahrzehnten sei es bei ihm beruflich besonders gut gelaufen. Da habe er sich vom Übermut packen lassen. »Ich schickte mein altes Piano in mein Landhaus in der Provence und kaufte mir für ein Vermögen einen Steinway-Flügel.« Damit habe er schwer Eindruck auf seine Gäste gemacht. Viele hätten ihn darauf angesprochen, was für ein phantastisches Klavier er da habe. Das habe ihm sehr geschmeichelt. »Aber dann merkte ich: Dieser Flügel und ich hatten uns nicht viel zu sagen. Wir waren nicht füreinander geschaffen. Ich spielte kaum darauf.« Dumont und der neue Flügel versuchten es immer wieder, doch sie konnten einfach nicht zueinanderfinden. Schließlich verkaufte er den Steinway unter Wert und holte sein altes braunes Piano zurück. Es war schwer verstimmt, in jeder Beziehung. »Es ließ mich spüren, wie schlecht ich es behandelt hatte.« Doch inzwischen leben die beiden wieder im Einklang miteinander in dem Salon zusammen. Charles Dumont, der die 80 schon überschritten hat, legt die Hand auf seine Brust und sagt: »Ich habe eine echte Liebesbeziehung mit diesem Klavier und werde es nie mehr verlassen.«

Dann erwähnt er beiläufig, auf diesem Piano habe er einst *Non, je ne regrette rien* komponiert. Er macht es mir leicht. Ich brauche jetzt nur noch zu sagen: »Erzählen Sie doch bitte mal« – und schon tauchen wir in die Vergangenheit ein.

Es war einmal ein mäßig erfolgreicher Komponist aus der südwestfranzösischen Provinz. Den zog es, wie so viele begabte junge Leute vor ihm, in die Hauptstadt, nach Paris. Auch dort konnte er zunächst nicht so recht reüssieren. Doch dann kam jener schicksalhafte Moment, der sein Leben mit einem Schlag ändern sollte. Mein Gastgeber erinnert sich noch ganz genau an Ort und Zeitpunkt und sprudelt die Daten so rasch hervor, wie andere die Keilerei bei Issos im Jahr 333 vor Christus aufsagen: »Es geschah am Boulevard Lannes Nummer 67 in Paris. Am 5. Oktober 1960, um 17 Uhr.«

Dumont hatte zu jener Zeit schon drei Rendezvous mit Édith Piaf hinter sich, bei denen er den Weltstar von seinen Kompositionen überzeugen wollte. Sie endeten alle im Fiasko. Die Diva hielt ihn wegen seines Akzents aus der Provinz für nicht seriös. »Die Piaf war ausgesprochen unangenehm. Misstrauisch. Ja schrecklich.« Dumonts sonst so freundliches Gesicht verdüstert sich. »Sie hielt mich für einen mittelmäßigen Chanson-Schreiber ohne besonderes Talent.« Verletzt schwor er sich damals, nie wieder zu ihr zu gehen. Doch dann überzeugte ihn sein Freund Michel Vaucaire, der die Texte zu seinen Kompositionen schrieb, einen letzten Versuch zu wagen.

Die Piaf war damals erst 44 Jahre alt, doch scheinbar schon verloren. Schicksalsschläge, Alkoholexzesse, Drogen und Krankheiten hatten nicht nur den Körper, sondern auch die Seele der 1,47 Meter kleinen, großartigen Sängerin ruiniert. Als Dumont und Vaucaire zum vereinbarten Zeitpunkt an ihrer Wohnungstür klingelten, öffnete ihre Sekretärin und sagte, Madame sei schwer krank und gedenke nicht, sie zu empfangen. Die beiden Männer wollten schon gehen, als die Sängerin plötzlich aus ihrem Schlafzimmer rief, wenn sie schon einmal da seien, sollten sie auch bleiben. Sie werde sich fertigmachen.

»Nach einer Stunde öffnete Édith Piaf die Tür«, erzählt Dumont.

Sie sagte ungehalten, sie werde sich nur ein einziges Lied anhören.

Das erboste Dumont. »Ich war wütend und erwartete mir gar nichts mehr.« Rasch setzte er sich ans Klavier und hieb eines seiner Chansons in die Klaviatur. *Non, je ne regrette rien*. Er hatte es einige Jahre zuvor komponiert. Als er endete, bat ihn die Piaf, es noch einmal zu spielen. »Und dann verwandelte sie sich, als ob die Sonne hinter Gewitterwolken hervorkäme.«

Sie sagte: »Junger Mann, machen Sie sich keine Sorgen mehr. Darauf habe ich mein ganzes Leben gewartet. Dieses Lied wird um die Welt gehen.«

Charles Dumont glaubte damals nicht an diese Prophezeiung. Doch er wurde rasch eines Besseren belehrt. Édith Piaf hatte es gefühlt: Diese Ode an den Lebenswillen und die Liebeskraft war ihr geradezu auf den Leib komponiert.

»Non! Rien de rien
Non! Je ne regrette rien
Ni le bien qu'on m'a fait
Ni le mal tout ça m'est bien égal!«

Genau das war auch ihre Haltung, ihre Botschaft: Egal, was passiert ist im Leben, Gutes wie Böses, die Hoffnung kapituliert nicht. Oder – um es mit Ernest Hemingways Maxime zu sagen: Ein Mensch kann vernichtet, aber nicht besiegt werden.

»Car ma vie, car mes joies
Aujourd'hui, ça commence avec toi! »
(»Denn mein Leben, meine Freuden
beginnen heut mit dir!«)

Für Édith Piaf war dies kein leeres Pathos. Sie handelte. Im Dezember 1960 stand sie auf einmal wieder auf der Bühne und feierte im »Olympia« am Boulevard des Capucines ein umjubeltes Comeback. Ganz Paris schien mit ihr zu beben, als diese so zerbrechlich wirkende Frau zum Höhepunkt ihres Konzerts *Non, je ne regrette rien* anstimmte. Erst dunkel, trotzig, bebend, drängend, dann jubelnd, triumphierend. Später sagte sie zu Dumont, er habe ihr die Liebe des Publikums wiedergegeben und im Olympia zum wunderbarsten Abend ihrer Karriere verholfen.

Seitdem geht dieses Lied um die Welt. Bereits 1961 wurden allein in Frankreich mehr als eine Million Platten davon verkauft. Später interpretierten Künstler wie Duke Ellington, Johnny Hallyday oder Patricia Kaas *Non, je ne regrette rien*. Es wurde zu einer der Hymnen der französischen Fremdenlegion, zum Höhepunkt von Kinofilmen wie *La vie en rose* und zum Trost für Menschen in allen Lebenslagen.

Für Charles Dumont aber begannen 1960 drei Jahre der Zusammenarbeit mit Édith Piaf. Er komponierte drei Dutzend weitere Lieder für sie. Sie zog ihn, dem es widerstrebte, auf die Bühne, sang *Les Amants* im Duett mit ihm und machte ihn so selbst zu einem bekannten Chansonsänger. Bis heute steht er regelmäßig vor Tausenden Menschen auf der Bühne.

Auf die Frage, welcher Art seine Liaison mit Madame Piaf war, muss der alte Herr schmunzeln. Er hat sie schon öfter gehört. »Ich überlasse es den Leuten zu glauben, was sie wollen«, sagt er.

Und wie steht er mittlerweile zu dem Lied, das alles verändert hat in seinem Leben? Bereut er seine Komposition, weil er nun stets mit ihr gleichgesetzt wird? Er verfällt in sein leises, heiseres Lachen. »Das wäre sehr undankbar, wenn mir das unangenehm wäre. Ich durfte mithelfen, eine Legende zu schaffen.« Auch hätten ihm die Tantiemen dieses einen Chansons ein gutes Auskommen im Leben beschert. »Soll ich mich über all das beklagen?«

Zum Abschied schenkt mir Charles Dumont eine CD mit seinen Liebesliedern. »Gibt es einen bestimmten Grund dafür, dass Sie immer und immer wieder nur die Liebe besungen haben?«, frage ich ihn.

Er blickt mich erstaunt an, überlegt und sagt dann: »Was kann man Schöneres tun, als sich der Liebe zu widmen? Ich schäme mich nicht, den Frauen zu sagen, dass ich sie liebe. Und ich verstehe nicht, warum andere Männer so selten zu ihren Frauen sagen: *Je t'aime.*«

Auf dem Heimweg mit der Metro denke ich mir: Da hast du dich vor kurzem noch gefragt, ob dir in Frankreich je solche magischen Realisten begegnen werden wie in Italien. Und nun hast du schon nach kurzer Zeit einen Mann wie Charles Dumont getroffen. Als ich heimkomme, schneidet Antonia gerade Zwiebeln. *»Je t'aime«*, sage ich. Womöglich täusche ich mich, doch mir scheint es, als bekomme sie feuchte Augen.

Wenn mich fortan ab und an der Blues erwischt in Frankreich und ich in Versuchung gerate, einen Rom-Bildband aus dem Regal zu ziehen oder den Song *Grazie, Roma* aufzulegen, um mir das süße Gift der Melancholie einzuträufeln, dann widerstehe ich und höre stattdessen: *Non, je ne regrette rien.*

Auch beruflich werde ich allmählich mit Frankreich, seiner Politik und Gesellschaft vertraut. Allerdings unterlaufen mir noch Fehler, die mich als Neuling outen. Der Leser kann bisweilen sehr streng sein. Das bekomme ich jetzt zu spüren. So unterrichtet ein Herr meine Zeitung, ihr Tropf von Frankreich-Korrespondent, dieser »Schreiberling«, beherrsche nicht einmal die Grundlagen der Orthographie. Er schreibe immer *banlieu* statt *banlieue*. Anfangs habe er, der Leser, noch an einen Flüchtigkeitsfehler geglaubt. Doch nun argwöhne er, die Ignoranz habe Methode. Ich antworte ihm mit der gebotenen Zerknirschtheit und gelobe Besserung.

Regelrechte Empörung aber löse ich mit einem Begriff aus, den ich – als kleinen Aufregertest – auch schon in diesem Buch benutzt habe. Er lautet *la Grande Nation*, »die große Nation«, und wird in Deutschland gern ironisch als Synonym für Frankreich verwendet.

Als Journalist sieht man sich oft mit einem ähnlichen Problem konfrontiert wie Schüler beim Deutschaufsatz: Man möchte Wortwiederholungen vermeiden. Doch was soll man schreiben, wenn man in einem Artikel schon viermal »Frankreich« verwendet hat? »Paris«? Lässt sich als Synonym nur benutzen, wenn die Regierung gemeint ist. Das Hexagon (Sechseck)? Wird von französischen Medien wegen der Form des Landes gern verwendet, klingt im Deutschen aber gespreizt. »Unser westliches Nachbarland«? Wirkt altbacken. Umso lieber nahm ich in meinen ersten Artikeln zur

Grande Nation Zuflucht. Das hätte ich lieber bleibenlassen sollen. Es hagelte empörte Reaktionen. Ob ich denn nicht wisse, dass Franzosen ihr eigenes Land niemals als *la Grande Nation,* sondern allenfalls als *une grande nation*, »eine große Nation«, bezeichnen würden und *la Grande Nation* nur von mehr oder weniger spöttelnden Deutschen verwendet würde, schrieben mir Leser. Einer meiner Pariser Journalistenkollegen meinte, als Anfänger sei mir *la Grande Nation* verziehen, aber nun gelte: »Nie wieder!«

Verstört von so viel Gegenfeuer strich ich den Ausdruck aus meinem Wortschatz. Doch so ganz überzeugt von der Kritik war ich nicht. Schließlich führen französische Politiker auch heute noch oft das Wort von der *grandeur* im Munde, wenn sie von ihrem eigenen Land sprechen – und damit meinen sie durchaus nicht die geographische Ausdehnung; und der Präsident, der Premier und die Minister residieren in Palästen, die wie der Stein gewordene Anspruch der, jawohl, *Grande Nation* wirken. Warum also nicht genau so, und sei es auch einmal ironisch, nennen, was sich vom Anspruch her so gibt?

Weil Franzosen den Begriff allenfalls einmal historisch für die napoleonische Zeit benutzten, niemals aber für die Gegenwart, heißt es; und weil die Deutschen das Wort dafür missbrauchten, um Frankreich als vermeintlich großspuriges, egotrunkenes Land lächerlich zu machen. Etwa wenn deutsche Medien, nachdem Frankreichs Kreditrating herabgestuft worden war, höhnisch fragten: »Wie groß ist die *Grande Nation*?« Das hat mich denn doch überzeugt. Denn höhnisch wollen wir nicht sein. Daher bekenne ich nun ein für alle Mal: Frankreich ist *une grande nation*, aber, trotz aller *grandeur*, nicht *la Grande Nation*. D'accord?

Zehn

Nun ist es aber an der Zeit, sich einem Mann zuzuwenden, der einerseits klein war, jedenfalls für heutige Begriffe, andererseits aber groß. Die Rede ist von einem korsischen Anwaltssohn namens Napoleon Bonaparte. Napoleon hatte in meiner Familie keinen üblen Ruf. Das wird ihn freuen. Meine Vorfahren aus München und Riedlingen schätzten ihn, weil er Bayern und Baden-Württemberg einst zu Königreichen gemacht hat. Tatsächlich wurden 1805 im Frieden von Pressburg mehrere deutsche Fürstentümer, die mit Napoleon verbündet waren, zu Königreichen aufgewertet. Aus »Herzog Maximilian IV. Joseph von Bayern« wurde »König Maximilian I. von Bayern«. Dessen Urenkel König Ludwig II. soll zwar im Starnberger See ertrunken sein, behaupten defätistische Zungen. Er ist heute in Bayern jedoch genauso lebendig wie Kaiser Napoleon in Frankreich. Aber stimmt das bei Napoleon überhaupt? Oder ist die angebliche Napoleon-Manie der Franzosen nicht ein falsches Klischee, das von deutschen Journalisten blindwütig verbreitet wird, um *une grande nation* zu diskreditieren? Ich will das herausfinden – und lande so an einem lauen Abend im Amtszimmer von Yves Jégo, des Bürgermeisters von Montereau-Fault-Yonne, das ich dank Froni problemlos gefunden habe.

Unterwegs im Ort war ich an einem Monument vorbeigekommen, das den Empereur hoch zu Pferde zeigt, den charakteristischen Zweispitz quer auf dem Kopf. Nun blicke ich auf ein Gemälde, das den Kaiser vor dem Gefecht darstellt. »Napoleon hat hier bei uns in Montereau eine große Schlacht gewonnen«, sagt Jégo hinter seinem Schreibtisch. Daraus wolle seine Gemeinde nun endlich Kapital schlagen. Jégo spricht vom »Projekt meines Lebens«, mit dem er Disneyland Paris Konkurrenz machen werde. Er wolle einen riesigen Historien- und Vergnügungspark rund um Napoleon am Rand seiner Gemeinde schaffen. Eine viertel Milliarde Euro solle der kosten, 150 Hektar Grund überziehen, 3000 Arbeitsplätze schaffen und jährlich zwei Millionen Touristen nach Montereau bringen. Das sind Dimensionen, die womöglich sogar den Kaiser beeindruckt hätten.

»Klingt ziemlich größenwahnsinnig, passt aber zu Napoleon«, verkneife ich mir zu sagen. Stattdessen frage ich Monsieur le Maire, wie sein etwas verschlafenes, 17 000 Einwohner kleines Städtchen südöstlich von Paris ein Projekt dieser *grandeur* stemmen wolle.

»Ich habe monatelang im Stillen an meinen Plänen geschmiedet«, antwortet er. »Dann habe ich einfach mal einen Stein ins Wasser geworfen.« Er schmunzelt genüsslich. »Als ich meinen Mitbürgern von dem Napoleon-Projekt erzählte, dachten sie erst einmal, ich sei übergeschnappt. Doch dann haben sie es gut aufgenommen. Heute sind sie stolz darauf.« In wenigen Jahren werde sein Park die ersten Besucher empfangen.

»Und was wird die erwarten? Eine Waterloo-Achterbahn? Ein Schießstand namens Jena&Leipzig? Ein Gruselkabinett samt Guillotine der Revolutionsjahre? Schifferlfahren um Sankt Helena? Oder Lebkuchenherzen mit der Aufschrift Joséphine?«

Jégo lässt sich nicht provozieren. Er sprudelt über vor Ideen: Natürlich sollten die Besucher künftig die berühmten Schlachten nacherleben, Siege wie Niederlagen, Austerlitz und Waterloo. »Und sie werden die Seeschlacht von Trafalgar in einem Bassin aus der Unterwasser-Perspektive beobachten können.« Sie sollten Napoleon bei der Kaiserkrönung in Notre Dame über die Schulter sehen können, sich von seiner Liebe zu Joséphine rühren lassen und in die ganze Geschichte jener Zeit eintauchen, von der Revolution über das Konsulat und Empire bis zum bitteren Ende. »Es wird ein mächtiges Spektakel«, verspricht der Bürgermeister. »Um den Erfolg ist mir nicht bange.« Schließlich werde der Tourismus weltweit explodieren. »Denken Sie nur an die Chinesen!« Frankreichs Sehenswürdigkeiten seien schon heute überlaufen. Da sei es doch höchste Zeit, neue zu erschaffen.

Während sich Jégo in Begeisterung redet, dringen durchs offene Fenster Vogelgezwitscher und das Geplauder der Menschen unten auf den Caféterrassen herein. Unendlich fern scheint die Zeit zu sein, da das Städtchen unter Kanonendonner erzitterte und sich der Boden mit dem Blut Tausender Soldaten färbte. Die Schlacht, die den Ort berühmt machte, trug sich am 18. Februar 1814 zu. Damals war Napoleon durch seinen desaströsen Russlandfeldzug und die Niederlage von Leipzig schon sehr geschwächt. Hier, bei Montereau, kurz vor den Toren von Paris, warf er sich nun den Truppen der Württemberger und Österreicher entgegen. Der Kaiser wusste, dass er nicht noch einmal verlieren durfte. Daher übernahm er persönlich das Kommando. Seinen verunsicherten Soldaten soll er dabei gesagt haben: »Die Kugel, die mich töten soll, ist noch nicht gegossen.«

Die Franzosen gewannen. »Es war Napoleons letzter Sieg«, sagt Jégo.

Ich verstehe ja, wenn sich der Bürgermeister und seine Mitbürger an diese glorreiche Stunde vor dem Untergang erinnern wollen. »Aber müssen Sie deswegen gleich ein Disneyland für Bonapartisten errichten? Verharmlosen Sie da nicht einen Mann, in dessen Kriegen Millionen Menschen starben? Und fördern Sie so nicht einen Personenkult, der Napoleon selbst vielleicht gefallen würde, aus heutiger Sicht aber eher geschmacklos ist?«

Jégo winkt ab. Sein Park werde keiner Heldenverehrung dienen; und natürlich sei Napoleon keine Zeichentrickfigur à la Dagobert Duck oder Asterix. »Aber müssen wir den Kaiser deshalb in staubige Museen sperren?«

Der Bürgermeister findet, Frankreich gehe bisher allzu verschämt mit seinem ehemaligen Kaiser um. »Es gibt kein einziges *Lycée Napoléon*, keinen einzigen *Boulevard Napoléon*«, behauptet er. Der Empereur werde gern als Schlächter und Tyrann bezeichnet. Dabei sei er doch auch ein herausragender Feldherr, Politiker, Diplomat, Jurist, Organisator und Visionär gewesen. Zudem biete sein Leben so viel Romantisches. »Man denke nur an Joséphine!«

Dann sagt der Bürgermeister noch, er genieße für sein Napoleon-Land allerhöchste Unterstützung. *SAI* selbst stehe hinter dem Projekt.

»*SAI?*«

»*Mais oui. S. A. I. Son Altesse impériale* – Seine Kaiserliche Hoheit.«

»Wie meinen Sie das?«

»So wie ich es sage. Napoléon Bonaparte höchstpersönlich stärkt mir den Rücken.«

»Sie bekommen Hilfe aus dem Jenseits?«

»Durchaus nicht. Ich meine Monsieur Charles Napoléon Bonaparte, das heutige Oberhaupt der Bonapartes.«

»Kann man ihn sprechen?«, frage ich ein wenig ungläubig.

»Selbstverständlich. Fragen Sie meine Sekretärin, die gibt Ihnen die Handynummer von *S. A. I.*« Frankreich kann manchmal so unkompliziert sein.

Ziemlich elektrisiert fahre ich nach Hause. Bislang war ich ganz selbstverständlich davon ausgegangen, die Bonapartes seien ausgestorben. Napoleons einziger Sohn Napoléon II., der sogenannte »König von Rom«, war bereits 1832 in jungen Jahren verschieden. Sein Neffe Napoléon III. wurde wie der Onkel Kaiser der Franzosen, hatte selbst aber auch nur einen einzigen Sohn, der 1879 im Zulu-Krieg fiel. Das war's dann wohl mit den Bonapartes, dachte ich. Doch da hatte ich die Rechnung ohne Napoleons jüngsten Bruder Jérôme gemacht. Dessen Linie pflanzte sich fort bis hin zu Charles Marie Jérôme Victor Napoléon Bonaparte, dem heutigen Chef der Familie. Wären die Bonapartes an der Macht geblieben, würde er nun als »Napoléon VII.« herrschen.

Als ich in unserem *hameau* ankomme, hängt Napoléon gerade die Wäsche auf. Nicht Napoleon I. und auch nicht Napoléon VII., sondern Napoléon, der Hausmeister. »Bonjour, Monsieur Napoléon«, grüße ich ihn. »Darf ich Ihnen einmal eine Frage stellen?«

»Aber selbstverständlich, M'siö Ülrìsch«, antwortet er und kommt heraus auf unseren kleinen Dorfplatz. Wir setzen uns unter die Linde.

»Wieso heißen Sie eigentlich Napoléon? Hatte der Kaiser womöglich eine mir bislang unbekannte Geliebte?«

Napoléon grinst. »Mehr, als Sie denken«, sagt er dann. »Aber damit habe ich wirklich nichts zu tun. Meine Eltern wollten als Einwanderer einfach demonstrieren, wie französisch sie sich fühlten. Dabei hat Napoleon, ich meine den Ersten, doch sogar die

Sklaverei in den Kolonien wieder eingeführt. Und seine Flamme, die verruchte Joséphine, stammte aus einer Plantagenbesitzerfamilie aus Martinique. Nicht gerade eine Referenz für einen Schwarzen wie mich. Mein Name ist eigentlich zu viel der Ehre für den Empereur. Aber was will ich machen? Ich kann mit dem Namen leben. Nur eines hat mich genervt: dass mich mancher Lehrer früher spöttisch ›Son Altesse‹ rief.«

Ich erzähle Napoléon, dass ich bald Napoléon VII. treffen wolle, den Nachfahren des Empereur.

»C'est coooool!«, ruft Napoléon. »Grüßen Sie ihn von mir.«

Bald darauf ist es so weit. Ich habe ein Rendezvous mit *S. A. I.* Seine Kaiserliche Hoheit läuft in braunem Leinensakko und offenem Hemd durchs Pariser Montparnasse-Viertel, betritt eine Eckkneipe, setzt sich an einen abgeschabten Holztisch und bestellt einen Espresso. Dann erzählt Charles Napoléon Bonaparte, alias Napoléon VII., er sei kein Bonapartist, »sondern ein Bürger wie jeder andere« – und im übrigen Sozialist. Präsident oder Kaiser wolle er nicht werden. Und dem Empire trauere er überhaupt nicht nach. Daher solle ich ihn doch bitte nicht »Kaiserliche Hoheit« nennen. »Merci!«

Man ahnt es: Monsieur Bonaparte – groß, schlank, mit lässiger Eleganz gekleidet und mit durchaus aristokratischen Gesichtszügen – ist ein sympathischer, unprätentiöser Mann, dem jeglicher Cäsarenwahn fremd ist. Dennoch wandelt er in gewisser Weise auf den Spuren seines berühmten Ahnen. Er war stellvertretender Bürgermeister im korsischen Ajaccio, der Stadt, aus der Kaiser Napoleon stammte. Und er hat einen europäischen Verbund der Napoleon-Städte gegründet, zu dem auch deutsche Orte wie Kassel und Jena gehören. Zudem arbeitet er an einer *Route Napo-*

léon quer durch Europa. Daneben schreibt er Bücher mit Titeln wie »Napoléon über Napoleon«.

»Warum fasziniert Napoleon noch immer die ganze Welt?«, frage ich Monsieur Bonaparte. »Warum beschäftigt er die Franzosen mehr als jede andere Gestalt ihrer Geschichte? Warum sind zahllose Straßen nach seinen Schlachten benannt? Warum steht Ihr auf Sankt Helena verstorbener Oheim noch immer in Cäsarenpose auf der Triumphsäule der Pariser Place Vendôme? Warum all diese Verehrung für einen Mann, der Europa mit Kriegen überzogen hat und für den Tod von zweieinhalb Millionen Soldaten und Zivilisten mitverantwortlich ist?«

»Napoleon fasziniert die Menschen vor allem wegen seiner atemberaubenden Karriere«, vermutet sein Nachfahre. »Anders als Cäsar oder der Sonnenkönig Ludwig XIV. stammte er aus bescheidener Familie. Er begann ganz klein. Sein Aufstieg verlief dramatisch – und sein Fall auch.« Sein Ende habe etwas Christushaftes gehabt. »Napoleon opfert sich für sein Volk. Er dankt ab und akzeptiert es, nach Sankt Helena zu gehen, um dort in der Verbannung zu sterben.«

»Und die Franzosen akzeptieren den Mythos, den der Kaiser selbst sehr bewusst formte?«, frage ich.

»Napoleons Ruf ist in Frankreich durchaus ambivalent. Bewunderung mischt sich mit Unverständnis. Wegen all der Kriege und der Gewalt. Wahrscheinlich sehen die Franzosen ihren früheren Kaiser heute sogar kritischer als Deutsche, Italiener oder Polen.«

»Und dennoch sind Sie für einen Napoleon-Vergnügungspark in Montereau?«

»Durchaus. Zwar bewundere ich Napoleon keineswegs, aber er hatte auch seine guten Seiten. Er hat etliche Errungenschaften der Großen Revolution aufgegriffen und gefestigt und so die Grundlagen des modernen Frankreich geschaffen.«

»*La grandeur?* Eine gewisse Größensucht?«, erlaube ich mir einzuwenden.

Monsieur Bonaparte lässt sich nicht provozieren. Er nennt ganz konkrete Dinge. Den *Code Napoléon*, das Zivilgesetzbuch. Oder den Laizismus, also die strikte Trennung von Staat und Kirche. Monsieur Bonaparte kippt den Rest seines Espressos hinunter. Er muss weiter, denn er ist ein vielbeschäftigter Mann. Der Beruf als Manager, die Napoleon-Städte, die Bücher, die Politik. Bald schon ein Napoleon-Land.

»Bedauern Sie es vielleicht doch manchmal, Napoleon I. nicht auf dem Thron nachfolgen zu können?«

Monsieur Bonaparte lacht hell auf, wirft ein paar Münzen für den Espresso auf den Tisch und sagt sehr überzeugend: »Ich bedaure das gar nicht. Denn er ist er – und ich bin ich.«

Zurück im *hameau* passt mich Napoléon, der Hausmeister ab. »Wie war es denn bei meinem Namensvetter, M'siö Ülrìsch?«

»Cooool!«, sage ich. »Aber er will nicht Kaiser werden, sondern ein ganz normaler Bürger bleiben.«

»Dann trägt er meinen Namen zu Recht.«

Elf

Erhabenes und Profanes liegen manchmal nah beieinander, besonders in Frankreich. Gerade habe ich mich mit der kaiserlichen Familie beschäftigt – und nun plagen mich Flöhe. Natürlich besteht da keinerlei Zusammenhang, auch wenn es zumindest im königlichen Versailles zugegangen sein muss wie bei Hempels unterm Sofa. Für die Geschichte mit den Flöhen können jedoch auch die Bourbonen in unserem Falle nichts. Schuld daran sind vielmehr unsere Meerschweinchen Susi, Mucki, Giacomo alias Jakob Brödler und Nelly – wenn auch nur indirekt. Aber der Reihe nach.

Seit einigen Tagen klagt Antonia über ein seltsames Jucken an den Knöcheln und diversen anderen Körperregionen. Natürlich nehme ich die Beschwerden meiner Frau sehr ernst. Ich google unter »Klimakterium«, lande bei der »Prämenopause«, kann aber nichts Einschlägiges finden. So sage ich: »Du Arme! Aber es wird schon wieder werden«, und freue mich darüber, dass meine Frau einen derart einfühlsamen Mann gefunden hat.

Ich will die Causa schon ad acta legen, als Bernadette nach mir ruft. »Papa! Schnell! Komm mal rauf! Da ist so ein komisches Vieh!«

Ich unterbreche meinen wegweisenden Leitartikel über die französische Rentenreform und eile in den ersten Stock. Bernadette kauert auf dem beigen Teppich und deutet auf einen schwarzen Punkt. Der Punkt bewegt sich.

»Was ist das?«, frage ich.

»Ich weiß nicht«, flüstert Bernadette. »Ein Wesen. Es lässt sich nicht töten.«

Meine Tochter liest zu viele Schauerromane, denke ich mir. Dann nehme ich das Wesen – es hat die Größe eines Sandkorns – und zerdrücke es vorsichtig zwischen Daumen und Zeigefinger. Allein, es krabbelt weiter. Ich packe das Wesen erneut und versuche, es mit den Fingernägeln zu zerquetschen. Es krabbelt weiter. Ich klopfe mit der Faust darauf herum. Es krabbelt weiter. »Seltsam«, sage ich, nehme das Wesen und werfe es aus dem Fenster.

Das klingt brutal, doch brutal ist das, was sich nun ereignet. Am nächsten Tag klagt Bernadette über ein Jucken und rote Punkte, dann auch Nicolas und schließlich sogar ich. Irgendwo hört der Spaß auf. Mit Klimakterium lässt sich das alles nicht mehr erklären. Eher schon mit Bestiarium. Wir – in Gestalt von Antonia – gehen der Sache auf den Grund. Sie entdeckt eine Menge der schwarzen, hüpfenden Wesen vor dem Haus unter dem Meerschweinchenstall. »Sie fallen mich geradezu an, wenn ich die Meeris füttere«, berichtet Antonia mit schreckgeweiteten Augen. »Sie springen an meine Hosenbeine, krabbeln mir an den Beinen hoch.«

»Zut alors!«, fluche ich mitfühlend und schiebe noch ein *»Porca miseria!«* nach, für den Fall, dass die Viecher aus Italien stammen. Dann beobachte ich zusammen mit Bernadette und Nicolas durchs Wohnzimmerfenster, wie Antonia mehrere der schwarzen Bestien in ein altes Honigglas sperrt.

Damit fährt sie zur nächsten Tierarztpraxis. Wieder zurück, verkündet sie: »Wir haben Flöhe! Und zwar keine Tier-, sondern Holzflöhe. Sie steckten wohl in dem Bodenstreu für die Meerschweinchen und haben sich im Stall prächtig vermehrt. Zum Glück befallen sie nicht die Meeris, sondern nur uns.«

»Was für ein Glück!«, rufen Bernadette, Nicolas und ich wie aus einem Mund.

»Wir müssen sie ausräuchern«, sagt Antonia. »Der Tierarzt hat gesagt, dass wir nicht nur den Meerschweinchenstall ganz gründlich reinigen sollen, sondern auch unser ganzes Haus entflohen müssen. Er nannte mir ein Mittel dafür. Er sprach von einer *bombe*. Wir bekommen sie bei *le Roi Merlin*.«

»Bei König Merlin?«, ruft Nicolas. »Das war doch ein Zauberer.«

Auch ich bin überrascht. Ich habe mich schon ganz gut in die französische Geschichte eingearbeitet, aber ein König Merlin ist mir noch nicht begegnet. Und dass er jetzt Bomben gegen Flöhe verkauft? Wo sie doch früher in Versailles eher *grattoirs* benutzt haben, um sich unter ihren Perücken zu kratzen.

»Leroy Merlin ist eine große Baumarktkette, so eine Art französischer Obi«, sagt Antonia. »Ich fahr gleich mal los.«

Antonia kommt mit drei *bombes* zurück, die wie die Feuerwerksvulkane aussehen, die man Silvester abbrennt. Auf den Packungen prangen Totenköpfe und sonstige Warnhinweise. Wir decken das Aquarium mit einer Folie ab, verteilen die Bomben auf die drei Stockwerke und evakuieren das Haus. Da ich mich törichterweise irgendwie als Kapitän des Familienschiffes fühle, erkläre ich mich bereit, die Flöhe-Vernichtungsbomben zu zünden. »Ich bin ja auch der Älteste«, sage ich gerührt, »da kommt es nicht mehr so drauf an.«

»Jetzt quatsch nicht lang rum und zünd die Dinger an«, sagt Antonia mitfühlend.

»Bon courage«, sagt Nicolas. *»Forza Papa!«*

Glücklicherweise habe ich in der Garage einige Gärtnerutensilien aus der Zeit aufbewahrt, als wir noch in München wohnten und einen Garten hatten.

Dort spritzte ich manchmal an den Wochenenden ganz früh am Morgen, wenn die Familie noch schlief, die Rhododendren gegen Rhododendron-Zikaden und die Rosen gegen Rosenrost. Ich musste so früh mit meiner Spritzkanone ausrücken, um Antonias ökologisches Gewissen nicht zu wecken. Aus jener Zeit habe ich noch eine Schutzmaske, einen grünen Plastikschurz und schwere Gartenhandschuhe. Als ich mich von der Familie an der Platane vor dem Haus verabschiede, schlurft Napoléon heraus. »Was machen Sie denn da?«, fragt er verdattert.

Was sollen wir jetzt sagen? Zugeben, dass wir verlaust beziehungsweise verfloht sind, und damit den ganzen *hameau* aufschrecken? Niemals. Ich nehme meine Schutzmaske ab und erkläre: »Wir machen eine Evakuierungsübung. Alle Familien in Deutschland machen das mehrmals jährlich so. Seit den Zeiten des Kalten Krieges. Sie wissen schon, die sowjetischen Atomwaffen und so.«

»Aber der Kalte Krieg ist doch längst vorbei«, meint Napoléon.

»Das schon. Aber man kann nie wissen. Wir leben in einer gefährlichen Welt, Napoléon.«

Der Hausmeister schaut mich an, als sei ich nicht mehr ganz bei Trost. Doch dann sagt er: »Gewiss haben Sie recht, M'siö Ülrìsch. Vielleicht sollte ich mit Madame Delacroix auch mal eine Evakuierungsübung machen.«

Die weitere Entflohungsaktion erfolgt störungsfrei. Ich setze die Maske wieder auf, stürme das Haus, zünde die Bomben an, sehe mit Schaudern den giftigen weißen Rauch aus ihnen entweichen, stürme wieder hinaus und schlage die Tür hinter mir zu. Danach gehen wir in die Crêperie essen und dann spazieren. Einige Stunden später ist alles vorbei. Die restlichen Flöhe, die sich noch im Meerschweinchenstall versteckt haben mögen, werden in den ersten kalten Herbstnächten eingehen.

Was nicht verschwindet, das sind die Gerüchte, die nun in unserer Wohnanlage umgehen. So kommt eines Tages der Nachbarssohn Quentin vorbei. »Ich muss in der Schule ein Referat zum Thema ›Deutsche Angst‹ halten. Da dachte ich mir, Sie könnten mir etwas darüber erzählen.«

Inzwischen haben wir unser Gärtchen zum Wachsen und Gedeihen gebracht. Aus dem Rechteck aus verdorrtem Rasen ist ein Miniatur-Bauernhof mit Sitzecke und Grillplatz geworden. Bernadette hat den Meerschweinchen ein Freigehege gebaut, in dem sie bei schönem Wetter herumtollen dürfen. Allerdings sind unsere vier Nager über die Jahre deutlich ruhiger geworden. In Rom stellte Jakob Brödler, obwohl kastriert, noch munter Mutter, Tante und Schwester nach, die quiekend vor ihm flohen. In Paris liegen alle vier nun einträchtig nebeneinander auf dem Rindenmulch und lassen sich von der Nachmittagssonne den Pelz wärmen. Schräg gegenüber hat Nicolas das Mini-Treibhaus aufgestellt, das ihm meine Eltern zum Umzug geschenkt haben. Nicolas trägt die alte Erde ab, schüttet Torf auf und sät Kresse, Radieschen und Zucchini aus. Vor jede Reihe steckt er einen Holzstab mit einem Schildchen in den Boden, das er liebevoll beschriftet. Ich bin für das Kräuterbeet verantwortlich. Ich lege es dicht am Haus an einer besonders geschützten Stelle an, pflanze Thymian, Rosmarin, Basilikum, Schnittlauch und Zitronenmelisse. So haben wir beim Grillen gleich frische Kräuter.

Besonders überrascht sind wir, wie gut manche Pflanzen hier gedeihen, die auf unserem römischen Balkon nicht recht kommen wollten. So lebt unsere weißblühende Engelstrompete im milden, feuchten Pariser Klima auf. Mein Schwiegervater hat mir den »Engel«, wie wir die Datura-Pflanze nennen, vor mehr als zwölf Jahren zur Geburt von Bernadette geschenkt. Er wuchs in unserem Garten in München, ertrug ein lausiges Leben in Rom und genießt nun in Paris seinen zweiten Frühling. Ich habe ihn aus dem Topf genommen und in die Erde gepflanzt. Inzwischen sind 20, 30 Blüten aufgegangen. In der Tageshitze hängen sie matt herab, wie Baumwolllappen. Doch wenn die Abendkühle kommt und der Engel gegossen wird, dann recken sich die Blüten auf zu stattlichen Kelchen oder Trompeten und verströmen einen betörenden, an die Tropen erinnernden Duft. Er erfüllt den ganzen Garten und ist noch auf der Straße zu riechen. Wir sitzen auf unseren alten Korbflechtstühlen, schlürfen ein Glas Crémant beziehungsweise Apfelsaft, essen Butterbrote mit der Kresse aus Nicolas' Beet, betrachten den Engel und genießen den lauen Abend. Frankreich kann so charmant sein, denke ich.

Doch tief in mir nagt weiter die Sehnsucht nach Rom.

»Was sollen wir eigentlich in den Herbstferien machen?«, fragt Antonia.

»Nach Rom fahren und Laura besuchen«, ruft Bernadette aufgeregt. Laura ist ihre beste Freundin.

»Ja, und Filippo und Federica besuchen. Und nach Santa Severa an den Strand fahren«, wirft Nicolas ein. In dem lauschigen Familienbadeort Santa Severa eine halbe Autostunde von Rom hatten wir während unserer italienischen Jahre große Teile der Freizeit verbracht. Ach, Santa Severa!

»Was meinst du, Stefan? Vielleicht sollten wir ja wirklich nach Rom fahren?«, sagt Antonia.

Alle schauen mich fragend an. Doch ich weiß erst einmal nichts zu sagen. Nach Rom fahren. Es wird mir warm ums Herz bei diesem Gedanken. Mein Bauch beginnt zu kribbeln wie als Teenager vor einem Rendezvous. NACH ROM FAHREN. Wir könnten einen Billigflug nehmen und wären im Nu da. Wir könnten gleich am ersten Abend mit den römischen Freunden in Trastevere Pizza essen gehen. Nachts dem uralten Murmeln der Brunnen auf der Piazza Navona lauschen. Am nächsten Morgen zu Francesco, unserem Friseur in Prati, gehen, um uns mit dem neuesten Klatsch aus dem Viertel zu versorgen. *»Dottor Stefano!«*, würde er rufen. *»Que sorpresa!* – Was für eine Überraschung!«

Ich schließe die Augen und lasse diese Bilder vorbeiziehen. Dann schaue ich auf und sage: »Nein. Wir werden nicht nach Rom fahren.«

»Du bist gemein! Ich will aber zu Laura!«, schreit Bernadette.

»Blöder Papa! Dich lad' ich nicht zu meinem Geburtstag ein«, brüllt Nicolas.

Antonia zieht nur die Augenbrauen zusammen und fragt: »Warum?«

»Wenn wir jetzt, nach so kurzer Zeit, schon wieder nach Rom fahren, kommen wir nie richtig in Paris an. Dann werden wir auch die nächsten Urlaube in Italien verbringen und Frankreich nicht wirklich kennenlernen. Wollen wir das? Wollen wir vier, fünf Jahre lang hier nur überwintern, um bei jeder Gelegenheit nach Italien zu entfliehen? Entgeht uns da nicht so vieles? Und haben wir es nicht auch in Italien so gehalten, im Land zu bleiben, statt die Ferien immer in Deutschland zu verbringen?«

»Das ist schon wahr«, sagt Antonia. »Die deutschen Familien, die von Rom aus immer nach Hause fuhren, sind mit Italien nie wirklich warm geworden. Ich finde, Papa hat recht. Wir wollen Frankreich lieben lernen. Dazu müssen wir es aber erst einmal entdecken.«

Nicolas und Bernadette schauen nachdenklich drein. Sie sind Kinder, pardon, *ados*, die durchaus mit sich reden lassen. Sie verstehen genau, was wir da jetzt meinen.

»Ich würde gern mal sehen, wie es in Frankreich am Mittelmeer ist«, sagt Bernadette. »Eine Schulfreundin hat mir erzählt, bei Marseille sei es so schön. Da gebe es tolle Buchten und klares, warmes Wasser.«

»Ich möchte an den Ozean, Hummer essen«, sagt Nicolas. Ich hatte ihm von meinem Kindheitsurlaub mit meinen Eltern in der Bretagne erzählt und von dem Erlebnis mit dem Hummer, das wir damals hatten.

»Und mich würde *la France profonde* interessieren, wie es die Franzosen nennen. Also die französische Provinz mit ihren Städtchen, Schlössern, Weinbergen, Flüssen ... Das kenne ich noch kaum«, sagt Antonia.

»Warum fahren wir in den Herbstferien nicht nach Burgund?«, frage ich. »Das ist nicht so weit von Paris. Wir könnten uns in einem Schlösschen einmieten. Ich habe gehört, das geht gut in Frankreich.«

»Au ja, ein Schloss!«, ruft Nicolas.

»Ein Schloss, wie geil!«, sagt Bernadette. Ich zucke zusammen. Ich habe mich noch nicht daran gewöhnt, dass alles »cool« oder »geil« ist. Doch ich habe es auch aufgegeben, die Sprachpolizei zu geben.

»Ich mache euch einen Vorschlag«, sage ich. »Wir verhängen über uns während unserer Frankreich-Jahre eine Rom- und Italien-Quarantäne. Wir lassen uns voll auf Frankreich ein. Als unser Familienprojekt.«

Alle nicken. Wir prosten uns zu. *»Santé!« »Vive la France!«*

Insgeheim denke ich mir: Wenn ich irgendwann einmal nach Italien zurückkehren werde, küsse ich vor Dankbarkeit den Boden.

Es ist eine besonders warme Frühherbstnacht. Wir lassen die Fenster weit offen. Das ist hier in Saint-Cloud kein Problem, anders als in Rom mit seinen die Fassaden erkletternden Diebesbanden. Der Duft der Engelstrompete zieht herein. Betörend. »Es ist so schön in Frankreich«, murmele ich beim Einschlafen.

Ich sinke in einen Wald von Engelstrompeten. Die weißen Blütenkelche über mir besprühen mich mit Parfum. Zwei schöne Frauen sitzen im Geäst, die Köpfe einander zugeneigt, in vertrautem Gespräch. Sie heißen Marianne und Italia. Ich lausche, doch ich kann nicht verstehen, was sie sagen. Der Traum kehrt immer wieder in dieser Nacht. Plötzlich durchbricht ein Knattern und Kreischen das Murmeln der beiden Schönen. Männer mit Motorsägen stapfen durch den Wald und mähen die Engelstrompeten nieder. Ich schrecke aus dem Schlaf, setze mich im Bett auf. Das Knattern und Kreischen ist Wirklichkeit.

Auch Antonia ist aufgewacht. Wir stürzen ans Fenster. Mehrere Männer in Gummistiefeln laufen durch die Anlage. Sie haben Heckenschneider und Laubsauger in der Hand. Wie eine Horde Marodeure brechen sie in unser Gärtchen ein. Bambuswedel, Kirschlorbeerzweige und Oleandertriebe sinken zu Boden. Eh wir uns versehen und einschreiten können, wird alles geometrisch zurechtgestutzt wie ein Buchsbaumbeet im Versailler Schlossgarten. Zugleich saugt einer der Männer mit ohrenbetäubendem Lärm die Ecken unter dem Meerschweinchenstall aus. Meerschweinchen sind besonders geräuschempfindlich. Jakob Brödler und seine Damen müssen sterben vor Angst. Im Schlafanzug stürme ich in den Garten hinaus. *»Arrêtez!«*, schreie ich. *»Arrêtez! Putain!«*

Die Geräte verstummen. Himmlische Stille. Die Männer schauen mich an, ich schaue die Männer an.

»Was gibt es, Monsieur?«, fragt einer, offensichtlich der Chef.

»Warum verwüsten Sie meinen Garten, Messieurs?«, frage ich zurück.

»Das ist unser Job«, sagt der braungebrannte derbe Mann und lacht. »Wir kommen einmal im Monat und räumen mit dem Grünzeug auf.«

Die Männer lassen sich nicht davon überzeugen, dass wir uns selbst um unser Gärtchen kümmern wollen.

»Wir haben unsere Aufträge«, sagt der Chef und lässt seinen Heckenschneider aufheulen. »Das war doch alles verwildert hier. Schauen Sie, wie schön es nun ist.«

Verzweifelt blicke ich auf die brutal zurechtgestutzten Büsche. Immerhin kann ich aushandeln, dass der Engel nicht angerührt und um die Meerschweinchen herum nicht gesaugt wird. Dafür bringe ich den Männern Espresso aus unserer italienischen Maschine. Sie wissen das zu schätzen. Der Engel bleibt heil.

Als unser Nachbar zur Linken, der pensionierte Geschichtslehrer Monsieur Rosard, das nächste Mal vorbeischaut, um mir seine alten Politikmagazine zu bringen, frage ich ihn, was das mit den marodierenden Pflanzenfeinden soll. »Unsere Eigentümerversammlung hat letztes Jahr beschlossen, die Gärtner zu beauftragen«, sagt Monsieur Rosard. »Ich selbst habe das beantragt. Vorher war alles schrecklich verwildert hier. Aus manchen Gärten wuchsen sogar Zweige auf die Straße. Das war wirklich *dégoûtant* - ekelhaft! Und schauen Sie selbst, wie schön jetzt alles aussieht.« Er deutet auf die kahlrasierten Büsche. »Fast wie in Versailles. Im Frühjahr lassen wir auch noch die Platane zurechtstutzen.«

Zufrieden stapft er davon. Er meint es nicht böse. Er hat nur eine bestimmte Richtung französischer

Gartenbaukunst verinnerlicht. Doch es gibt auch andere Schulen, und ich würde noch viele wunderbar üppige Parks und Gärten in Frankreich kennenlernen, die der Natur klug ihren Raum lassen.

Bei nächster Gelegenheit bringe ich Monsieur Rosard eine Broschüre über den Garten Claude Monets in Giverny vorbei – ein Paradies aus scheinbar anarchisch wuchernder Blumenpracht, das aber sorgfältig gestaltet und gepflegt ist. Mein Nachbar blättert das Heft zufrieden durch. »Das ist der schönste Garten unseres Landes«, sagt er anerkennend. »Eine prächtige Blüte französischen Esprits. Das gefällt mir, dass Sie sich dafür interessieren.«

Ich nicke und verrate nicht, dass der Chefgärtner in Giverny mittlerweile ein Engländer ist.

Monsieur Rosard zeigt sich übrigens ausgesprochen hilfsbereit in vielen Lebenslagen. Er übersät uns geradezu mit Tipps zum Leben in Frankreich. Wo es die beste *andouillette* , eine leicht nach Urin riechende, aber dennoch köstliche Traditionswurst gibt. Welcher Friseur *honnête*, ehrlich, ist. Welche Liste wir bei den Kommunalwahlen wählen müssten. Er sei gewiss kein *extrémiste*, aber der Front National habe doch in vielem recht. Dann meint Monsieur Rosard noch: »Falls Sie einmal einen zuverlässigen Taxifahrer brauchen, dann nehmen Sie Michel. Der ist zwar kein Franzose, sondern Pole, aber wirklich *impeccable*!«

»Natürlich bin ich Franzose«, sagt Monsieur Michel, als er mich zum ersten Mal zum Flughafen fährt. »Meine Eltern sind nach Frankreich eingewandert, als ich noch gar nicht geboren war. Aber für Monsieur Rosard bin ich immer noch Pole. Was soll's!«

Mein Taxifahrer ist ein kräftiger, kleiner Mann um die 65 Jahre mit schwarz-grau gepfefferten, kurzen

Haaren, buschigen Augenbrauen und flink umherblickenden wasserblauen Augen. Auf unseren Fahrten erzählt er mir viel darüber, was *les gens*, »die Leute«, wie er sich ausdrückt, so denken. Über die Wirtschaftskrise (schwer), die Einwanderung (unkontrolliert), die Mietgesetze (erdrückend), das Wetter (zu nass, zu trocken, zu heiß und zu kalt). Nur über die Metro weiß Monsieur Michel nichts zu sagen, denn er betont stolz, noch niemals ein öffentliches Verkehrsmittel benutzt zu haben. »Schließlich bin ich Taxifahrer!«

Sein erwachsener Sohn ist auch Taxifahrer. Er lebt bei ihm und seiner Frau, die beiden den Haushalt führt. Monsieur Michel arbeitet eigentlich immer, er kommt morgens um fünf Uhr, wenn ich rasch zum Flughafen muss, oder nachts um 23 Uhr, wenn wir von einer Einladung heimwollen und nicht mehr selbst fahren dürfen. Er arbeite nicht freiwillig so viel, er müsse das tun, um zu überleben, sagt er. *»C'est la crise! C'est le déclin!«* Früher habe er weniger im Taxi gesessen und dabei mehr verdient. Heute müsse er oft Stunden im Wagen auf den nächsten Kunden warten. »Die Leute sparen zuerst beim Taxifahren, also an mir. Selbst in Saint-Cloud, wo sie doch genug Geld hätten. Früher haben die Clodoaldiens immer ein Taxi genommen, wenn sie zum Flughafen oder Bahnhof mussten. Und jetzt? Da sehen Sie alte Damen mit dem Rollkoffer durch die Straßen keuchen. *C'est ça, la crise!*«

Wenn Monsieur Michel trotz Krise einmal nicht im Taxi wartet, arbeitet er am liebsten in seinem Garten weit außerhalb von Paris. »Das hält mich gesund«, sagt er. Nur leider fällt er beim Bäumeschneiden immer mal wieder herunter, bricht sich eine Rippe, den Arm, einen Knöchel. Das sieht man ihm an, wenn er mühsam aus dem Auto steigt und zum Kofferraum humpelt, um das Gepäck einzuladen, worauf er stets besteht. Das sei Ehrensache. Sobald er aber im Wagen sitzt und mit seinen rauen, geröteten Pranken das Steuerrad umfasst und durch Paris kurvt, wirkt er wie mit seinem Taxi verwachsen. Ein moderner Großstadt-Zentaur. Während er die wildesten Diskussionen über den Front National, die Kommunisten, Nicolas Sarkozy, François Hollande, die jüngsten Pariser Sexaffären und den allgemeinen Verfall der Sitten anzettelt, dabei Grimassen zieht und die Augen rollt, passiert er ruhig und sicher die gefährlichsten Kreuzungen und die chaotischsten Stellen auf dem *périph*. Nie sehe ich ihn abrupt bremsen, nie höre ich ihn über einen anderen Autofahrer schimpfen. Der Straßenverkehr ist seit einem halben Jahrhundert sein Element. Darin bewegt er sich so selbstverständlich wie ein Frosch im Wasser.

Anders als Monsieur Rosard meint, ist Monsieur Michel ein richtiger Franzose. Polnisch spricht er seit seiner Kindheit bei den Eltern nicht mehr. In Polen war er genau einmal, um das Dorf seiner Vorfahren zu besuchen. Ansonsten macht er, wie die meisten Franzosen, Urlaub in Frankreich, und zwar immer vier Wochen und immer im August. Dann fährt er mit Frau und erwachsenem Sohn in seine winzige Ferienwohnung bei Perpignan, wo er jeden Morgen in derselben Bar seinen *café au lait* trinkt, um dann jeden Tag am selben Strand zu verbringen. »Abends trinken wir immer einen Banyuls, einen Süßwein der Gegend, in einem Straßencafé und gehen früh zu Bett.«

Man ahnt es: Monsieur Michel ist kein Freund sinnloser Abenteuer und flamboyanter Exzesse. Nur einmal im Jahr leistet er sich eine *escapade*, wie er sagt. Aber dann so richtig, dass es nur so kracht. Wenn er davon erzählt, leuchten seine Backen rot auf vor Erregung. »Oh, là, là, oh, là, là «, murmelt er vor sich hin und spitzt vergnügt die Lippen.

Zu Beginn unserer Freundschaft deutet er nur an, um was für eine *escapade* es sich handle. Sie vollziehe sich stets über den Jahreswechsel, dauere vier Tage lang und sei extrem teuer. »Aber dafür bekomme ich auch etwas geboten, oh, là, là.«

Als Mensch bin ich natürlich überhaupt nicht neugierig. Als Journalist aber muss ich es sein. Doch sobald ich weiter in Monsieur Michel dringe, um was für eine Eskapade es sich handle, sagt er nur, das erzähle er bei Gelegenheit. Er will mich auf die Folter spannen. Ich strenge meine Phantasie an und lande immer wieder bei Orgien. Tagelangen – auch wenn ich mir Monsieur Michel dabei nicht so richtig vorstellen mag und kann.

Doch in Paris, »der Stadt der Liebe«, herrscht ja bisweilen eine überhitzte Atmosphäre. Im Bois de Boulogne oder in der Rue Saint Denis bieten schon morgens aufgestrapste Mädchen ihre Liebesdienste an. Bei den *dîners en ville*, den eleganten Abendessen in der Stadt, tuscheln an sich distinguierte Damen darüber, welcher Politiker oder welcher Fernsehmoderator gerade in welchem *club privé* gesichtet worden sei. Da sich im hyperzentralisierten Frankreich alles in Paris ballt, Politik, Wirtschaft, Kunst, Medien, scheinen auch alle mit allen etwas zu haben. Jedenfalls zerreißt sich *Tout-Paris* darüber das Maul.

Die Skandale um den Spitzenpolitiker und früheren Chef des Internationalen Währungsfonds Dominique Strauss-Kahn – er selbst spricht von Libertinage – haben die Stimmung noch schwüler gemacht. Die Verquickung von Macht und Sex treibt die Franzosen und ihre Kommentatoren um. Von einer »Phallokratie« ist die Rede und von einem *jus primae noctis*, das sich mancher Mächtige an der Seine noch immer anmaße. Die Zeitung *Libération* zitiert eine Ministerin, die inzwischen nicht mehr im Amt ist, mit den Worten: »Wenn alle, die Macht und Sex vermischen, zur Rechenschaft gezogen würden, geriete die Hälfte unserer politischen Verantwortlichen in Schwierigkeiten.«

Die Medien, auch die ganz seriösen, wie meine eigene Zeitung, also ich, nehmen den Strauss-Kahn-Skandal zum Anlass, um tief in die amouröse Historie der französischen Nation einzutauchen. Privat interessiert mich derartiger Geschichtsklatsch wie überhaupt jegliches Getratsche selbstverständlich überhaupt nicht. Als Paris-Korrespondent muss ich mich aber darüber informieren. Außerdem will ich im Gespräch mit Monsieur Michel, Napoléon oder unserer Nachbarin Mademoiselle Élodie nicht ignorant wirken.

So lerne ich, dass die Franzosen – und da unterscheiden sie sich fundamental von den Amerikanern – traditionell sehr tolerant sind, wenn es um das Triebleben ihrer Staatsoberhäupter geht. Könige, Kaiser und Präsidenten waren meist große Verführer, die die Mätresse zur Respektsperson machten und den Seitensprung zum Leistungssport. Schon König Heinrich IV., »der Gute« genannt, ging als famoser Lüstling in die Geschichte ein, der gegenüber schönen Frauen Kopf und Geld verlor. Ludwig XV., »der Vielgeliebte« genannt, unterhielt im »Hirschpark« des Schlosses von Versailles ein Privatbordell. Seine offizielle Mätresse, Madame de Pompadour, konnte sogar den Élysée-Palast erwerben, in den später die Präsidenten der Republik einzogen. Zu ihnen gehörte Félix Faure, der 1899 im Blauen Salon einem Gehirnschlag erlag – beim Verkehr mit einer Geliebten. François Mitterrand lebte heimlich in Bigamie. Die Ehefrau Jacques Chiracs wiederum soll einmal in tiefer Nacht einen dringenden Telefonanruf für den Präsidenten mit dem Satz beantwortet haben: »Woher soll ich denn wissen, wo mein Mann ist.«

Es ist, als wollten Frankreichs Regenten das Bonmot des Amerikaners Henry Kissinger belegen: »Die Macht ist das absolute Aphrodisiakum.« Manchem Mächtigen in Paris ist dieses Aphrodisiakum allerdings zu Kopf gestiegen. So verfasste der umtriebige Altpräsident Giscard d'Estaing einen bizarren Roman, in dem sein Alter Ego eine Affäre mit Prinzessin Diana erlebt. *Amour fou.*

Doch was hat das alles mit meinem Taxifahrer Monsieur Michel zu tun? Genau darüber rätsele ich ja. Steckt in dem scheinbar so biederen Mann ein Ludwig XV., jedenfalls gürtelabwärts? Oder gar ein Marquis de Sade, zumindest über die Silvestertage?

Eines Tages führen meine dezenten Recherchefragen zum Ziel. Monsieur Michel gibt sich einen Ruck, sieht mich im Rückspiegel herausfordernd an und sagt: »Also gut, ich verrate es Ihnen. Aber erzählen Sie es bitte nicht weiter: Ich verbringe die Silvestertage jedes Jahr mit Frau und Sohn in Disneyland.«

Mir fällt die Kinnlade herab. Mit allem hatte ich gerechnet, nur damit nicht.

»Da staunen Sie, was?«, feixt mein Taxifahrer. »Ich weiß, etwas derart Extravagantes hätten Sie mir nicht zugetraut. Tja – stille Wasser sind tief.«

Ich nicke betreten. Monsieur Michel redet sich in Begeisterung: »Natürlich ist es sündhaft teuer. Wir gönnen uns das beste Hotel von Disneyland Paris. Die Nacht dort kostet mich für uns drei um die 900 Euro. Aber dafür brauchen wir nur vor die Tür zu treten und sind mitten im Geschehen. Die Achterbahnen. Die Paraden. Die Lichter. Das Märchenschloss ... Es ist wirklich einmalig.«

»Und Sie feiern auch Silvester selbst dort?«

»Selbstverständlich! Ha! Wir leisten uns das Galadiner. Das Essen ist – nun ja. Aber dafür laufen die ganze Zeit Walt-Disney-Figuren zwischen den Tischen herum. Mickey Mouse! Donald Duck! Supergoof! Es ist einfach wunderbar.«

»Und danach?«

»Danach gehen wir die Parade angucken. Und manchmal wagen meine Frau und mein Sohn dann noch ein Tänzchen. Wir trinken Champagner! Ich will Sie nicht neidisch machen. Es ist schon ein Exzess. Aber dafür arbeite ich das ganze Jahr über hart. Für diese vier Tage im Disneyland Paris.«

Da schwant mir, dass Monsieur Michel womöglich auch ein magischer Realist ist.

Zwölf

In den vergangenen Monaten sind wir an freien Tagen meist in die Stadt gefahren. Wir schleppten die nörgelnden *ados* durch bekannte und versteckte Museen, besänftigten Bernadette mit einem Bummel über die Champs-Élysées und begeisterten Nicolas für einen Spaziergang auf der Promenade Plantée, einer ehemaligen Hochbahntrasse mitten in der Stadt, die so üppig wie ein botanischer Garten begrünt ist.

»Was gefällt euch denn nun eigentlich am besten an Paris?«, fragt uns die schöne Élodie, als wir gerade von einer Tour zurückkommen. Wir treffen sie, als sie in hohen Reiterstiefeln und engen Lederleggins ihre Mülltonne den Treppenweg hinunterpoltern lässt. Die Antworten zeigen unser breites innerfamiliäres Spektrum.

»Ich liebe die Brücken über die Seine, besonders bei Nacht, wenn sich ihre Lichter im Wasser spiegeln«, sagt Antonia.

»Und ich liege am liebsten bei einem Picknick auf dem Rasen des Marsfelds und schaue hoch hinauf zum Eiffelturm«, meint Bernadette.

»*Oui, c'est super-sympa*«, sagt Élodie. »Und du, Stefan?«

Ich muss überlegen. Es gibt so vieles, was mir besonders gut gefällt. Der verwunschene Parc Monceau zum Beispiel, den Claude Monet malte und Marcel Proust durchstreifte. Der tägliche Markt in der uralten Rue Mouffetard. Die charmante Place des Vosges. Die Kirche Saint-Séverin im hocheleganten Flamboyant-

Stil ... Andererseits: Gibt es hier etwas, was mich so verzaubert wie die Piazza Navona oder die Kirche Santa Maria in Trastevere in Rom?

Schließlich fällt mir das Richtige ein: »Ich glaube, am meisten fasziniert mich der Kontrast zwischen den Sichtachsen der Boulevards und dem Labyrinth der Gassen. Hier ist Paris Weltstadt, dort fast ein Dorf. Grandioses und Romantisches wechseln sich an jeder Ecke ab. Deswegen wird Paris nie langweilig, wie lange man auch darin spazieren geht.«

»Et toi, Nicolas?«, fragt Élodie.

»Ich mag das Musée des Égouts«, sagt Nicolas. »Da stinkt es zwar ziemlich, und die Brühe in den Abwasserkanälen sieht grässlich aus. Aber es ist cool, die Gänge unter der Erde zu erforschen. Und die Wärter erzählen so spannende Dinge. Was sie da nicht alles gefunden haben! Zum Beispiel Goldschmuck, alte Pistolen und Schwerter. Aber wisst ihr, was das Tollste ist?«

»Eh?«

»Den Wärtern fiel einmal auf, dass in einem bestimmten Teil der Kanäle plötzlich überhaupt keine Ratten mehr herumhuschten. Normalerweise heißt das, dass dort giftige Gase sind. Doch dann fanden die Männer ein kleines Krokodil! Es ist heute drei Meter lang und lebt in einem Aquarium in der Bretagne.«

Élodie guckt beeindruckt. »Ist sicher toll, das Abwassermuseum«, sagt sie zu Nicolas. »Aber vielleicht doch nichts für mich. Mir reicht es schon, dass ich nun immer den Müll rausbringen muss, seit ich nicht mehr bei meinem Ex-*petit ami* lebe.«

»Was gefällt dir denn in Paris?«, fragt Nicolas.

»Oooch, wisst ihr, wenn man hier schon immer lebt, dann besichtigt man nicht so viel. Mir gefallen vor allem die Geschäfte.« Sie guckt zufrieden an ihren langen schlanken Beinen in den Lederleggins und Stiefeln hinunter. »Ich bummle gern durch die Boutiquen in der Rue du Faubourg Saint-Honoré. Aber seit sich *ce mec*, dieser Knilch, davongemacht hat, kann ich mir da nicht mehr so viel leisten.«

Ich blicke auf ihr knappes, dezidiert ausgeschnittenes graues T-Shirt. Es ist immerhin ein Herbstabend. Die Temperatur liegt allenfalls bei sechs Grad, und wir plaudern nun schon seit zehn Minuten auf der Straße. Ich könnte unserer Nachbarin meine Jacke anbieten, aber das wäre womöglich deplatziert. Denn ich vermute, dass Élodie nicht aus Armut so sparsam betucht herumläuft. Bernadette hat offenbar ähnliche Gedanken. Nachdem wir uns verabschiedet haben, flüstert sie mir zu: »Élodie hat sicher bald einen neuen *petit ami*.« Doch auch das scheint nicht den Kern der Sache zu treffen. Denn wie wir bald feststellen, laufen viele unserer französischen Bekannten im Winterhalbjahr abenteuerlich leicht bekleidet durch die Gegend. Mich friert es da schon beim Hinschauen. Wahrscheinlich bin ich von Rom her verweichlicht.

Am Abend sitze ich mit Antonia im Wohnzimmer. Bernadette ist oben an ihrem Schreibtisch auf Facebook, um sich mit Laura in Rom auszutauschen. Nicolas liegt auf seinem Bett, in ein Buch namens *Warrior Cats* vertieft. Er mag es nicht, wenn ich es »Kampfmiezen« nenne.

Es ist jetzt ruhig im Haus. Wir hören das offene Feuer knistern. Unser Kamin in Saint-Cloud ist dem in Rom verblüffend ähnlich. Beide haben eine Umrahmung und einen Sims aus grauem Marmor und eine schwere, schwarze Kaminplatte im Hintergrund. Was sie in Rom darstellte, weiß ich nicht mehr. Hier in Saint-Cloud ist ein Salamander darauf, das Symbol des Feuers und das Wappentier König Franz I. Wir räkeln uns in unseren Ikea-Sesseln. »Es ist so gemütlich«, murmelt Antonia.

Ich spiele den Advocatus Diaboli. »Gemütlich schon. Aber nun haben wir mit Élodie ausführlich besprochen, was uns hier besonders gefällt. Sollten wir uns da nicht auch eingestehen, was uns besonders fehlt? Was ist es bei dir?«

Antonia antwortet sofort: »Im Prinzip schätze ich die dezente Art der Pariser. Aber manchmal vermisse ich das Laute und Emotionale der Römer. Und du?«

»Die Berge«, sage ich, für mich selbst überraschend. »Mir war bisher gar nicht klar, wie wichtig sie für mich sind. Sie waren ja immer da in meinem Leben. In München die Alpen, beim Studium in Freiburg der Schwarzwald und die Vogesen, in Rom die Albaner Berge und die Abruzzen. Aber hier? Forsten, Felder, Gewerbegebiete und vor allem: alles flach.« Ich fahre mit der Hand waagrecht durch die Luft.

»Ja, die Berge gehen mir auch ab«, sagt Antonia. »Vielleicht sollten wir uns einfach mal aufmachen und die Gegend erforschen. So wie wir das in Rom an den Wochenenden immer gemacht haben.«

Gesagt, getan. Vom kommenden Wochenende an schwärmen wir aus. Es ist nicht immer so vergnüglich wie einst – und das liegt nicht nur an den fehlenden Bergen. Bernadette und Nicolas sind größer geworden. Sie lassen sich nicht mehr, wie ganz früher, in einer Kraxe tragen und auch nicht mehr, wie in Rom, durch erfundene Geschichten über Briganten, Etruskerschätze und Bärenfamilien ablenken.

»Wandern ist so was von uncool«, sagt Bernadette. Sie weigert sich strikt, Bergstiefel anzuziehen. Dass sie knöchelhohe Leinen-Chucks auswählt, empfindet sie schon als Zugeständnis.

Nicolas hat zwar nichts gegen Bergstiefel, solange er seine Cargohosen tragen darf. Doch auch er behauptet wider besseres Wissen: »Wandern ist doof.«

Ich bin kein sturer Hund. Weiß Gott nicht. Vielmehr bin ich Demokrat und von den französischen Revolutionswerten der Gleichheit, Freiheit und Brüderlichkeit tief durchdrungen. Also schlage ich meinen Kindern – okay, *ados* – vor, statt zu wandern eine gotische Kathedrale zu besichtigen (davon gibt es im Umland mehr als genug) oder ein Schloss zu erforschen (noch mehr als genug). Zunächst klappt das sogar, und manchmal sind die *ados* durchaus angetan. Etwa vom Château de Chantilly, allerdings weniger wegen des Schlosses selbst als wegen des dazugehörenden Gestüts, in dessen Kuppelmanege ein märchenhaftes Spektakel mit Pferden, Amazonen, Vögeln und einem akrobatisch im Gewölbe herumkletternden Schelm aufgeführt wird. Oder von der Kathedrale von Chartres, die Bernadette und Nicolas wegen des in den Boden eingelassenen Labyrinths begeistert. Nach einigen Wochen haben sie auch von Schlössern und Kathedralen genug. »Wir wollen kein altes Zeugs mehr besichtigen«, schimpfen sie.

Wie schön für Eltern, wenn die Kinder sich so einig sind. Allerdings bringt uns das in Sachen Wochenendplanung nicht wirklich weiter. Ich erinnere mich daran, dass ich doch der Kapitän auf dem Familienschiff sein will und dass Demokratie eine prima Sache ist, solange sie nicht in Anarchie ausartet. Im alten Rom wurden in Krisenzeiten zwei Diktatoren ernannt, um die *Urbs* aus der Gefahr zu führen. Daran nehmen Antonia und ich uns ein Beispiel. Wir bestimmen: »Wenn nicht besichtigt wird, wird gewandert.«

Bernadette kontert: »Kein Wandern ohne Berge.«

In dieser schweren Notlage der *res publica* telefoniere ich mit meinem Schwiegervater, den immer schon der Berg rief. »Wilhelm«, sage ich, »du hast doch einmal in Versailles gelebt. Gibt es hier irgendwo Berge? Kann man hier wandern?«

» So was wie Alpen gibt es rund um Paris natürlich nicht«, sagt mein Schwiegervater. »Aber ihr könnt nach Fontainebleau fahren, oder in die Chevreuse. Dort gibt es zumindest Hügel, Schluchten, Sandsteintürme, Bäche, Wasserfälle und ein paar romantische Dörfer und Ruinen obendrein. Ich bin damals mit den Kollegen oft dahin gefahren.«

Die Kollegen waren womöglich anspruchsloser als unsere *ados*. Dabei sind der Wald von Fontainebleau und das Tal der Chevreuse wildromantisch. Besonders die so nah bei Paris gelegene und dennoch so ursprüngliche Chevreuse hat es Antonia und mir angetan. Wir wandern schmale Pfade am Wasser entlang oder rasten auf einem Felsplateau hoch über der Schlucht. Die *ados* aber beharren schon beim zweiten oder dritten Ausflug auf ihrem Fehlurteil: »Wandern ist uncool und megadoof.« Dabei sind sie durchaus konstruktiv. Denn sie fordern: »Wir wollen ans Meer!«

Am folgenden Samstag reisen wir daher an den Ärmelkanal. Das sind etwa zweieinhalb Stunden Fahrt – bei normalem Verkehr. Doch, o Wunder, die *ados* mosern nicht. Keinerlei Protest dringt von den Rücksitzen. Sie haben das Ausflugsziel ja mitbestimmt. Demokratie ist doch eine feine Sache. Wir sammeln Muscheln im Nebel am Strand von Étretat. Und als wir später über die Klippen wandern, bricht die Sonne durch. Am Abend gehen wir in ein Fischrestaurant. Das Essen ist formidabel. Die *ados* wählen gegrillte Scampi. Antonia und ich nehmen *Coquilles Saint-Jacques* - mit Sahne, mildem Käse und Schalotten überbacken und in irdenen Schalen serviert. In tiefer Nacht fahren wir nach Hause und landen schon weit vor Paris im Stau. Niemand meckert. Im Gegenteil. »Frankreich ist so schön«, seufzen Bernadette und Nicolas wohlig. Und so teuer, denke ich mir.

Tags drauf kommt Bernadette nach der Schule aufgelöst in mein Bürozimmer gelaufen. »Mit Susi stimmt irgendetwas nicht«, sagt sie. »Sie hat Haarausfall und wirkt furchtbar müde.« Ich verkneife mir die Bemerkung, das treffe auch auf mich zu und keiner schere sich darum. Stattdessen rufe ich Antonia. Sie hat die Oberaufsicht über die Stallungen. Bald darauf zieht sie zu Fuß mit Bernadette los, zum Kleintier-Veterinär von Saint-Cloud. Susi tragen sie in einem Körbchen in ihrer Mitte.

Nicolas und ich warten ein wenig nervös zu Hause. Die Meerschweinchen sind uns allen ans Herz gewachsen. Es sind keine übermäßig präsenten Tiere, nicht wie Hunde oder Papageien. Meerschweinchen sind eher diskret und, wenn sie genug zu fressen haben, ziemlich schweigsam. Uns wurden sie zu guten Geistern, die uns in den Auslandsjahren begleitet haben; und an ihnen hängen auch viele Erinnerungen an Rom.

Als Antonia und Bernadette mit Susi zurückkommen, wirken sie beeindruckt. »Das war richtig professionell«, erzählt meine Frau. »Eine Sprechstundenhilfe im OP-Kittel und mit grünem Plastikhäubchen auf dem Kopf hat eine eigene Patientenakte von Susi angelegt, mit Namen, Geburtsdatum, bisheriger Entwicklung, aktuellen Krankheitssymptomen und Gewicht. Dann hat die Ärztin unser Meerschweinchen eingehend untersucht.«

»Und?«

»Sie sagte, Susi sei eher der nervöse Typ. Und vorsichtshalber müssten alle vier Meeris eine Wurmkur machen. In einer Woche sollten wir wiederkommen. Bis dahin sollen wir Susi besonders viel füttern, damit sie möglichst 50 Gramm zulegt.«

Die ganze Prozedur kostete exakt 67,90 Euro. Das ist eher viel, wenn man bedenkt, dass ein Allgemeinmediziner in Paris pro Untersuchungs- und Beratungstermin nur 23 Euro verlangt. Aber Susi ist es uns natürlich wert.

Doch leider kommt alles zu spät. Obwohl Bernadette das Meerschweinchen mit allen möglichen Leckereien und frischem Löwenzahn päppelt, wird es von Tag zu Tag dünner und ruhiger. Wenn Bernadette morgens zum Stall kommt, fiept es kaum mehr. Beim nächsten Besuch schüttelt die Tierärztin den Kopf: »Susi ist völlig skelettiert. Wir müssen sie einschläfern.«

Bernadette kullern zwei Tränen aus den Augen. Tapfer streicht sie ihrem Meerschweinchen über das schüttere Fell, während die Ärztin die tödliche Spritze setzt. Ein leichtes Zittern geht durch das Tier, dann sinkt sein ausgemergelter Körper zusammen. Nun haben wir alle Tränen in den Augen. *Madame le docteur* legt die Leiche behutsam in eine Tüte und gibt sie uns mit. Durch herbstlichen Nieselregen laufen wir schweigend nach Hause. Dort graben wir im schweren, mit Steinen versetzten Lehmboden unseres Gärtchens ein Loch. Antonia besteht darauf, es einen halben Meter tief zu buddeln, da sonst der Fuchs komme. Wie ein Fuchs in unser rundum umzäuntes Grundstück mitten im Ort gelangen soll, verrät sie nicht. Doch es ist jetzt nicht der Zeitpunkt für Diskussionen. So graben wir weiter. Dann kleidet Bernadette den Boden mit Löwenzahn aus und legt Susi darauf. Wir füllen das Loch mit Steinen und Erde und stecken Blumenzwiebeln ins Grab. »Wenn unser erstes Frühjahr in Paris kommt, soll Susi es schön haben«, sagt Bernadette.

Für uns geht mit dem Tod des ersten der vier Meerschweinchen ein Abschnitt unserer Auslandsjahre zu Ende. Wir hatten uns so daran gewöhnt, die vier immer bei uns zu haben. Kurz darauf stirbt auch Jakob Brödler. Auch er bekommt ein würdiges Grab im Garten.

Es ist jetzt recht trist in Paris, die Wolken hängen tief und grau über dem Park von Saint-Cloud. An manchen Morgen ist es so neblig, dass wir kaum über das Nachbargrundstück hinausschauen können. Wir freuen uns alle auf die Herbstferien, die wir ja in Burgund verbringen wollen. Ich habe im Internet ein Schlösschen in der Nähe von Beaune gefunden und ein Zimmer angemietet. Wir kommen an und sind begeistert. Wobei mit wir vor allem Antonia und ich gemeint sind. Am Rand eines schmucken Weindorfes liegt inmitten mächtiger, vom Herbst gelb und rot gefärbter Laubbäume das Château im Empirestil: eine sandfarbene Fassade mit hellen Holzläden an den Fenstern, ein neu eingedecktes Dach mit Giebeln und breiten, gemauerten Kaminen, eine Veranda mit einem sorgfältig restaurierten Glasdach, das Gustave Eiffel zugeschrieben wird. Drum herum Wiesen, Wälder, ein mäandernder Bach, ein kleiner See mit einer Insel in der Mitte, zwei Pferde, ein Esel und Sonnenflecken auf den mit Laub bedeckten Wegen – eine Idylle.

Auf dem Kiesplatz vor der Hauptfassade kommt uns eine kleine, zierliche Frau entgegen. Schwarze Strümpfe, roter Rock, schwarzer Rollkragenpullover, halblange schwarze Haare und eine kleine Goldrandbrille auf der spitzen Nase. »*Enchantée*«, begrüßt sie uns. »*Je suis la châtelaine*«. Ich bin die Schlossherrin.« Dann führt sie uns hoch in die Zimmer. Das Schloss ist auch innen schön hergerichtet und liebevoll mit alten Möbeln bestückt. Unten prunken ein Salon und ein Esszimmer mit Stuck, Wandtapeten, schweren Vorhängen, Orientteppichen und Lüstern. Die Zimmer oben sind alle anders eingerichtet. Das eine wirkt mit seinem goldfarbenen Baldachin wie ein königliches Schlafgemach, das andere mit seinen karminrot im pompejanischen Stil bemalten Wänden wie eine Künstler-Suite. Schmuckstück unseres Zimmers ist eine im Raum stehende gusseiserne Badewanne mit verschnörkelten Füßen. Da drinnen nehme ich am Abend ein Schaumbad und fühle mich königlich.

Bernadette und Nicolas sind nicht ganz so verzückt. »Das ist ja furchtbar altmodisch hier«, sagt mein Sohn und zupft an seinem Baldachin. »Wo ist denn der Fernseher?«

»Was kann man denn hier machen außer wandern und Kirchen angucken?«, fragt Bernadette.

»Guten Wein trinken und Schaumbäder nehmen«, antworte ich.

»Ist ja ganz toll«, schimpft Bernadette.

Noch vor zwei, drei Jahren wären die beiden über Ferien in so einem Schlösschen begeistert gewesen. Sie wären sofort losgestürmt, um den Park zu erforschen und die Pferde zu füttern. Das zieht heute alles nicht mehr so sehr. Bernadette murmelt etwas von »alle meine Freunde an der Côte d'Azur«, Nicolas etwas von »meine Kumpels sind jetzt am Ozean in der Bretagne«. Um die Stimmung zu retten, verspreche ich: »Der nächste Urlaub geht ans Meer.«

Das üppige Frühstück im Schloss, das Madame selbst zubereitet, versöhnt die beiden wieder. Danach ziehen sie dann doch los, um den Pferden Brot zu bringen und mit Anlauf immer wieder über den Bach zu springen. Derweil unterhalten Antonia und ich uns mit der *châtelaine*. Sie sei eigentlich Krankenschwester, erzählt sie. Doch schon als Kind sei sie immer wieder um dieses Schlösschen geschlichen und habe davon geträumt, eines Tages darin zu leben. »Vor sechs Jahren habe ich dann alles zusammengekratzt, Kredite bei den Banken aufgenommen und es gekauft. Das Herrenhaus war 60 Jahre lang unbewohnt gewesen. Sie können sich nicht vorstellen, wie es da aussah!«

Die frischgebackene Schlossherrin zog sofort ein und lebte zunächst monatelang ohne Strom und

Warmwsser. Die ersten Jahre bewohnte sie nur ein Zimmer, da die anderen noch nicht benutzbar waren. Ihre beiden großen Töchter hatten bald die Schnauze voll von dieser Schlossromantik. Vom Staat erhielt Madame keinerlei Unterstützung für die Renovierung. Und die Banken drängten. Also begann sie damit, erst einmal selbst Hand anzulegen. Als die ersten Touristen kamen, konnte sie damit beginnen, auch Handwerker zu beschäftigen. Stolz führt sie uns durch ihre Latifundien. »An so einem Schloss hört die Arbeit niemals auf«, sagt sie. »Als Nächstes möchte ich den kleinen See im Wald ausbaggern und freischneiden lassen und dann *nymphéas*, Seerosen, darin wachsen lassen.« Aus dem alten Jagdhaus werde sie eine Ferienwohnung machen.Und das Schwimmbad sei auch schon fertig.

Am Abend in der Badewanne erwäge ich, beruflich umzusatteln und *châtelain* zu werden. Das klingt phantastischer, als es tatsächlich wäre. Frankreich ist das Land der Schlösser *par excellence*. Genaue Zahlen gibt es nicht. Schätzungen gehen von bis zu 45 000 Burgen, Schlössern und Landsitzen aus. Die wenigsten sind derart prächtig wie an der Loire, aber die meisten haben doch einen ganz besonderen Charme. Allerdings können sich viele Schlossbesitzer ihre Anwesen kaum mehr leisten. Der Staat strich in der Krise die Zuschüsse, die rechtlichen Auflagen für denkmalgeschützte Gebäude sind äußerst streng. Allein die fachgerechte Renovierung eines Daches kann ein kleines Vermögen verschlingen. Viele *châtelains* sind daher äußerst findig, um Geldquellen aufzutun. Sie richten, wie unsere Vermieterin, Ferienwohnungen und Fremdenzimmer ein, gründen Museen, Ateliers, vermieten Festsäle für Hochzeitsbankette oder Seminare, veranstalten Weinproben, bauen kleine Zoos, Schmetterlingsparks oder botanische Gärten, um Besucher anzulocken. Manchmal warten faszinierende *Son-et-lumière*-Schauen auf die Gäste oder Animationen mit sprechenden Puppen, die in den Gewölben die Geschichte des Ortes auferstehen lassen. Auch Baumhäuser zum Übernachten im Schlosspark werden angeboten – Not macht erfinderisch.

Zugleich wechseln nicht selten die sozialen Rollen. Lebten einst die *châtelains* von der Pacht der rundherum siedelnden Menschen, so machen heute viele Schlossbesitzer das Frühstück und die Betten für ihre bürgerlichen Gäste. Wenn das alles nicht genügt – oder die Erben kein Interesse an der ganzen Plagerei haben –, wird das Château eben verkauft. Mehrere Hundert Schlösser wechseln so jährlich in Frankreich den Besitzer. Darunter sind grandiose Objekte, die man in den Annoncen auf den hinteren Seiten französischer Wochenmagazine bewundern kann, aber auch schlichtere Ansitze, vielleicht ein wenig abgelegen, vielleicht ziemlich baufällig, die locker für den Preis eines, sagen wir, Reihenhauses in München zu haben sind. Die Franzosen begeistern sich besonders für ihre Historie, und die Schlösser sind nichts anderes als deren Stein gewordene Zeugen. Der Erwerb eines Châteaus ist für manchen ein Lebenstraum. Einige verwirklichen ihn und merken erst dann, was sie sich da aufgeladen haben. Nicht immer sind sie so zäh und opferbereit wie Madame, die uns heute Morgen das Frühstück brachte.

Das alles geht mir in der Badewanne durch den Kopf. Ich beschließe, vorerst doch vom Kauf eines Schlosses abzusehen. Nicolas und Bernadette werden erleichtert sein.

Am dritten Abend in unserem Burgunder Château begebe ich mich zu ziemlich später Stunde im Schlafanzug in einen kleinen, fensterlosen, unbeheizten Raum mit Wasserspülung. Ich verriegele das altmodisch anmutende Schloss der sehr robusten Holztür. Als ich wieder aufschließen will, dreht der Bolzen leer durch. Ich drücke, ziehe, stemme und rufe *»putain de château de merde«* – doch die Tür bleibt zu. Auf mein Geschrei hin laufen Antonia und die *ados* herbei. Sie rütteln und zerren minutenlang von außen am Schloss. Vergeblich. Sogar unser Familientechniker Nicolas, der stets ein Taschenmesser von den Ausmaßen eines mittleren Werkzeugschrankes bei sich trägt, kann nichts ausrichten. Um diese Zeit auf dem Land in Frankreich einen Schlosser zu bekommen, erscheint uns aussichtslos. Unsere zierliche Gastgeberin wird das Problem schon gar nicht beheben können; und ihr Lebensgefährte arbeitet in Dijon und hilft nur an den Wochenenden auf dem Schloss mit.

Leider ist jetzt kein Wochenende. Ich richte mich auf eine lange, kalte Nacht in dem Kämmerchen ein. Da zwischen Boden und Tür ein breiter Spalt ist, werde ich zumindest nicht verhungern. »Das halte ich schon durch. Macht euch keine Sorgen um mich«, rufe ich meiner Familie durch die Tür zu.

»Wir machen uns keine Sorgen«, schallt es zurück.

Doch dann zeigt es sich, dass es auch in dieser bescheidenen Lage gut ist, Familie zu haben. Antonia schiebt mir einen Pullover durch den Spalt zu. Bernadette versorgt mich mit einer Baguette. Nicolas kommt auf die geniale Idee, mir eine der in Frankreich besonders kleinen Bierflaschen hindurchzurollen. Leider ist der Spalt für eine Flasche Burgunder nicht groß genug.

So ausgerüstet, überstehe ich die erste Stunde Einzelhaft relativ gut. Doch als mir Antonia und die Kinder mitteilen, sie würden jetzt zu Bett gehen, sinkt meine Moral. »Kannst du nicht doch mal die Schlossbesitzerin alarmieren, Antonia?«, frage ich kläglich.

»Ich versuch's«, sagt Antonia.

An dieser Stelle ist aus dramaturgischen Gründen ein Perspektivwechsel geboten. Wir verlassen daher das Innere der Toilette, auf der ich gefangen sitze, und schlüpfen in die Rolle Antonias. Meine Frau findet die *châtelaine* noch über Abrechnungen sitzend in ihrem Arbeitszimmer vor. Sie schildert etwas verlegen das Problem, mein Problem. Daraufhin springt die kleine Frau auf und ruft entschlossen: *»Je vais aller chercher du matériel!* – Ich werde Werkzeug holen.«

Kurz darauf kommt sie mit Hammer, Zange und Schraubenziehern in unserem Appartement an. Nicolas ruft begeistert: »Endlich wird mal richtig gewerkelt!«

Die *châtelaine* macht sich sofort an dem Kloschloss zu schaffen. Dabei ruft sie immer wieder mit besorgter Stimme: *»Ça va, Monsieur?«*

»Ça va!«, antworte ich fest. Sollen mal erleben, was eine deutsche Eiche ist, die Franzosen!

Dann erzählt Madame, wie sie sich mal als Kind in der Toilette ihrer Großeltern eingesperrt hatte und nicht mehr rauskam. »Ich bekam Panik bis zum Erbrechen … *Ça va, Monsieur?«*

»Ça va«, antworte ich mit nicht mehr ganz so fester Stimme.

Nach einer Viertelstunde fruchtloser Bemühungen lässt Madame den Hammer fallen und sagt: *»Je vais aller chercher la perceuse.«*

La perceuse entpuppt sich als schwerer Schlagbohrer. »Damit werde ich jetzt Löcher rund um das Schloss in die Tür bohren und es dann herausbrechen«, erklärt Madame.

»So erdolchen Sie doch meinen Mann! Der kann sich ja da drin kaum rühren«, sagt Antonia. Schön, dass sie mitdenkt.

»Er soll sich halt neben der Tür an die Wand pressen«, rät Madame. Als der Schlagbohrer aufheult, gehorche ich augenblicklich.

Während der Bohraufsatz wenige Zentimeter von meinem Waschbrettbauch entfernt durch die Tür schießt, bietet sich Antonia und den Kindern draußen ein eigentümliches Bild. Schwitzend, keuchend und mit wippendem Röckchen demoliert die *châtelaine* bei ohrenbetäubendem Lärm ihre Klotür. Der Bohrer kreischt, die Späne spritzen, und im Gesicht von Madame beginnen rote Flecken aufzuleuchten. Einmal vermeinen wir sogar das Wort *»merde«* aus ihrem Mund zu hören. Aber das können wir wegen des Radaus nicht beschwören. Nach einer halben Stunde Schwerstarbeit für Madame und Lebensgefahr für mich ist das Schloss praktisch aus dem Holz gefräst. Die Schlossbesitzerin nimmt nun Stemmeisen und Hammer, rückt die goldene Brille auf der spitzen Nase zurecht, setzt an und schlägt mit aller Kraft zu. Ein Quietschen. Ein Krachen. Die Tür bricht auf – und fällt mir ins Gesicht. Schwankend verlasse ich mein Verlies, reiche Madame die Hand und sage ritterlich: *»Merci de la libération!«*

Das Abenteuer wird uns nicht davon abhalten, auch künftig wieder in französischen Schlössern zu übernachten. Toiletten werde ich dort aber nur noch mit zwei Dingen betreten: mit einer Flasche Burgunder und einer *perceuse*.

Dreizehn

In unserem *hameau* in Saint-Cloud herrscht werktags bisweilen reges Leben. Ständig fährt irgendein Lieferwagen mit Päckchen, Elektrikern, den Gärtnern oder einem Zeitungszusteller vor. Den Zeitungsmann erwische ich, wie er zu Antonia sagt: »Sie sind noch hübscher als vor den Ferien.« Ich werde wohl das Abo kündigen müssen.

Während ich später mit der zugegebenermaßen immer noch hübscheren Antonia und den nicht minder hübschen *ados* beim Mittagessen sitze – ein Privileg des Arbeitens zu Hause –, klingelt es an der Tür. Ein Bauer aus der Normandie steht draußen. Er habe Produkte aus der Region in der *camionnette*. Er deutet auf einen weißen Kleinlaster. »Schauen Sie sich ruhig alles in Ruhe an. Da hätten wir verschiedene Sorten Äpfel, Karotten, Kartoffeln, Tomaten, Zwiebeln, Schalotten, Knoblauch.«

Mehr der Höflichkeit halber und weil wir von Rom her solche Haustürgeschäfte gewohnt sind, wollen wir ein paar Äpfel und Kartoffeln nehmen. Doch der Mann klärt uns auf, er könne nur ganze Stiegen beziehungsweise Säcke verkaufen. »Die Äpfel kommen aus der Basse Normandie, die halten sechs Monate. Die Kartoffeln sind aus der Bucht des Mont Saint-Michel, die können Sie sogar bis zu zwölf Monate lang verzehren. Lagern Sie sie einfach im Keller oder in der Garage. Ich esse einen solchen Sack mit meiner Frau und unseren drei Kindern übrigens locker in zwei Monaten auf.«

Wir wissen nicht, ob der Mann ein guter Bauer ist, jedenfalls ist er ein guter Verkäufer. So lassen wir uns zwei Stiegen mit 32 Kilogramm Äpfeln und einen Zentner Kartoffeln aufschwatzen und in die Garage packen. *Comme cadeau,* »als Geschenk«, überreicht uns der Mann einen Knoblauchzopf. Unsere Bitte, uns lieber Schalotten zu geben, weil wir kaum Knoblauch äßen, schlägt er ab.

»Die Schalotten kann ich Ihnen unmöglich schenken. Aber das nächste Mal bringe ich Ihnen ein paar Artischocken mit.«

Es wird kein nächstes Mal geben. Denn unsere Äpfel verfaulen binnen weniger Wochen, und unsere Kartoffeln schrumpeln bald vor sich hin. Am Ende müssen wir einiges wegwerfen. Als wir Napoléon von dem Reinfall erzählen, sagt er: »Das geht allen Neulingen hier so. Aber es passiert einem nur einmal.«

Bald darauf hält wieder ein Lieferwagen vor unserer Tür. Ein feister junger Mann in schwarzer Motorradjacke steigt aus und stellt sich vor: »Ich bin der *ramoneur.*«

Ramoneur? Klingt irgendwie nach Ramsch, denke ich mir. Vielleicht ist es ein Trödelhändler. *»Enchanté«*, sage ich. »Aber wir kaufen nichts. Wir sind nicht interessiert. *Désolé. Au revoir.*« Ich bin höflich, entschieden und leicht spitz, so wie es mir Antonia geraten hat.

Zu meiner Überraschung gibt der *mec* nicht klein bei. »Ich bin der *ramoneur*«, wiederholt er und deutet auf den Schornstein auf dem Dach. »Ich komme, um Ihren Kamin zu reinigen. Sie sind gesetzlich, vertraglich und überhaupt verpflichtet, das machen zu lassen.«

Aha. Der Kaminkehrer. Da wird er uns wohl nun aufs Dach steigen. Stattdessen läuft der *ramoneur* schnurstracks in unser Wohnzimmer und packt eine

Art Golftasche aus. Zum Vorschein kommt jedoch kein Schläger, sondern ein klobürstenartiges Teil, an das der Kaminkehrer mehrere biegsame schwarze Stäbe schraubt. Er stochert damit lustlos von unten her im Kamin herum. Es regnet ein bisschen Ruß. Dann richtet sich der *ramoneur* auf und sagt mit wichtiger Miene: »Jetzt kommt die Hauptsache. Sie können nach draußen gehen, aber auch dableiben. Das ist nicht toxisch, aber sehr effektiv.«

Er zieht eine Art Feuerwerkskörper aus der Tasche, der an unsere Entflohungsbombe erinnert, stellt ihn in den Kamin und zündet ihn an. Dicker weißer Rauch quillt heraus. Er mag vielleicht nicht giftig sein, stinkt aber gewaltig. Der *ramoneur* blickt feierlich darauf und sagt: »*C'est bon.* Der Kamin zieht gut. Ich gebe Ihnen ein Zertifikat.«

Hustend gehen wir beide nach oben. Der Gestank verbreitet sich im ganzen Haus. 190 Euro verlangt der *ramoneur* für das Spektakel. Nicolas steht dabei, als ich zahle, und sagt: »Kummer und Sorgen erfüllen mein Herz.«

Der *ramoneur* schaut ihn verständnislos an.

Unsere erste Weihnachtszeit in Frankreich bricht an, und mit ihr kommt eine Karawane in unserem *hameau* vorbei. Nein, es sind nicht die Heiligen Drei Könige samt Gefolge, sondern die Müllmänner, Postboten, Gärtner, Obdachlosen und Kriegsveteranen, um uns schon einmal ein frohes Fest zu wünschen, einen Kalender zu überreichen und uns erwartungsvoll anzublicken. Den Kalender der *éboueurs*, der Müllmänner, ziert ein Foto, das mir einen kleinen Stich ins Herz gibt. Es zeigt Manarola, einen der Bilderbuchorte der Cinque Terre in Ligurien. An dieser Küste ist einst, vor Jahrzehnten, meine Italien-Liebe ausgebrochen. Ich frage die Müllmänner, warum sie hier in Saint-Cloud ausgerechnet ein italienisches Dorf als Weihnachtsmotiv verteilen.

»Weil es so hübsch ist«, sagen sie. »Wir haben auch französische Motive ausprobiert, von Paris etwa. Aber die ziehen nicht so gut. Die Leute spenden mehr bei diesem Cinque-Terre-Dorf.« Auch uns macht es freigiebig. Ach, Ligurien!

Zur Weihnachtszeit ist Paris atemberaubend schön, das muss ich zugeben. Die ganze Stadt wird verschwenderisch geschmückt. Die bunten Lichter leuchten magisch aus dem einheitlichen Beigegrau der Haussmann-Fassaden und dem über den Straßen liegenden Nebel heraus. Ein Glanzpunkt ist die Place Vendôme. Auf ihr prunken schneeweiß glühende Lichterbäume, die wie mit Raureif überkrustete Tannen und Birken wirken. Selbst Napoleon hoch oben auf seiner Säule wirkt beeindruckt von so viel monochromer Eleganz. Dafür treiben es die Champs-Élysées besonders bunt. Ihr Weihnachtsschmuck ist Stadtgespräch. Bereits Ende November knipst der Bürgermeister von Paris das Licht an auf der »schönsten Avenue der Welt«, wie die Pariser versichern. Das schimmert, glitzert, kreiselt und blinkt in allen Spektralfarben – und natürlich dank energiesparender LED-Lampen, wie die Stadt betont. Hoch über den Bäumen fährt ein Nikolausschlitten zwischen zwei Masten durch den Himmel. Das Gedränge am Boden ist abenteuerlich. Denn, das versichern alle in Paris, der Weihnachtsmarkt auf den Champs-Élysées ist *un must*. An den weißen Holzbuden des *village de Noël* verkaufen Männer und Frauen mit von der Kälte geröteten Nasen Kugeln, Krippenfiguren, Zitronenpressen, Schaffellschlappen, Crêpes, Waffeln, Gyros und original Nürnberger Rostbratwürste. Aus den Lautsprechern ertönt getragene französische Weihnachtsmusik.

Dazwischen laufen Soldaten im Kampfanzug durch die Menge, die Hände an ihren Maschinenpistolen. Der Verkehr auf den Fahrbahnen der Champs-Élysées kommt fast zum Erliegen, da sich manche Touristen auf die Mitte der Avenue stellen, um die ganze Pracht zu fotografieren. Ihr Todesmut wird belohnt durch einen Blick bis hinab zur Place de la Concorde. Dort dreht sich, exakt hinter dem Obelisken, ein leuchtendes Riesenrad, das wie der Ring eines Planeten wirkt. Wir lassen uns mit den Kindern hoch über das Gewimmel hinauftragen und genießen den Blick auf die geheimnisvoll schimmernde Seine, den blinkenden Eiffelturm und die goldene Haube des Invalidendoms.

Drüben, auf dem Boulevard Haussmann, geht das Adventsspektakel weiter. Die Fassaden der Nobelkaufhäuser Galeries Lafayette und Printemps sind mit Lichtgittern aus Tausenden Lämpchen überzogen, die mal die Illusion einer gotischen Kathedrale, mal eines morgenländischen Palasts hervorrufen. Die Schaufenster werden zu opulenten Theaterbühnen, auf denen Puppen tanzen, die von berühmten Modedesignern eingekleidet sind. Die Themen reichen vom *Bal du Siècle*, dem »Ball des Jahrhunderts«, bis zum »Rock'n'-Roll«. Antonia und ich stehen davor und staunen wie die *ados*.

Drinnen, in den Kaufpalästen, geht es zu wie – als Münchner sei mir der Vergleich erlaubt – am Stachus. Parfums, Handtaschen, Seidentücher, Uhren, Kostüme und Krawatten der Luxusklasse finden reißenden Absatz. Natürlich gibt es all diese Dinge von Dior, Vuitton, Armani und Boss auch in München, Hamburg oder Düsseldorf zu kaufen. Aber nicht in diesem Ambiente. Wer unter der legendären Jugendstilkuppel aus buntem Glas der Galeries Lafayette shoppt, bekommt den Eindruck: Hier pocht das Herz der Luxuswelt.

Vor dem Hôtel de Ville, dem Rathaus nahe der Seine, ziehen derweil die Schlittschuhläufer zur Musik ihre Kreise auf einer großen Eisfläche. Am Wochenende drängeln sich hier viele Jugendliche aus der *banlieue*, die so teilnehmen wollen am Leben der Schönen und Reichen in der Innenstadt. Da kann es ruppig zugehen, wenn die Jungs die Mädchen mit rasanten Eismanövern beeindrucken wollen. Bernadette und Nicolas beschweren sich über Karambolagen und Püffe.

Auch oben, auf unserem Sauerkrauthügel in Saint-Cloud, geht es weihnachtlich-turbulent zu. Beim Metzger liegen ganze Hühner und Gänse in den Schaufenstern, die Hälse mit purpurroten Bändern geschmückt. Der Monoprix-Supermarkt verwandelt sich in ein Schlemmerparadies. Die Leute drängen sich an Ständen mit Champagner, Austern, Langusten, *foie gras*, edelsten Kakao-Schokoladen und Früchten aus aller Welt. Die *charcuterie allemande* hat ihre Pasteten mit winzigen Geschenkpäckchen und Weihnachtsfiguren dekoriert. Auch die Weißwürste sind sehr beliebt. »Wie bereiten Sie die denn zu?«, frage ich neugierig eine Französin, die sich gerade mit zwölf Stück eindeckt.

»Ich schneide sie in Stücke und brate sie in der Pfanne«, antwortet die Dame ungerührt. *Mon Dieu!*

Beim Einkaufen treffen wir Aurore Guerin, die charmante Zahnärztin aus der Villa in unserer Nachbarschaft. Inzwischen habe ich mich schon so ans Leben in Frankreich gewöhnt, dass ich sie gleich mit zwei *bises* begrüße. Während sie emsig durch die Regalreihen schnürt und ihren Einkaufswagen bis über den Rand hinaus füllt, redet sie in rasend schnellem Französisch auf uns ein.

»Ihr müsst unbedingt noch beim Bäcker die *bûches*

kaufen«, sagt sie. »Die sind an Weihnachten wirklich *un must* …«

»*Pardon, un moment, Aurore* …«, stoppe ich sie und öffne eine Übersetzungs-App auf meinem Handy. »*Bûche*«, gebe ich ein und erhalte zur Antwort: »Holzscheit«. Holzscheite beim Bäcker?

»*Bûches* – für den Kamin?«, frage ich vorsichtig.

»Nein, doch nicht diese *bûches*«, lacht Aurore. »Ich meine doch die *bûches de Noël*. Das sind unsere traditionellen Weihnachtskuchen in Form von Baumstämmen. Sie sind aus Biskuit, Schokoladencreme und, je nach Rezept, Kakaocreme, Marzipan, Karamell oder Himbeeren. Sehr lecker! Und sehr schwer.« Aurore zieht die Augenbrauen hoch und klopft sich auf einen imaginären Bauch. Denn Aurore ist genauso schlank und fitnessstudiogestählt wie so viele jüngere Pariserinnen.

»Und warum schauen die Dinger wie Baumstämme aus?«, frage ich.

»Unsere Vorfahren haben einst enorme Holzscheite von Obstbäumen mit Buchs- und Lorbeerzweigen geschmückt und sie zwischen Weihnachten und Neujahr langsam im Kamin verbrannt. Das sollte Glück fürs neue Jahr und besonders für die Ernte bringen. Manchmal wurde auch etwas Salz auf das Scheit gestreut, um Hexen zu vertreiben. Aber heute haben die meisten Menschen keinen offenen Kamin mehr. Also behelfen wir uns mit *bûches de Noël*.« Sie schmunzelt. »Sie sind bei uns so wichtig wie der *panettone* in deinem geliebten Italien.«

Ich seufze nur: »*Ah! L'Italie!*«

Auch *Chez François*, bei unserem Friseur, geht es festlich zu. Der Salon ist auf Hochglanz geputzt. Drinnen arbeiten, wie üblich, die drei Friseusen. Die dralle Schwarzhaarige trägt zur Feier dieser Tage High

Heels, die Blonde eine durchsichtige schwarze Bluse, die Rothaarige ein silbernes Paillettenkleid. Sie sehen sehr elegant aus – richtig festlich verrucht. François, schwarze Hose, weißes Hemd, rote Krawatte, stolziert zwischen seinen drei Damen umher wie der sprichwörtliche gallische Gockel. Dabei ist er gar kein richtiger Gallier, wenn man Monsieur Rosard Glauben schenkt. »Gehen Sie zu François«, hat mir der alte Geschichtslehrer geraten, als ich ihn nach einem Friseur fragte. »Der ist zwar kein Franzose, sondern Portugiese, aber trotzdem zuverlässig.«

Da hilft es nichts, dass François in Frankreich geboren und aufgewachsen ist und nur zwei, drei Wochen im Sommer ins portugiesische Dorf seiner Vorfahren fährt. Für Monsieur Rosard bleibt er Portugiese, so wie unser Taxifahrer Michel ein Pole bleibt. Nicolas Sarkozy ist nach dieser Logik ein Ungar – und Napoleon müsste eigentlich Italiener sein. Doch bei Letzterem, und nur bei ihm, macht unser Nachbar eine Ausnahme.

Ob nun Portugiese oder Franzose – wir sind in der Familie jedenfalls sehr zufrieden *Chez François* und gehen alle dorthin, die Meerschweinchen einmal ausgenommen. Man sieht es mir vielleicht nicht an, aber in meinem Leben spielen Friseure eine große Rolle. Meine Mutter nahm mich als Kind ab und an zum *Salon Gitta* in meinem Heimatort Tutzing mit. Da wir zu Hause – aus pädagogischen Gründen – keinen Fernseher hatten, wurde ich im *Salon Gitta* Zeuge der ersten Mondlandung. Zudem bekam ich dort sehr große Gummibären, die herrlich nach Haarspray schmeckten. So lernte ich im *Salon Gitta* die weite Welt – beziehungsweise das Weltall – genauso kennen wie die Freuden des Alltagslebens. Später hatte ich einen italienischen Friseur in Schwabing, der ein großer Psychologe war. Wenn ich grüblerisch auf ihn wirkte, etwa vor einer Juraklausur, rieb er nach dem Haarschnitt ein besonderes Wasser in meine Kopfhaut ein. Er nannte es *scacciapensieri*, was wörtlich übersetzt »Gedankenverjager« bedeutet. Das Wässerchen wirkte wunderbar. Die Grübeleien verflogen, und ich bekam wieder einen klaren Kopf.

Ein weiterer prägender Friseur meines Lebens wurde Francesco in Rom samt seiner ganzen Mannschaft. Aber das ist eine andere Geschichte. Ach, Francesco! Was habe ich bei ihm nicht alles über das römische Alltagsleben erfahren. Sein Studio war ein Volkstheater, das ständig neue Stücke gab.

Nun also François. Bei ihm lerne ich einiges über die Unterschiede zwischen Italienern und Franzosen. Während es bei Francesco ziemlich locker zuging – die Friseusen trugen Turnschuhe und verwaschene Jeans –, schreibt François seinen Damen eine ziemlich strikte Kleiderordnung vor.

»*Il faut les bien cadrer* – man muss sie richtig einnorden«, versichert er mit einem kritischen Blick auf die drei. Traditionell dürften die Angestellten in französischen Salons nur die Kleiderfarben Weiß und Schwarz tragen. Das sei aus Gründen der *égalité* eingeführt worden. Die Meister sollten sich nicht von den Lehrlingen abheben. »Auch ich habe das so gehalten. Aber dann gab es *une petite révolution*.« François seufzt. »Die drei da bestanden auf ein bisschen mehr Farbe. Die erlaube ich ihnen jetzt immer am Dienstag und Mittwoch, wenn wenig los ist. Solange sie es nicht zu bunt treiben.«

Dann naht Silvester. Nicolas freut sich seit Wochen darauf. Zum einen, weil er zwanzig Minuten vor Neujahr geboren wurde. Zum anderen wegen des Feuerwerks. Als unser Sohn klein war, glaubte er, die Raketen und Böller würden aus Anlass seines Geburtstags abgeschossen. Heute ist er realistischer. Aber er besteht immer noch darauf, dass wenigstens wir für ihn ein besonders schönes Feuerwerk abbrennen.

»Die Silvesterfeuerwerke in Paris müssen atemberaubend sein«, sage ich zu Élodie, als wir gerade die Mülltonnen auf die Straße rollen. »Nicolas kann es kaum mehr erwarten. Ich freue mich auch sehr darauf. Silvester in Paris. *Mon Dieu!*«

»Silvester in Paris ist doch stinklangweilig«, mault Élodie. »Man haut sich mit der Familie ein Megaabendessen rein samt Schnecken mit viel Knoblauch, Muscheln, Entenbrust, Lammkeulen und hammermäßig schweren *bûches* und rennt danach auf die Plätze, um wildfremden Menschen *bonne année* zuzuschreien. Feuerwerke gibt es überhaupt nicht.« Élodie skandiert auf Deutsch »Ver-bo-ten!« Dann fährt sie auf Französisch fort. »Das ist mir viel zu fad in Paris. Daher fliege ich über Silvester nach Berlin. Dort ist es *super-sympa. Putain!*«

Ich glaube ihr nicht. Élodie ist so eine, die immer dort sein will, wo der Bär tanzt, sage ich mir. Sie glaubt, nur weil sie selbst in Berlin ist, muss es in Paris langweilig sein. Paris ohne Feuerwerk! So ein Unsinn!

Dann merke ich, dass es auch jetzt, kurz vor Silvester, weder oben in Saint-Cloud noch unten in der Stadt Feuerwerkskörper zu kaufen gibt. Was soll das? Werden die Kracher und Raketen den Bürgern vielleicht von der Stadt in letzter Minute frei Haus geliefert? Ich höre mich bei Freunden um, doch alle versichern: »Kein Feuerwerk in Paris.«

»Das kann doch nicht wahr sein«, sagt Antonia. »Als ich an der Sorbonne studierte, ging in der Silvesternacht die Post ab. Ich war mit Freunden am Eiffelturm. Da wären wir fast in die Luft gejagt worden. Überall warfen irgendwelche *mecs* mit Böllern rum. Und Raketen gab es auch. Es war gefährlich, aber toll.«

Nun ist Antonia gewiss noch sehr jung. Ihr Studium

an der Sorbonne aber liegt womöglich doch schon ein Vierteljahrhundert zurück. Womöglich hat sich seitdem was geändert. Ein erfahrener Kollege, der seit den siebziger Jahren in Paris arbeitet, klärt mich auf: »Es ist einfach zu viel passiert in der Stadt bei diesem Gedränge. Aus Unvorsichtigkeit wurden etliche Leute verletzt. Es kam zu Bränden. Außerdem nutzten unzufriedene Jugendliche die Silvesternacht aus, um Rabatz zu machen. Erst zündeten sie Kracher an – dann die Autos. Deswegen hat man Feuerwerke schließlich verboten. Natürlich gibt es immer noch welche in Paris. Aber keine privaten mehr und nicht mehr an Silvester, sondern nur noch hochoffiziell am Nationalfeiertag, dem 14. Juli, und bei anderen Großereignissen, überwiegend im Sommer.«

»Ver-bo-ten«, sage ich zu Nicolas, als er mich das nächste Mal auf sein Geburtstagsfeuerwerk anspricht.

»Das glaube ich nicht«, schreit Nicolas. »Kein Feuerwerk in Paris? Das kann nicht sein. Dann will ich nicht in Paris bleiben. Dann feiere ich in München.«

Wir anderen wollen jedoch in unserer neuen Heimat auf das neue Jahr anstoßen. Was tun? Bernadette hat den rettenden Einfall. Wir bekommen Verwandtenbesuch aus München. »Die könnten doch Feuerwerkssachen mitbringen.«

Die Verwandten sind vernünftig und erklären sich bereit, Böller, Knallfrösche, Heuler, Sonnen und Raketen im Kofferraum versteckt nach Frankreich einzuschmuggeln. Gesagt, getan. Als die Verwandten bei uns eintreffen, erzählen sie, es habe im Grenzgebiet am Rhein Razzien der französischen Polizei gegeben. Die hätten Autos durchsucht und Feuerwerkskörper beschlagnahmt. »Als wir befragt wurden, schüttelten wir streng den Kopf und sagten: ›Brot statt Böller.‹ Da winkten sie uns durch.«

Unsere Garage wird zum Arsenal. Dort bauen wir alles auf. Nicolas schleicht immer mal wieder hinein und streichelt liebevoll über die Packungen mit den aufgedruckten Lichtgarben und Vulkanausbrüchen.

Mittags liegen vor allen Haustüren unseres *hameau* kleine Zettel mit einer gedruckten Aufschrift. *»Petite fête«* steht da als Überschrift, und darunter: »Liebe Nachbarn, ich mache heute Abend mit Freunden ein kleines Fest. Das könnte ein bisschen laut werden. Bitte zögern Sie nicht, sich zu beschweren, wenn Sie sich gestört fühlen. Quentin.«

Éric, der Mann der Zahnärztin und Atommanager, hatte mir schon erzählt, dass er und die Familie bei Freunden in der Normandie Silvester feiern würden. Nur Quentin habe keine Lust und bleibe zu Hause. Er sei ein bisschen schwierig in letzter Zeit. So ein bisschen Rock'n'Roll.

Wir fahren nachmittags mit der Metro in die Stadt und besuchen eine Aufführung des Zirkus Bouglione im Cirque d'Hiver, einem märchenhaften Zirkusbau aus der Mitte des 19. Jahrhunderts. Hier wurde einst das fliegende Trapez erfunden. Abends feiern wir *en famille* in unserem Turm den Geburtstag von Nicolas und Silvester bei Fondue und Kerzenlicht. Später legt Bernadette eine DVD, die sie sich zu Nicolas' Geburtstag gewünscht hat, in ihre Spielkonsole ein. Wir singen und tanzen zu Lad̂y Gagà. Es ist sehr besinnlich. Um Mitternacht lassen wir Champagnerkorken an die Decke knallen, ziehen dicke Mäntel an und gehen hinaus in unser Gärtchen. Ich schaue in die feuchte Nacht. »Wetten, dass die Franzosen doch Feuerwerke machen«, sage ich. »Die sind da wie die Italiener. Sie ignorieren Gesetze, die sie nicht akzeptieren.«

Doch da täusche ich mich. Es bleibt totenstill und stockdunkel in Saint-Cloud, von einer einzigen violetten Leuchtkugel und einem verschämten Heuler weiter unten im Ort abgesehen. Wir schauen uns verblüfft an. Damit hätten wir nicht gerechnet. Na dann! *»Allons, enfants«*, sage ich.

So beginnt die Nacht, in der wir das größte Feuerwerk von Saint-Cloud, ach was, von ganz Paris veranstalten. Wir jagen bunte Garben in den schwarzen Himmel, lassen Kanonenschläge detonieren, Vulkane ausbrechen, Sonnenräder am Stamm unseres Apfelbäumchens kreisen und Frösche knallen, dass es nur so sprüht, kracht und stinkt. Gelbweißer, nach Schwefel riechender Nebel steigt aus unserem Garten. »Da capo!«, brüllt Bernadette. In der Nachbarschaft geht das eine oder andere Fenster auf, dunkle Köpfe schauen heraus. *»Les allemands!«*, höre ich jemanden sagen.

Im Garten der Guerins tobt derweil *la petite fête* von Quentin alias Rock'n'Roll. Etwa 40 Burschen und Mädchen tanzen, schreien und klatschen im Garten. Sie sind begeistert von unserem Feuerwerk. *»Merci!«, »Bonne année«, »Encore! Encore!«*, brüllen sie uns zu. Sie wollen, dass wir weitermachen.

Plötzlich ertönt ein anderer Schrei. *»Attention, la police!«* Alle halten inne, auch wir mit unseren Krachern. Eine Sirene schrillt. Ihr Heulen kommt näher. So schnell habe ich Nicolas und Bernadette noch nie ins Haus rennen sehen. Wir Erwachsenen laufen hinterher. Wir ziehen die Vorhänge zu, legen französische Chansons auf und tun so, als würden wir ganz brav feiern. Die Sirene jault nun sehr nahe bei unserem Turm auf. Dann wird sie wieder leiser. Wir atmen auf. Nach einer Viertelstunde gehen wir in unser Gärtchen zurück und jagen die letzten drei Raketen in die Luft. Die *ados* von gegenüber schreien noch lange: *»Encore! Encore!«*

Nicolas sagt vor dem Schlafengehen: »Es ist doch schade, dass das alte Jahr jetzt vorbei ist.«

»Warum?«, frage ich ihn.

»Weil es so wunderschön war.«

An Neujahr stehe ich relativ früh auf, um die *Corpora Delicti* aus unserem Garten zu beseitigen. Am Nachmittag treffe ich Éric auf dem kleinen Platz unseres *hameau*. Es ist sehr kalt geworden, wir haben gewiss Frost. Éric geht in kurzen Hosen und T-Shirt seelenruhig mit seinem Hund spazieren. Er scheint kein Kälteempfinden zu haben. Ganz schön hart, diese Normannen. Andererseits scheint diese Härte erlernbar oder sogar ansteckend zu sein. Denn Nicolas hat sich angewöhnt, nach der Schule seine Kleidung abzulegen und in kurzen karierten Hosen und barfuß im Haus herumzulaufen. »Ich bin ein Normanne«, sagt er, wenn ich ihn darauf anspreche. Die spinnen, die Normannen.

Éric und ich wünschen uns *»bonne année«*. Dann fragt er mich, ob ich etwas von der *»petite fête«* seines Sohnes Quentin mitbekommen hätte. »Du meinst die Orgie, die von der Polizei aufgelöst wurde?«, frage ich.

Éric sieht besorgt drein. »Jetzt mal im Ernst, Stefan! Waren Mädchen dabei? Und haben die auch bei uns übernachtet?«

»Ob Mädchen dabei waren, konnte ich nicht erkennen. Dazu war es zu dunkel«, schwindle ich. »Und wer bei euch übernachtet hat, weiß ich auch nicht. Wir sind schon recht früh ins Bett gegangen. Schließlich gibt es ja hier bei euch in Frankreich nicht mal ein Feuerwerk.«

»Es war also eine anständige *petite boum* bei Quentin?«, fragt Éric.

»Es war jedenfalls eine tolle Party.«

Vierzehn

Der Januar ist eine besondere Jahreszeit in Frankreich – es ist die Zeit der *vœux*. Gemeint sind die Neujahrsgrüße, die Minister, Bürgermeister, Parteiführer und Firmenchefs übermitteln, um den Bürgern, Parteifreunden, Mitarbeitern, Kunden und sonstigen Untertanen ein gutes neues Jahr zu wünschen. Den ganzen Monat über gibt es Empfänge mit Champagner, Kanapees und – als Dreingabe – erbauliche Reden. Für den Journalisten ist das angenehm, wegen des Champagners, und lästig, wegen der Reden. Der Champagner ist manchmal nicht gut genug, um die Reden aufzuwiegen. Doch als Korrespondent muss ich mich diesem Ritual der Republik stellen. Das bin ich der Zeitung schuldig. Daher freue ich mich, als ich Anfang Januar eine Korrespondenzkarte aus festem, weißem Karton bekomme. Darauf ist ein goldenes Wappen eingeprägt. Darunter steht: »Monsieur le Président de la République bittet Monsieur Stefan Ulrich, freundlicherweise an dem Empfang teilnehmen zu wollen, den er aus Anlass der Neujahrswünsche an die Presse am 31. Januar um 11 Uhr im Élysée gibt.«

Ich lasse mich nicht lange bitten und tauche eine Stunde vorher vor dem Élysée-Palast auf. Horden von Journalisten, Fotografen und Kameramännern lungern bereits davor herum. Ich friere erbärmlich in meinem schwarzen Anzug und den eleganten Schuhen mit den dünnen Ledersohlen. Zum Glück trage ich wollene, kratzende Kniestrümpfe. Eigentlich hasse ich

Kniestrümpfe und benutze ausschließlich Socken. Doch unlängst musterte mein Kollege C. W. bei einem Korrespondententreffen in München ein Stück behaarten Beines zwischen meinem Sockenrand und dem Hosensaum und meinte vorwurfsvoll: »Ich hätte nie gedacht, dass du zum Anzug Socken trägst.«

Schließlich werden wir bei einer kleinen Pforte neben dem Haupttor einzeln überprüft und eingelassen. Gravitätisch, andere mögen es linkisch nennen, überquere ich den Ehrenhof des Élysées und schreite auf die Freitreppe des klassizistischen Palastes zu. Wie oft habe ich das schon gesehen. Angela Merkel, Barack Obama und andere bedeutende Menschen kommen im Ehrenhof an und steigen die Treppen empor. Und jetzt ich. Nun gut, es fehlt der rote Teppich. Aber wir wollen nicht an Äußerlichkeiten kleben.

Ich muss gestehen, dass ich ein klein wenig aufgeregt bin. Streng genommen zittern mir sogar die Knie. Denn das Élysée ist nicht irgendein Palast der Republik, irgendein Amtssitz eines Staatschefs, sondern das Objekt der Begierde der – na gut, einer – *grande nation*. Alle Kräfte Frankreichs verdichten sich in Paris, und Paris verdichtet sich im Élysée-Palast. Er symbolisiert die Macht, die Kraft und den Willen des Landes. Doch darin zu leben ist offenbar keine Lust. »Ein trauriges Haus. Ich fühle mich wie in einem Gefängnis, oder besser, ich glaube, ein Haus der Toten zu bewohnen«, klagte einst Präsident Raymond Poincaré. Die Zeitung *Le Figaro* vergleicht das Leben des Präsidenten im Élysée gar mit dem Schicksal chinesischer Kaiser: »Eingeschlossen zu sein, allmächtig und überbehütet – das kann paranoid machen.«

Tatsächlich ist *»le Château«*, wie die Franzosen dieses Stadtschloss mit seinen 365 Zimmern und dem 600 Quadratmeter großen Küchentrakt nennen,

Schauplatz der unterschiedlichsten Geschichten. Anfang des 18. Jahrhunderts erbaut, kam es bald in den Besitz der königlichen Mätresse Madame de Pompadour. Ludwig XVI. nutzte es als Gästehaus. Nach der Revolution diente der Élysée-Palast als Möbellager und Tanzpalast. Napoleon unterzeichnete hier nach der Schlacht von Waterloo seine Abdankungsurkunde. Seit 1873 dient das Élysée als Amtssitz der Präsidenten.

Als ich den Palast betrete, fallen mir wild durcheinander allerlei Informationen ein. Hier im Keller lagern nicht nur viele politische Leichen, sondern auch 13 000 Flaschen der edelsten Weine des Landes, darunter ein *Premier cru de Sauternes Château Rieussec* von 1906. Außerdem gibt es da unten den hochgeheimen *Poste de commandement Jupiter* – den Bunker, von dem aus der Präsident einen Atomschlag auslösen könnte. Und diesen Präsidenten werde ich jetzt besuchen.

Man darf sich die folgende Szene allerdings nicht zu intim vorstellen. Hunderte Kollegen stauen sich vor der Bühne der *Salle des Fêtes* des Élysées. Dieser Festsaal ist, jedenfalls für einen Republikaner aus der nüchternen Bundesrepublik, ein starkes Stück aus Gold, Samt und Kristall. Kannelierte Säulen aus vergoldetem Stuck gliedern die Front der purpurroten Vorhänge. Gobelins mit Feierszenen schmücken die Wände. Operettenhafte Lüster hängen von der Kassettendecke, die von Blumen und Füllhörnern überquillt.

Während ich diese Opulenz betrachte, kommt Bewegung in die Menge. Alles drängt vor, Richtung Bühne, auf die jetzt *Monsieur le Président* tritt. »Ich habe gezögert«, sagt er. »Soll ein Präsident der Republik der Presse Neujahrswünsche übermitteln?« Doch dann habe er sich gedacht, man bilde zusammen ein

»sehr altes Ehepaar«, und da wäre es ein Bruch, wenn er sich dieser Übung entziehe. Viele Kollegen klatschen.

Als der Staatschef die Bühne verlässt, müssen wir Journalisten uns entscheiden. Buffet oder Präsident, das ist hier die Frage. Während die einen zu Champagner, Krabbenspießchen und Patisserien hasten, versuchen die anderen, den wichtigsten Mann im Lande zu erhaschen. Er ist im Getümmel schwer auszumachen. Da, wo sich die Presseleute wie ein Heringsschwarm ballen, muss er sein. Dann steht der Präsident plötzlich vor mir. Er kann sich kaum rühren, redet, schwitzt.

Er sieht eigentlich aus wie jedermann, doch ich vermeine, die Aura der Macht zu spüren. Mein Mund wird trocken. In solchen Augenblicken soll man sich, so habe ich gelesen, den Gesprächspartner nackt oder zumindest in Badehose vorstellen. Es gibt Paparazzi-Fotos des Präsidenten in Badehose. Sie wären jetzt hilfreich, doch sie fallen mir nicht ein. So nehme ich Haltung an und sprudele hervor: *»Bonjour, Monsieur le Président. Enchanté.«* Dann sage ich, wie ich heiße und von welcher Zeitung ich komme. Der Präsident schaut mir tief in die Augen. Sekunden werden zur Ewigkeit. Ich merke, wie sich ein besonderes Vertrauensverhältnis aufbaut. Gleich wird er mir seinen Zukunftsplan für Europa oder zumindest den Geheimcode des *Poste de commandement Jupiter* anvertrauen.

Er streckt die Hand aus. Ein kurzer Druck. *»Bien. Bonne année«*, sagt er. Dann wechselt er zum Nächsten.

So verläuft meine erste Begegnung mit dem Präsidenten. Vielleicht inhaltsarm, aber doch bedeutungsschwer. Und immerhin habe ich einen Einblick in die Pariser Paläste der Macht gewonnen, die Frankreichs Politik bis heute prägen – und für das Ausland bisweilen schwer verständlich machen. Wenn das Sein das

Bewusstsein bestimmt, wie Karl Marx sagt, müssen sich französische Präsidenten und Minister wie Könige oder Fürsten fühlen. Sie arbeiten in Palästen, werden hofiert und von ihren Beratern bisweilen umschmeichelt, als seien diese Lakaien. Das mag dazu führen, dass die Regierenden den Bürger manchmal nicht als Souverän, sondern als Untertan wahrnehmen. Das kann bewirken, dass sie Kritik als Majestätsbeleidigung empfinden. In jedem Fall hat das monarchische Dekor Einfluss auf die Psychologie der Republik.

In meiner Zeit als Frankreich-Korrespondent lerne ich einige dieser Paläste kennen: Dazu gehört das Hôtel Matignon, der Sitz des Premierministers, in dem der Regierungschef vor einem prasselnden Kaminfeuer zum Interview empfängt. Vor ihm sitzen ein Kollege und ich. Hinter uns lauern ein halbes Dutzend Berater auf jedes Wort. Eine feierliche und ein wenig beklemmende Atmosphäre. Oder das Außenministerium in seinem bombastischen Gebäude am Quai d'Orsay mit seinem »Papageiensalon«, in dem ebenfalls ein Kaminfeuer prasselt und livrierte Diener getrüffelte Pastete zum Hintergrundgespräch auftragen. Besonders charmant ist das Hôtel de Beauharnais, die Residenz des deutschen Botschafters an der Rue de Lille am linken Seine-Ufer. Einst amüsierten sich hier die schöne Joséphine, Napoleons größte Leidenschaft, und ihre beiden Kinder aus ihrer ersten Ehe mit Alexandre de Beauharnais. Zu später Stunde zeigen deutsche Diplomaten gern die kunstvolle *baignoire*, in der die Kaiserin angeblich gern planschte. Es soll die erste Badewanne in ganz Paris gewesen sein. Leider laden die Diplomaten nie zum Baden ein.

Den größten Eindruck aber hinterlässt bei mir der Sitz des Verteidigungsministers. Das liegt weniger am ebenfalls prächtigen Dekor als an den Umständen meines Besuchs, speziell am Wetter. Aber der Reihe nach.

Paris erfreut sich eines zwar grauen, aber doch milden Atlantikklimas. Die Temperaturen sinken selten unter den Gefrierpunkt. Schnee gibt es, so versichern die Pariser, praktisch nie. Deswegen stellen sie sich, obwohl es praktisch jedes Jahr wenigstens ein bisschen schneit, auch nicht auf Schnee ein. Wenn es dann einmal richtig weiß wird, wie in diesem Jahr, bricht das Chaos aus. Die Leute lassen ihre sommerbereiften Autos mitten auf der Straße stehen und gehen nach Hause. Napoléon wählt die gute Wollstrumpfhose von Madame als Kopfputz. Die Abendnachrichten bringen nahezu ausschließlich Reportagen von der Wetterfront – eine halbe Stunde lang! Sie zeigen Schneeflocken auf Olivenbäumen, quer stehende Laster, geschlossene Schulen, herumtobende Kinder und Postboten, die vorwurfsvoll auf einen zwei Zentimeter hohen weißen Belag auf der Fahrbahn deuten. »Derart viel Schnee haben wir seit Menschengedenken nicht gehabt. Jedenfalls nicht in den letzten drei Jahren«, sagt ein schlotternder Postler einem Reporter. *»C'est la galère!* – Was für eine Plage!« Dann verkündet der Innenminister, wegen der besonderen Lage würden keine Strafzettel mehr an wild parkende Autofahrer verteilt.

Die *ados* sind begeistert von dem Schnee. Nicolas und Bernadette haben die Schlitten herausgeholt, die sie zuletzt in den Abruzzen benutzten. Gemeinsam mit Zoé, der Tochter von Éric und Aurore, sausen sie jauchzend unsere Zufahrtsstraße hinunter. Darüber werden Bernadette und Zoé Freundinnen. *»La neige! La neige!«*, kreischen sie übermütig und: *»C'est la galère!«*

Unsere Bäckerin sagt, wenn es weiter so schneie, gehe ihr bald das Mehl aus. Dann gebe es keine Baguette mehr. *»Ça serait la catastrophe!«*

Auch ich liebe den Schnee. Aus meinem Bürofenster blicke ich auf den tiefverschneiten Park von Saint-Cloud. Auf der Straße vor dem Haus kommt ein Langläufer vorbei. Das sollte mir zu denken geben. Ich habe heute Nachmittag um 15 Uhr sine tempore ein Interview mit dem Verteidigungsminister in der Stadt. Da muss ich früh aufbrechen.

Ich werfe mich diesmal in meinen dunkelblauen Anzug, ziehe wieder die eleganten Schuhe mit den dünnen Ledersohlen an und steige in unseren alten silbergrauen Passat, um hinunter zur Metro am Pont de Saint-Cloud zu fahren. Natürlich habe ich keine Winterreifen, schließlich schneit es in Paris nie.

Als ich losfahre, hat bereits ein Schneegestöber eingesetzt. Im Schritttempo fahre ich aus unserem *hameau* hinaus und nach Saint-Cloud hinein. Die Autos bewegen sich nur noch im Schneckentempo fort. Stadtbusse halten irgendwo am Straßenrand und geben auf. Lieferwagen rutschen beim Bremsen seitlich weg. Es schneit. Nach einer halben Stunde habe ich vielleicht 500 Meter zurückgelegt und den Verkehrskreisel erreicht, an dem sich die Rue Pasteur und der Boulevard de la République kreuzen. Dort geht gar nichts mehr. Der Kreisel ist überfüllt mit Autos, die nicht mehr vor und zurück kommen. Von allen Seiten drängen weitere Wagen nach. Die Fahrer hupen und schimpfen. Es schneit.

Langsam verstreicht mein Zeitbudget. Ich möchte auf keinen Fall zu spät kommen. Der Verteidigungsminister gilt als strenger Mann aus Bordeaux. Und die Bordelais, die Bürger der Stadt, gelten als diszipliniert, pünktlich und eher humorlos. *Mon Dieu!*

Es schneit. Die Zeit verrinnt. Ich beginne zu schwitzen. Ich sehe einen strengen Mann mit hoher Stirn in einem prunkvollen Salon sitzen, umgeben von Beratern. Der Mann schaut auf seine erlesene Armbanduhr. Er runzelt die Stirn.

In meiner aufkommenden Panik rufe ich Antonia an. »Schatz, es gibt da ein kleines Problem. Ich muss zum Verteidigungsminister, stecke aber hier in Saint-Cloud im Verkehrschaos fest. Könntest du vielleicht mal gleich, äh, sofort kommen und den Wagen übernehmen? Dann laufe ich zu Fuß zur Metro.«

Freunde in der Not sind gut, eine Ehefrau ist noch besser. Bald darauf sehe ich Antonia in ihren Pelzstiefelchen im Laufschritt durch den Schnee herankeuchen. Zwei kurze *bises* – so viel Zeit muss sein – und sie sitzt am Steuer. Ich stehe jetzt draußen auf der Straße. Das Schneetreiben wird immer dichter. Ich laufe los, die Rue Gounod entlang und dann über Treppenwege den ganzen Sauerkrauthügel hinunter bis zur Seine, stets den strengen Blick des Ministers im Nacken.

Überall hasten Geschäftsleute mit ebenfalls feinen Schuhen, Aktentasche und ohne Kopfbedeckung durch den Schnee. Damen auf Stöckelschuhen klammern sich verzweifelt ans Geländer des Treppenweges. Dazu habe ich keine Zeit. So rutsche ich mehrmals aus und plumpse auf den Boden, was meinem eleganten Anzug nicht guttut. Außerdem erweist es sich als ungünstig, dass ich in der ganzen Hektik den Mantel im Auto vergessen habe. Als ich schließlich bei der Metrostation ankomme, bin ich klitschnass. Natürlich fährt mir die Metro vor der Nase davon, und natürlich verpasse ich beim Umsteigen wieder einen Zug.

Um exakt 15.17 Uhr komme ich triefend im Palais des Verteidigungsministers angekeucht. In der Vorhalle steht noch ein reichgeschmückter Weihnachtsbaum. Die Offiziere, die mich begrüßen, sind ähnlich üppig dekoriert. Als ich sofort in den Salon des Ministers eilen will, hält mich ein Uniformierter verzweifelt zurück. »Monsieur, wollen Sie sich nicht zumindest die Schuhe abstreifen?«, ruft er mir nach.

Ein blankgeölter Parkettboden, Stuck, Marmor,

Spiegel mit Goldrändern, Gobelins, ein prasselndes Kaminfeuer – das Übliche. An einem großen runden Tisch sitzen etliche Berater um einen streng dreinblickenden Mann mit hoher Stirn. *Monsieur le Ministre* schaut auf seine Armbanduhr und runzelt die Stirn. Wie ein begossener Pudel stehe ich vor ihm, Wasser rinnt aus meinen Hosenbeinen herab. Die Berater blicken so versteinert drein wie die Moais auf den Osterinseln. Der Minister mustert mich lange von oben bis unten. »Besitzen Sie keinen Mantel?«, fragt er dann. Es wird ein Interview in frostiger Atmosphäre.

Fünfzehn

Wieder zu Hause, erzählt mir Antonia, sie habe unser Auto irgendwo an einer Bushaltestelle stehen lassen und sei zu Fuß heimgelaufen. Inzwischen sei offensichtlich auch der Zufluss zu unserer Spül- und unserer Waschmaschine eingefroren. Sie funktionierten nicht mehr. Zudem sei der Griff der Haustür gänzlich abgebrochen, er lasse sich nun gar nicht mehr befestigen. Das habe ich auch schon bemerkt. In unseren Briefkasten werden alle paar Tage Karten mit diversen *numéros utiles* geworfen. Dazu gehören Polizei und Feuerwehr, aber auch 24-Stunden-Türservice und Notfall-Klempner. Gegen Mittag des nächsten Tages treffen zwei junge Männer ein, denen man nicht allein auf der Straße begegnen möchte. »Zwei richtige *voyous*, Strolche«, flüstert mir Antonia zu.

Die beiden trampeln mit ihren schmutzigen Arbeitsschuhen in unserem Haus herum und machen sich mächtig wichtig. Der Größere tut so, als ob er eingehend die Spülmaschine untersuche, und verlangt dann einen Föhn. »Ein altes Hausmittel! Darauf wären Sie wohl nicht gekommen«, sagt er. Stimmt.

Der Kleinere inspiziert derweil den banalen Haustürgriff, wiegt bedenklich den Kopf. Dann meint er, das sei eine Spezialanfertigung, ein neuer Griff werde sehr teuer, so um die 500 Euro. Er könne aber auch versuchen, den alten zu reparieren. »Doch ich garantiere für nichts.«

Der kleine *voyou* feilt ein bisschen an der Tür herum,

während der Große entspannt vor sich hin föhnt. Auf der Suche nach der verlorenen Zeit scheinen die beiden nicht zu sein. Allerdings werden sie in ihrem meditativen Tun ständig von ihren klingelnden Handys unterbrochen. Dauernd ruft jemand an, der verzweifelt den Notdienst braucht, weil sein Schloss vereist oder seine Wasserleitung geplatzt ist. Die beiden antworten in aufreizender Lässigkeit, kritzeln etwas in ihren Terminkalender oder sagen, sie hätten keine Zeit.

Wir schauen uns an. So sieht also der Notdienst aus. Wie wohl ein regulärer Handwerkereinsatz ablaufen würde? Anders als in Deutschland werden in Frankreich die Häuser nicht für die Ewigkeit gebaut. Das mag am milderen Klima liegen. Selbst die Wände solide ausschauender Gebäude klingen, wenn man dagegenklopft, so hohl wie bei Fertigvillen in den USA. Die sanitären Einrichtungen sind für deutsche Vorstellungen manchmal abenteuerlich, wie zum Beispiel die Pumpe samt Exkrementen-Häcksler in unserem Gästebad. Viele unserer Freunde klagen über extrem zugige Fenster und feuchte Wände. Manches Natursteinhaus, das von außen wie ein Juwel wirkt, gleicht innen eher einer Baracke. Und in einem Schlösschen an der Loire, in dem wir ein Wochenende verbrachten, sitzt man im Winterhalbjahr im Anorak am Frühstückstisch.

Französische Vermieter sind auch nicht übermäßig eifrig, wenn es darum geht, Beschwerden von Mietern abzuhelfen. Da können schon mal Monate vergehen. Wir haben da Glück. Wenn es wirklich brennt, die Heizung kaputtgeht oder der Regen durchs Dach tropft, dann reagiert unsere Hausverwaltung sofort. Allgemein betrachtet aber scheinen die Franzosen eher der Strategie zu folgen, ihre Häuser herunterzuwohnen und sie dann von Grund auf zu sanieren oder gleich neu zu bauen. Das ständige Erhalten durch professionelle Handwerker, wie es in Deutschland üblich ist, ist hier eher die Ausnahme. Zumal es, weit mehr als in Deutschland, Glückssache ist, auf was für Handwerker man in Frankreich trifft. Etliche der Klempner, Elektriker oder Schlosser, die sich an unserem Haus versuchten, waren Dilettanten, die sich irgendwie durchwurschtelten und dann eine unglaublich saftige Rechnung stellten. Wir dachten erst, wir würden als Ausländer besonders ausgenommen. Doch Pariser Freunde erzählten uns, ihnen ergehe es ähnlich. Viele flüchten sich daher in die *bricolage*, das heißt ins Herumbasteln am Eigenheim. Die Ergebnisse sind nicht immer zufriedenstellend.

Einem soliden und pünktlichen Handwerker zu fairen Preisen müssten die Franzosen eigentlich die Werkstatt einrennen. Als ich unsere beiden *voyous* in unserem Haus herumwerkeln sehe, überlege ich mir, vom Journalisten zum Handwerker umzusatteln. Schlosser statt Schlossbesitzer. Mal sehen. Nach einer halben Stunde Föhnen ist die Zuleitung zur Spülmaschine aufgetaut. Der Große schaut uns triumphierend an. Die Waschmaschine, an der er nicht herumgeföhnt hat, läuft allerdings ebenfalls wieder. Wahrscheinlich ist es draußen einfach wärmer geworden. Die Klinke hängt wieder an der Tür, allerdings nur provisorisch. Wir dürfen sie nur noch mit spitzen Fingern anfassen. Kostenpunkt der beiden erfolgreichen Interventionen: 500 Euro. *»Un prix d'ami«*, versichert der Kleine, als er unsere schockierten Gesichter sieht. Ein Freundschaftspreis! Beim nächsten Mal werde ich selbst Hand anlegen. *Vive le bricolage!*

Natürlich haben wir uns bei dem Wintereinbruch einen saftigen Schnupfen geholt – mit Ausnahme von Nicolas, dem Normannen. Wir brauchen einen Arzt und hören uns um. »Gehen Sie zu Docteur Ricci«, sagt Napoléon, »der ist *super-sympa*«.

»Gehen Sie zu Docteur Ricci«, rät auch Monsieur Rosard. »Der ist zwar Italiener, aber er ist trotzdem *pas mal.*«

Antonia, Bernadette und ich gehen zu Docteur Ricci, dessen Vorfahren vor drei Generationen von Italien nach Frankreich eingewandert sind. Er praktiziert in einem winzigen Hexenhäuschen mit bemoostem Dach. Die Holzstufen zum Eingang werden es nicht mehr lange machen. Das Wartezimmer besteht aus einem kargen, schlecht beleuchteten Raum mit einem abgewetzten gelbgrünen Filzteppich. Die braune Raufasertapete stammt offenbar aus Vorrevolutionszeiten. Einziger Wandschmuck ist ein Werbeplakat für eine Ausstellung von Zinnsoldaten. Es gibt keinen *accueil* und keine Sprechstundenhilfe. Unter einem verkratzten Glastischchen liegen Prospekte mit der Aufforderung zur Prostata-Vorsorgeuntersuchung. Hinter einer beige lackierten Tür hören wir ein Stöhnen und Ächzen. Wir erwägen ernsthaft den ungeordneten Rückzug, vulgo die Flucht.

Zu diesem Zeitpunkt wissen wir noch nicht, dass sich französische Praxen nicht mit deutschen vergleichen lassen. Gewiss, es gibt Ausnahmen, Aurore etwa hat eine hypermoderne Zahnarztpraxis, wie man sie auch in Grünwald oder Blankenese finden könnte. Ich gehe gern dorthin, nicht nur wegen der Praxis. Die meisten französischen Praxen aber sind von beeindruckender Schäbigkeit, so wie bei Docteur Ricci. Augenscheinlich alimentiert das französische Gesundheitssystem seine Ärzte eher karg. Der Arztberuf hat auch nicht denselben Nimbus wie in Deutschland. Doch bald lernten wir wieder einmal: Man darf nicht nach Äußerlichkeiten urteilen. Französische Ärzte sind in der Regel fachlich ausgezeichnet und ihren deutschen Kollegen völlig ebenbürtig.

Schon wieder hören wir ein Stöhnen hinter der

beige lackierten Tür. »Geh du zuerst rein«, sagt Bernadette zu mir.

»Ja, geh du zuerst«, findet auch Antonia.

»Wieso ausgerechnet ich?«

Bernadette erwidert trocken: »Du bist der Mann.«

Die beige lackierte Tür geht auf. Eine grüngesichtige Patientin wankt heraus. Dann folgt ein kleines, bereits betagtes Männchen in einem ebenfalls betagten Anzug, weißem Hemd und Krawatte samt Krawattennadel. Monsieur le Docteur.

Ich fasse mir ein Herz. Drinnen im Behandlungszimmer steht ein altmodischer Schreibtisch. Ein Block und ein Stift liegen sauber ausgerichtet darauf. Daneben steht eine Napoleon-Büste. Im Regal sind Modelle von Lokomotiven und Zinnsoldaten aufgestellt. Dann gibt es noch eine Pritsche und eine Waage mit schwarzem Noppenüberzug, von der Art, wie sie meine Großeltern vor 40 Jahren entsorgt hatten.

Die Behandlung verläuft an sich nicht bemerkenswert. Docteur Ricci wiegt mich, misst Größe und Blutdruck, hört die Lunge ab und trägt alle Ergebnisse mit Füller und in einer geradezu kalligraphischen Schrift auf einer Karteikarte ein. Das dauert. Er verschreibt mir ein Antibiotikum – das wird in Frankreich gern gemacht – und schaut mich dann sorgenvoll bis leicht vorwurfsvoll durch seine dicken Brillengläser an. »Wir müssen über Ihr Gewicht reden!«

»Über mein Gewicht?« Das trifft mich völlig unerwartet. Gewiss, es gab schon Zeiten, in denen ich noch schlanker war, und wenn ich alte Fotos von mir am Strand sehe, bemerke ich gewisse Unterschiede. Aber übergewichtig? Ich? Nein!

Doch Docteur Ricci, der im Übrigen dürr und trocken wie eine ausgehungerte Eidechse wirkt, lässt sich nicht beirren. Er tippt einige Zahlen mit spitzen Fingern in seinen Taschenrechner, studiert das Resultat, nickt befriedigt und sagt: »Ich dachte es mir. Sie sind zu schwer. Das ist sehr ungesund. Ich würde vorschlagen, dass Sie in den kommenden zwei Monaten vier Kilogramm abnehmen. Das ist durchaus zu schaffen. Ich merke mir schon einmal einen Kontrolltermin vor.«

Dann füllt er umständlich ein Formblatt aus und verlangt 23 Euro. Das macht 5,75 Euro pro abzunehmendem Kilogramm Lebendgewicht. Da kann man nichts sagen.

Verdattert komme ich heraus. Docteur Ricci winkt Antonia herein. Nun bin ich aber gespannt. Antonia ist natürlich sehr schlank. Das sagt sie selbst auch. Doch wenn man gewisse alte Urlaubsfotos vom Strand …

Als Antonia herauskommt, ist sie empört. »Weißt du, was der mir gesagt hat? Mein Gewicht sei *pas mal*, aber es sei doch besser, wenn ich zwei Kilogramm abnähme. Er werde sich das notieren. Was für eine Frechheit!«

Selbst unsere zierliche Bernadette findet nur bedingt Gefallen vor dem gestrengen *docteur*. »Er hat gesagt, mein Gewicht sei noch okay, aber ich solle aufpassen. So ein Unsinn. So dürr wie der möchte ich gar nicht aussehen.«

Die Franzosen, nein, die Pariser sind in der Regel sehr schlank und für deutsche oder amerikanische Verhältnisse geradezu mager. Darin mag, neben ihrem unbestritten guten Kleidergeschmack, ein Grund dafür liegen, warum sie so elegant wirken. Wenn die schlanke Silhouette einer Pariserin auf hohen Absätzen in engen Jeans und tailliertem Kurzmantel an einem vorbeitrippelt, macht das Eindruck, selbst wenn sie vielleicht gar nicht sooo hübsch ist. Auch die männlichen Pariser – sie heißen nun mal so – sind oft gertenschlank und haben in ihrer properen Geschmeidigkeit manchmal etwas Katzen- beziehungsweise Katerhaftes. Daraus soll nun kein Neid sprechen. Ich beobachte nur.

Nun wird es den Bewohnern der nach ihrem Bekunden schönsten Stadt der Welt in Sachen Volumen aber auch leichtgemacht. Denn Paris stresst. Anders als es manche Reportagen im deutschen Fernsehen nahelegen und meine Kollegen in der Zeitungszentrale vermuten, sitzt man in Paris nicht den ganzen Tag in geselliger Runde auf einer Brasserie-Terrasse und glotzt bei *café au lait* und *brioche* beziehungsweise einem Glas Chablis und Austern bekannten Schauspielerinnen oder berühmten Philosophen nach. Für die meisten Pariser lautet der Dreiklang ihrer Tage vielmehr: *métro – boulot – dodo*. Sie fahren frühmorgens in völlig überfüllten Zügen und U-Bahnen von weit außerhalb zur Arbeit in die Stadt und kehren am Abend in noch volleren Bahnen zurück, um dann bald erschöpft in den Schlaf zu sinken. Paris ist extrem teuer und anspruchsvoll. Es sich leisten zu können erfordert viel Mühe und ständiges Gerenne. Wenn die Pariser auf einen wirken, als ob sie immerfort für einen Marathon übten, so täuscht das. Sie hetzen nur zu ihrem nächsten Termin, zu dem sie immer zu spät kommen. Das ist kaum gesund, aber es hilft ungemein, schlank zu bleiben.

Andererseits sind da die unzähligen Versuchungen. Champagner. Burgunder. Calvados. Stopfleber. *Pot au feu. Mousse au chocolat.* Um nur eine winzige Auswahl zu nennen. Besprechungen hält man – Klischees sind nicht immer billig – an der Seine auch heute noch am liebsten im Restaurant ab. Die liebste Freizeitbeschäftigung ist – dem Klischee zum Trotz – nicht *l'amour*, sondern *la cuisine*. Das ist auch nicht gesund, denn es hilft nicht gerade, schlank zu bleiben.

Schlank aber muss schon sein. Das Leben in Paris wird stark von ungeschriebenen Gesetzen bestimmt.

Aussehen, Kleidung, Lektüre, Parfum- oder Restaurantwahl sowie die Gesprächsthemen beim *dîner en ville* folgen strikten Regeln. Wer dazugehören will, muss sie einhalten. Und wer will nicht dazugehören in Paris? Die Folge dieser gewissen Uniformierung, die ihre Wurzeln wohl in den Moden am Versailler Hof hat und von den einheitlichen Gebäuden der Haussmann-Zeit bis zu Frisur und Figur reicht: Paris ist überaus ästhetisch, aber nicht so witzig wie London, nicht so kreativ wie New York und – Stadt der Liebe hin oder her – nicht so sinnlich wie Rom. Aber das ist nur meine allgemeine Theorie, die im Einzelfall natürlich jederzeit widerlegt werden kann.

Bleiben wir bei Eleganz und Ästhetik, den Trümpfen von Paris. Sie zwingen alle, die nicht naturschlank sind, zu einer Dauerübung, die hier treffend als *régime* bezeichnet wird. Diät und Körpergewicht sind beliebte Gesprächsthemen, die ohne Scheu angegangen werden. Das gilt für Pariserinnen und Pariser gleichermaßen. Will man ihnen ein Kompliment machen, das sie wirklich freut, so mustert man sie und sagt dann mit beeindruckter Miene: »*T'as vachement maigri!* Du hast ungeheuer abgenommen!«

Dies alles gilt, wie gesagt, für Paris. In der Provinz sieht es ganz anders aus, wie wir einmal bei einem Badewochenende am Lac d'Orient in der Champagne feststellen werden. Dort geht es so üppig zu wie an jedem deutschen Baggersee. Nur: Wir leben nun mal im Einflussbereich von Paris. Und wir wollen weiter zu Docteur Ricci gehen, weil er, von seinem Pfunde-Fimmel abgesehen, ein vorzüglicher Arzt ist. Daher essen wir nun, wenn ein Termin bei ihm ansteht, sehr viel Salat und steigen von Rotwein auf Weißwein um. Käse und Wurst werden radikal reduziert. Und da Docteur Ricci seine Patienten stets bekleidet wiegt, tauchen wir auch im Winter in ganz dünnen Hosen und Pullis bei ihm auf. Wir geben uns wirklich Mühe. Meistens nützt es nichts. Monsieur le Docteur zieht ein verdrießliches Gesicht, malt unser aktuelles Gewicht auf seine Karteikarte und sagt: »Bis zum nächsten Mal sollten Sie drei Kilogramm abnehmen. Das ist durchaus zu schaffen.«

Einmal, ein einziges Mal aber werde ich stolz seine Praxis verlassen und federnd vor Leichtigkeit nach Hause laufen.

»Und?«, fragt Antonia mit einem bezeichnenden Blick auf meinen Bauch.

»Er hat nichts gesagt«, antworte ich triumphierend.

»Wahrscheinlich hat er es bei dir schon aufgegeben.«

Neben dem Gewicht ist der Wein ein weiteres beliebtes Gesprächsthema. Neulich hatten wir abends Freunde bei uns zu Besuch, nicht zu einem *apéro*, sondern zu einem richtigen *dîner*. Mit dabei waren Éric und Aurore. Éric griff ungeniert zur Weinflasche, die Antonia ohne allzu große Spezialkenntnisse bei Monoprix ausgesucht hatte. Er setzte seine Lesebrille auf, studierte das Etikett und diskutierte Lage und Jahrgang ausführlich mit einem der anderen Freunde. Das Ergebnis fiel nicht allzu schlecht aus, denn beide schenkten sich selbst nach. Dann erzählte Éric: »Ich habe jetzt damit angefangen, Zoé an den Wein heranzuführen. Wird ja langsam Zeit.«

»Wie bitte?«, fragte Antonia. »Ist Zoé nicht erst 13 Jahre alt?«

»Eben«, sagte Éric. »Da wird es Zeit. Ich mache jeden Abend eine andere gute Flasche auf und lasse sie ein Gläschen trinken. Langsam. Mit Verstand. Am Anfang schmeckte ihr der Wein gar nicht. Doch da muss man konsequent bleiben. Jetzt macht sie große Fortschritte.«

»Sie trinkt jetzt mehrere Gläser?«, fragte Antonia entsetzt.

»Nein, das nicht«, sagte Éric lachend. »Aber Zoé kommt auf den Geschmack. Sie kann jetzt schon gut die Sorten voneinander unterscheiden, verwechselt einen Merlot nicht mehr mit einem Cabernet Sauvignon. Manchmal verdecke ich jetzt auch das Etikett und lasse sie raten.«

»Du erziehst sie gezielt zur Trinkerin?«, fragte ich.

»Ich würde sagen, zur Weinkennerin. Das habe ich bei meinen beiden Älteren auch so gemacht. Ich möchte, dass sie einen guten Tropfen von billigem Fusel unterscheiden können; und mir ist es lieber, sie trinken mit Verstand ein Glas Burgunder, als dass sie sich auf Partys heimlich mit Bier und Schnaps zuschütten.«

»Und das hat bei Quentin funktioniert?« Quentin ist das schwarze Schaf der Familie Guerin.

»Jedenfalls hat es bei Valérie funktioniert«, sagte Éric. Valérie ist die Vorzeigetochter der Guerins.

Nur wir Deutschen am Tisch wunderten uns über Érics Wein-Erziehung. Die Franzosen fanden sie offenbar ganz normal. Zu ihrer Ehrenrettung ist jedoch zu sagen: Wenn sie trinken, dann bewusst. Das beiläufige und gewohnheitsmäßige Sichvolllaufenlassen, wie wir es von Deutschland her kennen, erlebten wir in Frankreich eigentlich nie. Und bei mancher Einladung bei Franzosen wurde nach dem Essen kaum noch Wein getrunken. Na dann: *Santé!*

Der Winter geht allmählich zu Ende, die Tage werden wieder ein bisschen länger. Wir haben unser erstes halbes Jahr in Frankreich ganz gut bestanden und feiern das zu viert in unserer Lieblings-Crêperie. Auch Bernadette und Nicolas dürfen ein Glas Cidre trinken, schließlich sollen sie einen guten Apfelwein von billigem Fusel unterscheiden lernen. Spät am Abend, als die *ados* schon schlafen, setzen sich Antonia und ich noch bei einem Glas Crémant im Wohnzimmer zusammen. Im Kamin knistert munter ein Feuer, der *ramoneur* hat offenbar doch gute Arbeit geleistet. Wir plaudern über das vergangene halbe Jahr, und natürlich ziehen wir auch Vergleiche zu unserer Zeit in Italien. »Trauerst du Rom immer noch so nach?«, fragt mich Antonia.

Ich wiege den Kopf hin und her. »Und du, Antonia? Könntest du heute *Grazie, Roma* hören, ohne weinen zu müssen?«

»Probieren wir's doch aus!«

Ich lege die CD von Antonello Venditti ein. Durch unser Wohnzimmer klingt nun ein schmachtendes *»Grazie, Roma!«* Es ist schon herzzerreißend. Ich spüre wieder dieses sehnsüchtige Kribbeln im Bauch. Antonia scheint es ähnlich zu gehen. Sie lehnt sich im Sessel zurück, schließt die Augen. Als das Lied zu Ende ist, schauen wir uns an. Wir sind bewegt, aber unsere Augen bleiben trocken. Dann müssen wir beide lachen. Jetzt lege ich ein anderes Lied auf. Édith Piaf. *»Non, je ne regrette rien.«*

Wir hören zu, schauen in die Flammen. Dann fragt Antonia: »Und, wie ist deine Bilanz des ersten halben Jahres, Stefan?«

»Am Anfang fand ich es sehr schwierig. Ich dachte allzu sehr zurück an Rom. Und ich musste beruflich so viel lernen. Das schnelle Französisch am Telefon, die reserviertere Art der Pariser und ihre Angewohnheit, auf E-Mails oder Nachrichten auf dem Anrufbeantworter überhaupt nicht zu antworten. Aber jetzt komme ich viel besser damit zurecht. Und das Alltagsleben hier gefällt mir sehr. Nun gut, wenn ich wählen müsste zwischen Paris und Rom … Ich weiß nicht. Und wie ist deine Bilanz, Antonia?«

Antonia denkt lange nach. Sie nippt an ihrem Glas

Crémant. Dann schaut sie regungslos ins Feuer. Ich denke schon, sie habe meine Frage vergessen. Doch dann sagt sie: »Es gefällt mir sehr gut hier in Paris. Auf jeden Fall genauso gut wie in Rom. Ich finde die etwas dezentere Art der Franzosen sehr angenehm. Ich mag ihre Höflichkeit und gute Laune und ihren Esprit. Ich bummle wahnsinnig gern ziellos durch die Stadt. Und ich liebe die französischen Romane ...«

»Aber ...?«

»Aber ... Es gibt da etwas, was mich umtreibt. Das hat gar nichts speziell mit Frankreich zu tun, sondern generell mit dem Ausland. Wir sind nun schon viele Jahre aus München weg, und ich vermisse meinen Job als Richterin sehr. Manchmal träume ich von meinen Akten, und es sind keine Alpträume.«

»Du langweilst dich?«

»Nein, das ist es nicht. Ich kann mich schon gut beschäftigen. Die Kinder brauchen mich hier im Ausland mehr als zu Hause. Du bist auch nicht gerade unanstrengend. Und ich habe ja mein Tennis, die Stadtführungen mit den Freundinnen, Ausstellungsbesuche, den Französischunterricht und die total netten Kochkurse bei meiner Freundin Émilie in Versailles. Langweilen tu ich mich überhaupt nicht ...«

»Aber?«

»Aber mir fehlt etwas. Etwas Eigenes. Ich habe das Gefühl, immer nur zur Unterstützung für euch, für dich und die Kinder, da zu sein, immer eine Nebenrolle zu spielen. Versteh mich nicht falsch. Ich habe ein schönes und, ja, privilegiertes Leben hier. Trotzdem würde ich gern wieder selbst arbeiten – und mich mehr mit meinen eigenen beruflichen Problemen beschäftigen als mit euren. Mit meinen Rechtsfällen statt nur mit deinen Recherchen und den Hausaufgaben von Bernadette und Nicolas. Vielen meiner deutschen Freundinnen hier geht es übrigens genauso.«

»Redet ihr darüber?«

»Ja, das hilft. Wir sind ja in einer ähnlichen Situation. Meist sind es bei den Expats doch die Männer, die arbeiten. Sie sind viel auf Reisen, auch oft gestresst, weil der Job im Ausland und der Umgang mit den Kollegen mit ihrer anderen Firmenkultur anstrengender ist als zu Hause. Wir Frauen müssen das dann auffangen, ausgleichen. Wir müssen trösten, coachen, Kontakte für die Kinder knüpfen ...«

»Und habe ich dir gesagt, wie wichtig das alles für uns ist? Dass wir ohne dich hier im Ausland nicht bestehen würden? Dass ich durch dich so viel vom französischen Alltagsleben erfahre, was ich selber nicht mitbekomme, aber als Journalist wissen muss?«

»Nicht klar genug und auf jeden Fall zu selten. Aber auch wenn ... Das ändert ja nichts. Wenn ich mich früher in München vorstellte, sagte ich: ›Ich bin Antonia und arbeite als Richterin ...‹ Heute sage ich: ›Ich bin Antonia, meine Tochter geht in die siebte Klasse, mein Sohn in die vierte, und mein Mann arbeitet hier als Journalist ...‹ Verstehst du, was ich meine?«

Ich verstehe.

Eine unserer Bekannten, eine Psychologin, hat einmal einen klugen Artikel zu dem Problem geschrieben. Die Überschrift lautet »... und was machst du?« In dem Artikel schreibt sie: »Die Partner, meistens die Frauen, haben gleichwertige Ausbildungen wie die Expats. Im Durchschnitt einen Universitätsabschluss. Sie waren in den Heimatländern berufstätig und dadurch finanziell unabhängig. Viele von ihnen wuchsen auf mit der Vorstellung, dass sie ein Leben lang arbeiten würden. Viele dachten, dass sie weiterhin Haushalt und Familienaufgaben teilen würden.« Doch das sei im Ausland meist nicht mehr möglich. Das nage am Selbstwertgefühl und bedrohe die eigene Identität. Fast jeder dritte

Partner eines Expats kehre daher vorzeitig in die Heimat zurück. Die anderen brauchten viel Kraft, sich eine neue Rolle zu schaffen. Sie schreibt: »Ich bin überzeugt, dass der primäre Grund, warum ein Partner alles aufgibt, um seine Familie voll zu unterstützen, und dadurch auf sehr viel Eigenes verzichtet, nicht ein materieller Grund ist, sondern der tiefe Wunsch, dem Partner und den Kindern das Beste zu ermöglichen.« Die Redaktion der Zeitschrift schrieb darunter: »So etwas nennt man Liebe?«

Antonia und ich können das Rollenproblem an diesem Abend nur ansprechen, aber nicht lösen. Es ist schon sehr spät, als Antonia aufsteht und nach oben geht. Auf der Treppe dreht sie sich noch mal um. Ein kleines Lächeln flackert über ihr Gesicht, als sie sagt: *»Non, je ne regrette rien.«*

Ich sitze noch lange vor dem Kamin und schaue in die Glut.

Sechzehn

Wenn Antonia mittags Pfannkuchen oder Kaiserschmarrn zubereitet, dann weiß ich: Einer unserer *ados* bringt eine Freundin oder einen Freund von der Schule mit. An diesem Tag ist es Lucas, der erst Anfang des Jahres mit seinen Eltern von Deutschland nach Paris gezogen ist. »Wie gefällt es dir denn hier, Lucas?«, fragt Bernadette den kleinen, dunkelhaarigen Jungen freundlich.

»Och, ganz gut. Die Schule ist okay. Ich habe schon Freunde.« Er deutet auf Nicolas. »Den da zum Beispiel.«

»Und wie gefällt dir Paris?«

»Gar nicht.«

»Gar nicht? Warum denn das?«

»Weil meine Eltern jedes Wochenende etwas Grässliches mit mir machen. Sie nennen es ›Stadtspaziergänge‹. Meine Mutter hat da so ein Buch, und damit laufen wir dann rum und besichtigen Kirchen, Häuser und Museen. Jedes Wochenende! Es ist wirklich furchtbar!«

Nicolas nickt weise. »Ja, ja. Ich kenne das. Von Rom und von Paris. Aber tröste dich, Lucas, nach einigen Monaten wird es besser.«

Tatsächlich hat mein Besichtigungselan ein wenig nachgelassen. In den ersten Monaten liefen auch wir mit dem Reiseführer durch die Stadt, und wenn Nicolas und Bernadette nicht bei Freunden Asyl fanden, mussten sie mit. »Die armen Kinder«, sagte eine meiner

Schwägerinnen einmal, als sie davon hörte. Tatsächlich waren wir bisweilen alle vier ein bisschen arm, wenn die Ausflugsbedürfnisse so gar nicht mehr zusammenpassen wollten. Ich erinnere mich mit Grausen an einen Besuch im Musée de l'Orangerie an einem verregneten Sonntagvormittag. Ich dachte, Monets Seerosen würden den *ados* gefallen. So kann man sich täuschen. Die beiden schimpften schon beim Anmarsch pausenlos vor sich hin. Die Schlange an der Kasse verbesserte die Stimmung nicht. Im Museum setzten sie sich demonstrativ schweigend auf eine Bank und starrten nicht die Bilder an, sondern uns, und zwar böse. Das hat den Kunstgenuss doch beeinträchtigt. Ein andermal konnte die Stimmung dann wieder bestens sein. So verlief die Besichtigung der großen Moschee von Paris überraschend harmonisch, vielleicht wegen der Exotik, sicher aber wegen der raffinierten orientalischen Süßspeisen im stimmungsvollen Café der Moschee.

Mittlerweile haben wir schon sehr viele *musts* in Paris gesehen. Für unsere Kinder brechen bessere Zeiten an. Es geht jetzt eher einmal in ein Wasserrutschenparadies namens Aquaboulevard, in den Safaripark des Schlosses von Thoiry draußen auf dem Land oder zum Einkaufsbummel nach Parly 2. Damit können alle leben.

Heute aber haben wir wieder einmal Kultur auf dem Programm. Doch diesmal bin ich mir ganz sicher, auch die *ados* dafür interessieren zu können. Ich habe über Umwege Bekanntschaft mit einem Manager der Pariser Oper geschlossen, und der hat mir eine Privatführung durch die legendäre Garnier-Oper vom Dach bis in die Unterwelt versprochen. »Heute erforschen wir das Reich des Phantoms der Oper«, kündige ich Bernadette und Nicolas an.

»Alter Falter!« und »O wie geil!«, rufen sie – der höchste Grad der Zustimmung. Beide haben einmal im Ausland das Musical »Das Phantom der Oper« gesehen und wissen also ungefähr, um was es sich handelt. Das erhöht den Gruselfaktor beträchtlich. Ich erzähle ihnen während der Fahrt mit der Metro noch, dass das Original der Geschichte von einem französischen Schriftsteller namens Gaston Leroux stammt, der seinen Roman *Le Fantôme de l'Opéra* 1910 veröffentlicht hat. Als Schauplatz für die Geschichte wählte er den bombastischen neobarocken Bau der Pariser Garnier-Oper mit seinen 2500 Türen und sieben Kellergeschossen. Hier lässt er Éric sein Unwesen treiben, einen genialischen, aber grauenhaft entstellten Menschen. Éric haust am Rande eines Sees unter der Oper, den er mit einem Nachen befährt, terrorisiert das ganze Ensemble und verzehrt sich vor Liebe zu dem Chormädchen Christine. Doch Christine wendet sich lieber dem schönen jungen Grafen Raoul zu. »Ich brauche nur geliebt zu werden, um gut zu sein«, schwört das Phantom. Aber es wird nicht geliebt. In seine dämonische Welt sollen wir nun geführt werden. Auch ich bin aufgeregt.

»Möchten Sie zuerst unten oder oben anfangen?«, fragt uns der Opernmanager, unser Cicerone.

»Lieber oben«, sagt Bernadette. »Das Spannendste heben wir uns für den Schluss auf: die verwunschenen Keller und den geheimnisvollen See.«

Der Cicerone lacht uns aufmunternd zu. Dann führt er uns hinter dem Bühnenraum über viele Treppen hinauf zum Dach mit seiner riesigen, grün angelaufenen Kupferkuppel. Je höher wir kommen, desto mehr schwindet der Gold- und Marmorglanz der Oper, desto schäbiger werden Gänge und Aufenthaltsräume. Zwischen Metallgittern schauen wir tief hinab auf die Bühne, auf der gerade Arbeiter die Kulissen für eine Ballettaufführung aufbauen. Seit der Eröffnung der modernen Bastille-Oper im Jahr 1989 konzentriert sich die Garnier-Oper vor allem auf den Tanz. Das dem Gesang verfallene Phantom hätte das bestimmt nicht goutiert.

»Schaut mal, wer ist denn das?« Bernadette deutet auf eine Gruppe mädchenhafter Gestalten, die auf einer Treppe an uns vorbeitrippeln, die Wangen gerötet, die Stirnen perlend vor Anstrengung. Aus der Ferne erklingt Klaviermusik.

»Das sind die *petits rats*«, sagt unser Cicerone.

»Die kleinen Ratten?«

»Ja. So nennen wir hier die Nachwuchstänzerinnen. Sie kommen aus einem der Hohlräume der Kuppel. Dort sind Probenräume fürs Ballett eingerichtet.«

Dann führt er uns zu einem Fenster. Wir schauen hinaus auf die Dachlandschaft der Garnier-Oper. Dahinter öffnet sich der Blick auf ganz Paris, auf die Palastfluchten des Louvre und auf den Eiffelturm, den Charles Garnier, der Erbauer der Oper, so hässlich fand. Hier oben, über den Dächern der Stadt, gestand Christine ihrem Geliebten Raoul ihr grauenhaftes Geheimnis – die Nachstellungen durch das Phantom. Ich habe den Roman von Gaston Leroux mitgenommen und lese die Passage vor. »Es graut mir davor, zu ihm zurückzukehren«, stöhnt die junge Christine.

Damals waren die Zugänge zum Dach noch offen. »Die Mitarbeiter der Oper legten sich hier oben gern in die Sonne«, erzählt unser Führer. »Sogar Partys wurden da früher gefeiert.« Heute sei aus Sicherheitsgründen alles versperrt. Dann führt er uns zu einem anderen Fenster, an das eine Leiter gelehnt ist. Draußen stehen einige hölzerne Bienenstöcke auf dem Dach. Irgendjemand betätigt sich hoch über den Boulevards von Paris als Imker. Wer ist es? »Ich weiß es nicht«, gesteht der Cicerone.

»Das Phantom«, murmelt Nicolas.

Entgegen der Behauptung Gaston Leroux' am Ende seines Romans ist das Phantom der Oper keineswegs tot. Es ist vielmehr zu einer globalen Kultgestalt geworden, ähnlich wie Graf Dracula oder Frankenstein. Zahlreiche Regisseure verfilmten seine Geschichte. Andrew Lloyd Webber faszinierte mit seinem 1986 uraufgeführten Musical »The Pantom of the Opera« bereits mehr als hundert Millionen Zuschauer. Diesen Ruhm hat Éric, das Phantom, dieses sensible Scheusal, vor allem dem Genius Loci zu verdanken, der Garnier-Oper.

Mit dem marmor- und freskentrunkenen Bau, durch den der Manager uns jetzt führt, wollte sich eigentlich Kaiser Napoléon III. schmücken. Nach dessen Sturz war es stattdessen die Bourgeoisie der Republik, die die Garnier-Oper zu ihrer Bühne, ihrem Versailles machte. In dem grandiosen Treppenhaus, der spiegelreichen Wandelhalle und dem in purpurroten Samt gehüllten Zuschauerraum feierten sich die Politiker, Unternehmer, Generäle, Künstler, Diven und Mätressen selbst. *Tout Paris* tanzte über einer düsteren Unterwelt – und das erhöhte noch den Reiz. Jedenfalls gingen schon bald Gerüchte um, es spuke in der *Opéra*.

»Wegen des hohen Grundwasserspiegels hatte Garnier seinen immens schweren Bau in eine gewaltige Betonwanne setzen müssen«, erzählt unser Führer. »Diese konnte das Wasser jedoch nicht ganz zurückhalten. Deshalb ließ der Architekt im untersten Kellergeschoss ein 5000 Kubikmeter fassendes Becken erbauen. Es wird noch heute von unseren Technikern befahren. Sie prüfen so die Sicherheit der Grundmauern.«

Die Theaterleute fürchteten sich von Anfang an vor diesem »See« und vor den scheinbar endlosen dunklen Gängen, Treppen und Räumen in der Erde, tief unterhalb der Bühne. Bei den ersten Aufführungen des neuen Hauses sollen seltsame Laute aus den Kellern gedrungen sein. Bald darauf fiel ein Gegengewicht des sieben Tonnen schweren Lüsters des Zuschauerraums herab und tötete eine Frau, erzählt unser Führer. Wir stehen mittlerweile in dem Raum und schauen skeptisch auf das Leuchter-Ungetüm unterhalb des phantastischen Deckenfreskos von Marc Chagall.

Gebannt hören wir weiter zu. »Junge Tänzerinnen berichteten damals von Gestalten, die durch die Wände wandelten. Ein Pferd verschwand auf unerklärliche Weise aus den unterirdischen Stallungen. Leroux brauchte die Erzählungen nur noch zusammenzufassen, ein Phantom hinzuzufügen und das Ganze mit einer Liebesgeschichte zu garnieren.«

Dann deutet der Administrator auf eine Loge gleich links neben der Bühne. »Das dort ist die Loge Nummer fünf«, sagt er mit ernster Stimme, als sage das alles.

»Die Loge des Phantoms?«, fragt Antonia.

»Genau! Von hier aus beobachtete es Christine auf der Bühne. Und von hier aus störte es die Vorstellungen, wenn eine andere Sängerin den Vorzug bekam. Durch diese Säule da soll das Phantom aus den Kellern in die Loge gelangt sein.«

Nicolas wiegt zweifelnd den Kopf. »Die Säule ist doch viel zu dünn.«

Doch als wir näher treten, sehen wir: So dünn ist sie gar nicht. Ein Phantom könnte sich gewiss hindurchzwängen.

»Es gibt jedenfalls einfachere Wege in die Unterwelt«, sagt der Cicerone. »Folgen Sie mir.«

Eine Eisentreppe führt von der Bühne wie von einem Schiffsdeck aus abwärts. In einem Raum darunter warten riesige, waagrecht aufgestellte Holzräder darauf, von Matrosen mit den Füßen gedreht zu werden, um so ganze Bühnenbilder nach oben schweben zu lassen. Doch diese Zeiten sind vorbei. Heute werden die Kulissen mit moderner Technik bewegt. Wir steigen weiter hinunter in die Erde. Eine unscheinbare hölzerne Tür versperrt den Weg. Sie ist mit einem robusten Zahlenschloss gesichert. Unser Führer probiert es mit einigen Kombinationen. Schließlich geht die Tür auf. »Hier beginnen die endlosen Gänge unter der Oper«, sagt er. »Das Reich des Phantoms.«

Ich vermeine, einen eisigen Odem zu spüren. Und klingt da nicht ein Seufzen aus den Tiefen? Wie muss es damals hier gewesen sein, als nur Gaslampen, Kerzen oder Fackeln die Dunkelheit durchdrangen? Auch heute erhellen die paar Neonlampen diesen riesigen Maulwurfsbau kaum. Während oben Techniker die Beleuchtung für den Abend einstellen, Kulissenschieber keuchen, die »kleinen Ratten« Ballettstücke proben und Touristen die offiziell zugänglichen Teile der Oper bestaunen, herrschen hier unten Einsamkeit und Stille. Erst allmählich gewöhnen sich unsere Ohren daran. Nun können wir doch Geräusche ausmachen. Ein Summen wie von Generatoren, ein Rauschen von Wassern und, ganz in der Ferne, das Brummen der Metro.

Diese Keller haben – ob nun mit oder ohne Phantom – eine bewegte Geschichte. »Während der Pariser Kommune im Frühjahr 1871 wurden sie als Waffenarsenale, Gefängnis und Folterkammer missbraucht«, sagt der Administrator, während wir beklommen durch die düsteren Gänge schleichen. »Noch Jahre später wurden Leichen entdeckt.« Im Zweiten Weltkrieg hätten die Menschen dann hier Schutz gesucht. Und auch während der Studentenrevolution 1968 habe die Oper als Unterschlupf gedient.

Doch es gibt auch poetische Geschichten aus der Gruft unter der Bühne. So wurden 1907 mehrere Urnen mit 24 Schellackplatten in den Kellern eingemauert, um die Stimmen von Sängern wie Caruso der Nachwelt zu erhalten. Hundert Jahre später wurden die Platten geborgen. Die Arien der Toten werden heute auf CD verkauft.

Wir laufen jetzt durch die alten Pferdeställe unter der Place de l'Opéra. Wir sehen die infernalischen Kammern, in denen einst Heizer die Kohlen in Öfen schaufelten, um viele Stockwerke höher Sänger und Publikum mit Wärme zu umschmeicheln. Unter niedrigem Ziegelgewölbe stehen Kisten mit ausrangierten Rauchmaschinen und den Accessoires längst vergessener Tourneen.

»Und wo ist der See?«, fragt Bernadette.

»Gibt es den überhaupt?«, zweifelt Nicolas.

»Es gibt ihn. Kommen Sie mit.«

Der Moment der Wahrheit ist gekommen. Es geht eine weitere Treppe hinab – zum See. Ich denke an den Roman, in dem Raoul den Rat erhält: »Nähern Sie sich nie dem See! Und halten Sie sich vor allem die Ohren zu, wenn Sie die Stimme unter Wasser singen hören, die Stimme der Sirene!«

»Irgendjemand hält da drinnen Goldfische.« Die Stimme, die wir das sagen hören, gehört nicht der Sirene, sondern dem Cicerone. Er deutet zu Boden. Dort, unter der untersten Betondecke der Oper, liegt der See begraben. Einige große, vergitterte Luken erlauben den Blick in das geheimnisvolle Becken. Grünlich schimmert das Wasser. Ein eiskalter Hauch weht herauf, wie der Atem des Todes. Eine Eisenleiter führt mitten in den See hinab.

Als wir uns zur Wasserfläche beugen, schwimmen tatsächlich einige Fische nach oben. Nicolas, ein großer Aquarianer, ist hingerissen. »Wem gehören denn die Goldfische? Wer hat sie da hineingetan? Wer füttert sie?«, löchert er unseren Führer.

Der zuckt nur mit den Achseln. Ob das Phantom sich Zierfische hält? Und überhaupt: Spukt es noch heute in der Oper von Paris?

»Es geschehen immer noch seltsame Dinge.«

»Zum Beispiel?«

»Einmal ist zwischen zwei Szenen plötzlich das Licht im Orchestergraben erloschen. Die ganze Aufführung musste unterbrochen werden.« Éric, Christine und Raoul aber seien seines Wissens in den vergangenen hundert Jahren nie wieder hier gesichtet worden. Warum auch. Das Phantom, seine Angebetete und deren Liebhaber müssen sich nicht mehr in diesen Gewölben herumtreiben. Sie sind längst unsterblich geworden – in der Literatur, im Film und auf den Bühnen der Welt.

Auf der Heimfahrt mit der Metro sinniert Nicolas laut vor sich hin. »Ich weiß nicht, was mein Freund Lucas hat. Ich finde Stadtspaziergänge in Paris total cool.«

Das Schöne am Korrespondentenleben ist eine gewisse Freiheit bei der Auswahl der Sujets. Gewiss, es gibt Pflichtthemen, die über alle Nachrichtenagenturen und Info-Webseiten auf den Schirmen meiner Kollegen in München einlaufen. Wahlkampf. Regierungsbildung. Streiks. Ein Serienkiller im Raum Toulouse. Eine mögliche Scheinschwangerschaft Carla Brunis. In Frankreich gibt es mehr solcher Pflichtthemen als in Italien, weil Frankreich als wichtiger für Deutschland, Europa und den Euro gilt. Deswegen war mein Journalistenalltag in Rom freier als in Paris. Doch auch hier gibt es mal ruhigere Zeiten, in denen ich mich neben dem Phantom der Oper den starken Frauen im Cognac-Gebiet oder einem Schokoladen-Künstler widmen kann. Das sind die Schokoladenseiten im Korrespondentenleben, zumindest empfinde ich es so.

Immer mal wieder kommt aber auch aus der Redaktion ein Vorschlag für einen Artikel jenseits der Tagesaktualität. Es klingelt das Telefon, und der Kollege sagt: »Störe ich gerade?« Das würde er nie sagen, wenn es um Aktuelles ginge. Dann fährt er fort. »Wir hätten da so eine Idee …«

Nun schrillen beim Korrespondenten alle Alarmglocken. Denn diese Ideen sind entweder illusionär (ein Interview mit Carla Bruni in Joséphines Badewanne im Palast des deutschen Botschafters), bizarr (ein psychologisches Landesporträt anlässlich einer Selbstmordwelle bei France Télécom) oder mit sehr viel Arbeit verbunden. Um letzteren Fall geht es nun.

Das Telefon klingelt, ich hebe ab, und ein Kollege meldet sich, der sich besonders für Frankreich interessiert. Das sind die gefährlichsten. »Störe ich gerade?«

Natürlich stört er. Denn ein Korrespondent ist, dem Soldaten ähnlich, immer im Dienst und somit immer bei der Arbeit. Daher antworte ich: »Aber nein. Du störst überhaupt nicht. Ich miste nur gerade den Meerschweinchenstall aus, koche das Mittagessen für die Kinder – meine Frau ist in Deutschland – und schreibe an einem aktuellen Artikel über die Euro-Krise. Was kann ich für dich tun?«

Der Kollege lässt sich nicht irritieren. Es kommt, was kommen muss. Er sagt: »Wir hätten da so eine Idee …«

»Jaaa …«, sage ich gedehnt, um ein wenig Zeit zu gewinnen, den Schock zu verarbeiten.

»Wir hatten doch schon lange nichts mehr über die *banlieue*. Mit ›e‹ am Ende – du erinnerst dich an den Leserbrief. Hahaha!« Der Kollege prustet vor Lachen, weil ich in meiner Anfängerzeit die *banlieue* ohne ›e‹ am Ende geschrieben habe. Er fährt fort: »Da gab es doch vor einigen Jahren diese Aufstände. Die Jugendkrawalle. Brennende Autos, Schulen, Polizeistationen. Hat die Pariser *banlieue* noch immer Feuer? Wir glauben: Ja. Darüber hätten wir gern ein großes Stück. Fahr doch mal in die *banlieue* und schreib das auf.«

Putain! Ich lasse mich im Schreibtischsessel zurücksinken und atme tief durch. Die *banlieue*. Ein weites Feld. Und, ich gestehe es ungern, eine gute, eine überfällige Idee aus der Münchner Redaktion. Darauf hätte ich selbst kommen können. Nun leben wir schon bald ein Dreivierteljahr hier, und ich habe noch nichts Längeres über die *banlieue* geschrieben. Wobei der Kollege nicht Saint-Cloud und die anderen begüterten Vororte im milden Westen meint, sondern die Trabantenstädte im wilden Norden und Osten. Clichy-sous-Bois. Le Blanc-Mesnil. Bobigny. Saint-Denis. Die Klischees dazu lauten: Plattenbausiedlungen, arme Einwandererfamilien, Arbeitslosigkeit, Schulabbrecher, Drogen, Kriminalität, Wut, Resignation. Leider kommen diese Klischees der Wirklichkeit oft recht nahe.

Nun soll ich keinen soziologischen Bericht liefern, sondern eine Reportage. Was tun? Wo anfangen? Die Lösung liegt ganz in der Nähe. Napoléon. Ich klingle am Hexenhäuschen von Madame Delacroix. Napoléon kommt heraus. Er hat sich einen alten Wollpullover um den Kopf gebunden. Es ist kalt.

»Sie wollen also die *banlieue* kennenlernen«, sagt Napoléon mit leicht ironischem Unterton, als wir in dem winzigen Wohnzimmer mit der zugigen Glasveranda bei einem Espresso sitzen. »Da brauchen Sie jemand, der Ihnen das zeigt. Am besten mich.«

Bald darauf brechen wir an einem sehr frühen Morgen auf. Antonia begleitet uns. Es ist noch dunkel. Napoléon hat auf extravaganten Kopfputz verzichtet – er trägt heute Kapuzenjacke. Wir fahren gemeinsam von Saint-Cloud zum Bahnhof Saint-Lazare. Napoléon rät uns, mal auf die Fahrgäste zu achten. Männer in Anzügen und dunklen Mänteln, Frauen in Kostümen oder Hosenanzügen und ebenfalls dunklen Mänteln. Viele Aktentaschen. Ernste Mienen. Es geht zur Arbeit. An der *gare Saint-Lazare* steigen wir in die S-Bahn der Linie E nach Noisy-le-Sec um. Napoléon tippt uns an: »Und jetzt achtet wieder auf die Fahrgäste.« Waren es bislang noch überwiegend weiße Franzosen, so sehen wir nun immer mehr Menschen nordafrikanischen Ursprungs und Schwarze. Sie sind ebenfalls proper gekleidet, aber längst nicht so teuer wie auf der Strecke Saint-Cloud – Saint-Lazare. Manche der schwarzen Frauen haben den Kopf voller kunstvoll geflochtener Zöpfchen, andere tragen das Haar sorgfältig glattgeföhnt. Jugendliche mit Kapuzenjacken, wie sie Napoléon trägt, springen an den Haltestellen raus und rein. Arabische Laute mischen sich mit Französisch.

In Noisy-le-Sec steigen wir aus. Eine Mischung aus Einfamilienhäusern, Siedlungen und Hochhausblöcken empfängt uns. Wir steigen in die Trambahn T1, die nach Saint-Denis führt. Die Waggons sind in freundlichem Blaugrün gehalten, mit großen Panoramafenstern. Es ist unglaublich voll. Die Menschen stehen dicht aneinandergepresst. »Sehen Sie, wie viele Schwarze hier sind«, raunt uns Napoléon zu. »Wir fahren nun durch die arme *banlieue*. Vergleichen Sie mal die Umgebung mit der Innenstadt von Paris. Dazwischen liegen nur ein paar Kilometer, und es sind doch ganz verschiedene Welten.«

17 Kilometer lang geht es jetzt durch mehr oder weniger triste Vorstädte von Noisy-le-Sec über Bobigny und La Courneuve nach Saint-Denis. Es ist das Kampfgebiet der Vorstadtunruhen von 2005. Wie eine futuristische Illusion durchquert die hochmoderne Trambahn bescheidene alte Stadtkerne, soziale Wohngebiete und Industriebrachen. Graue Wohnwaben wachsen in einen grauen Himmel. Kahle Bäume stre-

cken ihre Äste empor wie in einem stummen Schrei. Dazwischen sieht man immer wieder neugebaute Mehrfamilienhäuser und seltsam kahle, überdimensionierte öffentliche Plätze mit ein wenig Kunst am Bau und spärlicher Bepflanzung. Die Szenerie wirkt nicht elend, aber oft trostlos. »Der Staat und die Städte investieren viel in Beton, in neue Sozialwohnungen«, sagt Napoléon. »Aber sie tun viel zu wenig für Schulen, Jobs, Polizei. In mancher dieser Trabantenstädte ist fast jeder zweite Jugendliche ohne Arbeit.«

Antonia hat einen Sitzplatz gefunden. Dort unterhält sie sich mit einer jungen Romni, die gerade mit dem vierten Kind schwanger ist, und mit einer tiefverschleierten Muslimin, die von ihren Fehlgeburten erzählt.

Ich selber bleibe neben Napoléon stehen. Während der Fahrt erzählt er mir von seiner Jugend und seiner Familie. Nachdem der Vater die Mutter mit ihm und drei weiteren Geschwistern sitzengelassen hatte, fand die Mutter eine Arbeit als Concierge in einem Sozialwohnungsblock von Saint-Denis. So hatten sie wenigstens etwas Geld und eine Wohnung. Doch die Mutter hatte nicht viel Zeit für Napoléon und seine Geschwister. »Wir wuchsen mehr oder weniger alleine auf. Wir spielten in Treppenhäusern, Hauseingängen und leerstehenden Wohnungen.«

Er selber habe die Schule abgebrochen, denn das sei nicht so sein *»truc«* gewesen. Danach habe er als Hilfsarbeiter in einem Halal-Supermarkt gejobbt, habe etwas mitgehen lassen, sei rausgeflogen. »Ich hab' ein paar Drogen genommen, ein bisschen gedealt, mal ein Auto aufgebrochen, so Sachen halt. Wie einige meiner Kumpels. Andere sind immer zum Imam in eine Kellermoschee gegangen, das gab ihnen etwas. Aber das mit der Religion war nicht so mein Ding.«

Ein paarmal habe ihn die Polizei erwischt, zwei oder dreimal sei er verurteilt worden. »Und wer weiß, wo ich heute wäre, wenn mich meine Cousine da nicht rausgeholt und mir den Job in Saint-Cloud verschafft hätte.«

Seine Cousine, die sei ein tolles Mädchen, die habe sich nie runterziehen lassen vom Leben, sie sei sauber geblieben, habe die Schule beendet und dann gleich zu arbeiten angefangen. »Ich hab' mich oft gefragt: Warum war ich nicht so?«

Vielleicht waren Ihre Lehrer überfordert, Napoléon? Vielleicht fehlte Ihnen der Vater? Vielleicht hatten Sie die falschen Freunde? Und vielleicht hätten Sie, auch wenn Sie gewollt hätten, überhaupt keinen Job gefunden mit Ihrem Nachnamen und Ihrer Wohnadresse? Vielleicht hatten Sie das Pech, am falschen Ort geboren und aufgewachsen zu sein? Doch ich sage nichts. Es gibt keine einfachen Erklärungen und Lösungen für die Probleme der *banlieues*.

»Es war aber auch schwer für mich und meine Kumpels als Jugendliche«, fährt Napoléon fort. »Was sollten wir in der Freizeit machen? Es gab da, wo ich aufgewachsen bin, kaum Kinos oder Jugendclubs. Und nach Paris zu fahren dauerte ewig. Denn es gab auch keine Metrostation und keine Straßenbahn in der Nähe. Immerhin dafür wird heute mehr getan.«

Wir erreichen Saint-Denis, steigen bei der Abteikirche des heiligen Dionysius aus. Ein ganz anderes Bild als auf der bisherigen Fahrt erwartet uns: ein urbaner, gepflegter Platz, umgeben vom alten Rathaus, gemütlichen Brasserien und der Kathedrale, die als Ursprung der Gotik gilt. Zu der Stelle, wo sie sich heute erhebt, soll einst Dionysius vom Montmartre aus gelaufen sein, seinen Kopf in den Händen, um hier begraben zu werden. Im Inneren der Kirche zeigt uns Napoléon die

Grabplatten und Mausoleen der französischen Könige, ihrer Frauen und Kinder. Wir besuchen Karl Martell und Dagobert I., Heinrich II. und Katharina von Medici. Ein Doppelgrabmal zeigt den unglückseligen Ludwig XVI. und seine Frau Marie Antoinette in Überlebensgröße beim Beten. Die Kathedrale wirkt wie die Schatzkammer des alten Frankreich und seiner grandiosen Geschichte.

Draußen spielen sich derweil Geschichten eines neuen, bunten Frankreich ab. Vor dem Rathaus fahren in geschmückten Limousinen verschiedene Hochzeitsgesellschaften vor. Zuerst eine schwarze. Die Mädchen in ihren glänzenden weißen Kleidern sehen wie kleine Bräute aus, die Jungen haben weiße Anzüge an. Hinter ihnen kommen die Damen in grünen, türkisfarbenen und korallenroten mit Pailletten besetzten und dichtbestickten Gewändern. Ihre Frisuren haben sie mit Hilfe von Tüchern und Federn zu aparten Kreationen aufgetürmt, die an Vogelnester erinnern. Die Männer tragen entweder glänzende graue und schwarze Anzüge oder hellblaue, bestickte Galabijas. Wir sitzen bei einem Glas Bier unter den Heizpilzen einer Brasserie-Terrasse und staunen.

Als Nächstes folgt eine nordafrikanisch anmutende Gesellschaft, die Brautmutter tiefschwarz verschleiert. Als das Brautpaar im offenen Wagen anrollt, wird es mit gellenden Zungenträllern begrüßt. Eine vorbeikommende Romni ruft: »Aber es gibt ja gar keine Musik«, und fängt an zu klatschen und zu singen. Daraufhin stellt der Fahrer des Brautwagens das Autoradio an. Nun ertönen nordafrikanische Gesänge.

Ein paar Schritte weiter, in Sichtweite der Kathedrale, erstreckt sich ein exotischer Markt mit karibischem, afrikanischem und orientalischem Flair in gusseisernen Hallen und auf den umliegenden Straßen. Frankreichs Könige würden sich die Augen reiben, wenn sie sähen, was hier alles vom Volk gekauft wird. Gewürze in allen Farben, Früchte aus allen Ländern, fremdländische Gemüseknollen, Kochbananen, Dutzende Sorten von Käse, erlesene Pasteten, ganze Schweinsköpfe, komplette Truthähne, Kalbsfüße, Rinderzungen, allerlei klebrige Innereien, prächtige Blumen, aber auch bestickte Tischtücher, Schleier und Koran-Bücher. Ladenbuden tragen Aufschriften wie *Beauty Afrique* oder *Boucherie Arabe*. Es gibt Nagelstudios und Geschäfte mit allen erdenklichen Perücken und Haarteilen, Garküchen, Kartenleser. Durch die Gassen drängen sich afrikanische Mamas mit ausladenden Hinterteilen, ihre Babys mit Tüchern auf den Rücken gebunden, Juden mit der Kippa auf dem Kopf, Muslime in weißen Gewändern. Man feilscht, lacht und schimpft und wird dabei übertönt von den Händlern, die die grünsten Bohnen oder die würzigsten Basilikum-Bündel anpreisen. Antonia und ich sind verblüfft. Eine derartige Szenerie hätten wir auf dem Djemaa El Fna, dem Marktplatz von Marrakesch erwartet, aber nicht hier, vor den Toren von Paris.

Napoléon schaut uns amüsiert an. »Willkommen in Frankreich«, sagt er dann. »Auch wenn Monsieur Rosard das nicht wahrhaben will: Die meisten Menschen hier sind französische Bürger, so wie ich auch. Sie wünschen sich ordentliche Jobs, bessere Schulen und ein schöneres Leben für ihre Söhne und Töchter. Doch manchmal haben sie den Eindruck, dass die Republik nicht alle ihre Kinder akzeptiert.«

Antonia und ich lassen all die Eindrücke erst mal auf uns wirken. Die Kathedrale mit den Königsgräbern und der Markt von Saint-Denis – Frankreich ist ganz schön vielfältig.

Siebzehn

Gut, dass wir schon mit Napoléon unterwegs waren, denn jetzt hätte er keine Zeit mehr. Wir sehen, wie er am Haus von Madame Delacroix alle Fensterläden verriegelt und schwere Koffer zum Auto hinausträgt. Dann kommt Madame selbst mit ihrem Stöckchen mit Silbergriff. Sie trägt einen Strohhut und strahlt übers ganze Gesicht.

»Wir fahren in Urlaub, Monsieur Ülrìsch«, ruft sie mir zu. »Endlich rührt sich wieder was. Hier ist es im Winter doch arg ruhig.«

»Wo fahren Sie denn hin, Madame Delacroix?«

»In die Gegend von Roscoff, in der Bretagne. Ich habe da ein kleines Ferienhaus mit Hortensien und Palmen im Garten. Es ist sehr romantisch.«

»Palmen? In Roscoff?«, frage ich ungläubig. »Das liegt doch in der Nordbretagne. Ist es da nicht saukalt, *putain. Pardon.* Und das um diese Jahreszeit? Warum fahren Sie denn nicht lieber an die Côte d'Azur?«

»Ach was«, sagt Madame Delacroix, und ihre Augen blinzeln listig, als verrate sie mir jetzt ein großes Geheimnis. Sie winkt mich zu sich her. Ich beuge den Kopf zu ihr hinunter. Sie flüstert: »In meiner Ecke der Bretagne herrscht ein Mikroklima. Ein Mi-kro-kli-ma, Sie verstehen? Da ist es selbst im Winter ganz mild.«

Ich verstehe. Viele unserer französischen Freunde und Bekannten haben in der näheren oder weiteren Familie ein Ferienhaus irgendwo am Meer, in das sie seit Generationen fahren. Erstaunlicherweise herrscht immer genau dort ein besonders angenehmes Mikroklima. Die ganze Atlantik- und Ärmelkanalküste von Biarritz über Brest und Cherbourg bis Boulogne-sur-Mer muss aus einer ununterbrochenen Abfolge von Mikroklimata bestehen, so dass man eigentlich schon von einem Makroklima sprechen müsste. Aber das hören unsere Freunde nicht gern. Also sage ich zu Madame Delacroix: »Sie Glückliche! Überall ist es noch so unwirtlich kalt, und Sie können in die Wärme fahren.«

Das hört Madame Delacroix gern. Sie wird ganz gesprächig und erzählt, nur die Pariser »da unten« führen an die Côte d'Azur. »Wir hier im Westen, auf den Seine-Höhen und in Versailles, fahren in die Bretagne.« Schon ihre Urgroßeltern hätten das Ferienhaus dort gekauft. Sie selbst sei in ihrer Kindheit jeden Sommer viele Wochen dort gewesen. »Mit meinen ganzen Cousins und Cousinen. Das war ein Leben!«

Napoléon hält bereits den Wagenschlag auf. Er trägt heute weder Kapuzenshirt noch Strumpfhosenturban, sondern eine beige Hose, ein beiges Hemd und eine dunkle Sonnenbrille. Er sieht aus, als fahre er auf Safari. Ich finde das etwas übertrieben, schließlich regnet es leicht, und wir haben gerade mal sieben Grad. Aber sie reisen ja in ein Mi-kro-kli-ma.

Das Frühjahr naht mit Brausen in Saint-Cloud. Erst zerrt tagelang ein stürmischer Westwind vom Atlantik an unseren Fensterläden und Nerven. Dann wird es plötzlich ganz ruhig und sonnig und mild. Ich hole mir morgens meine Tasse Kaffee, gehe in unser Gärtchen und staune. Die vergangenen Tage hatte ich viel Arbeit und kaum ein Auge für die Natur. Daher ist es für mich quasi über Nacht Frühling geworden. Und das schon Mitte März. Die Magnolie auf dem Grundstück gegenüber hat sich einen Mantel aus leuchtend violetten Blüten übergeworfen. Die Knospen in Élodies Garten sind bereits am Aufplatzen. Und bei uns? Prunken Tulpen und Narzissen auf den Gräbern von Susi und Jakob Brödler. Es ist so mild, dass ich bereits die frostempfindliche Engelstrompete aus der Garage hole, wo sie zurückgeschnitten in einem Topf überwintert hat. Sorgfältig grabe ich sie im Garten wieder in die Erde ein. Monsieur Rosard schaut über die Hecke und meint: »Das ist aber riskant. Es kann durchaus noch Frost geben.«

Ich schüttele den Kopf und sage: »Wir haben in unserem Gärtchen ein Mikroklima.«

So muss es wohl sein. Denn zwei Wochen später blühen bei uns bereits die weißen Rosen, und zwar zu beiden Seiten der Wohnzimmertür. Rechts wächst ein Stock, den wir hier schon vorgefunden haben. Links gedeiht der Busch, den wir in Rom auf unserer Terrasse hatten und dann hierher verpflanzt haben. Jetzt, wo beide mit gefüllten weißen Blüten übersät sind, merke ich, dass sie praktisch der gleichen Sorte angehören. Die italienische und die französische Rose im Blühen vereint – wenn das kein gutes Omen ist.

Wenn Bernadette am Nachmittag von der Schule heimkommt, setzt sie sich jetzt gern mit einem Vampirroman in den Garten. Sie lehnt sich an die Hauswand, liest ein bisschen und genießt die Frühjahrssonne auf der Haut. Manchmal lackiert sie sich die Fußnägel. Auch Élodie, unsere schöne Nachbarin, die mit ihrer Arbeit im Hundesalon nicht immer voll ausgelastet ist, sonnt sich gern in ihrem Garten. Sie liest keine Vampirromane, lackiert sich aber ebenfalls die Fußnägel. So kommen Bernadette und Élodie durch die lichte Hecke hindurch ins Gespräch. Meine nun bald 13 Jahre alte Tochter und die fünfzehn Jahre ältere Nachbarin haben mehr gemeinsam, als man meinen könnte. Beide fotografieren leidenschaftlich, begeistern sich für Design, Frisuren, Mode, kurzum, für die kreativen und ästhetischen Dinge im Leben. Élodie wollte eigentlich Modeschöpferin werden. Dass sie Managerin eines Hundesalons wurde, war so nicht geplant. Aber immerhin arbeitet sie in der Schönheitsbranche.

Bernadette wiederum interessierte sich schon als ganz kleines Mädchen für die Mode. Als sie gerade zwei Jahre alt war, verbrachten wir den Sommerurlaub in dem ligurischen Bilderbuch-Küstenstädtchen Noli. Wir hatten eine Ferienwohnung mit Terrasse. Auf der Nachbarterrasse spielte ein vielleicht sechs Jahre alter Junge namens Alberto. Eines Nachmittags zog Bernadette nacheinander alle ihre Kleider an, um sie dem kleinen Italiener vorzuführen. »Alberto!«, flötete sie, wenn sie in einem neuen Dress am Zaun stand. »Alberto! Schau!«

Leider interessierte sich Alberto damals mehr für halbautomatische Plastikwaffen. Von wegen Latin Lover. Bernadettes Freude an der Mode tat das aber keinen Abbruch. In Paris kann sie dieses Hobby nun richtig ausleben. Sie liebt es, mit Freundinnen ins Einkaufszentrum von La Défense zum Shoppen zu gehen, wobei sich die diensthabenden Eltern strikt und vor allem dezent im Hintergrund zu halten haben. Nach Stunden kommen die jungen Damen dann mit einem T-Shirt oder einer Mütze zurück, die sie von ihrem Taschengeld gekauft haben. Und sie schwärmen von all den Kleidern, Schuhen und Taschen, die sie sich später einmal kaufen möchten. Darüber diskutieren sie dann bei einem *chocolat chaud* im Starbucks von La Défense.

Doch Bernadette belässt es nicht beim Einkaufen. Sie hat auch schon, mit Hilfe ihrer Oma, Modellkleidchen genäht. Die zeigt sie jetzt Élodie über den Zaun. Élodie führt Bernadette dafür ihre neuesten Einkäufe vor. Es sind all die Kleider, Schuhe und Taschen, die auch Bernadette einmal haben möchte. Entweder geht Élodies Hundesalon sehr gut – oder sie hat sehr großzügige Eltern. An ihrem *petit ami* kann der Luxus nicht liegen, denn von dem hat sie sich ja getrennt. Auch deswegen sitzt sie jetzt ziemlich oft allein im Garten und freut sich auf die Gespräche mit Bernadette. Manchmal leiht sie ihr sogar eine Bluse oder einen Schal. Und einmal erwische ich Bernadette, wie sie morgens mit knallroten hohen Plateauschuhen in die Schule abziehen will. »So gehst du mir nicht aus dem Haus«, sage ich.

Natürlich geht sie so aus dem Haus.

Im Laufe des Frühjahrs werden Bernadette und Élodie ziemlich gute Freundinnen. Bernadette hört sich Élodies Liebeskummer an und gibt ihr Ratschläge aus den Vampirbüchern. Élodie revanchiert sich mit Mode- und Kosmetiktipps. Manchmal kämmen sie gemeinsam unsere verbleibenden beiden Meerschweinchen und stutzen ihnen die Krallen. Nur lackiert haben sie die bislang nicht.

Auch ich profitiere von dieser Freundschaft. Zum einen, weil der Anblick Élodies nicht wirklich unangenehm ist. Zum anderen, weil ich nun immer eine gutinformierte Ansprechpartnerin habe, wenn die Redaktion irgendetwas über das Alltagsleben der Pariser und vor allem der Pariserinnen wissen will. Und das kommt ziemlich häufig vor.

Das Telefon klingelt. »Störe ich dich gerade beim Champagner-Frühstück?«, fragt der Kollege aus München.

»Überhaupt nicht«, sage ich. »Ich schlürfe nur noch schnell die letzte Auster aus.«

»Wir hätten da so eine Idee«, sagt der Kollege. Würde ich gerade wirklich eine Auster schlürfen, sie bliebe mir im Halse stecken.

Die Idee: Die Redaktion plant eine Sonderseite darüber, wofür die Menschen im krisengeschüttelten Europa ihr Geld ausgeben und wofür nicht. Ich solle mich mal bei den Parisern umhören. Also gehe ich hinüber zu Élodie. Sie trägt schon jetzt, im April, ein kurzes Sommerkleid und die roten Schuhe, die ich bereits an Bernadette bewundert habe. Ich verkneife mir gerade noch ein »So gehst du mir nicht aus dem Haus« und sage stattdessen: »Élodie, für was geben deine Pariser Freunde und du eigentlich ihr Geld aus?«

»Das siehst du doch«, antwortet sie lachend. »Für Klamotten. Im Ernst: Ich glaube, dass wir Franzosen deutlich mehr für Kleidung, Kosmetik und Friseur ausgeben als zum Beispiel ihr Deutschen oder gar die Engländer. Bei uns leisten sich auch die Frauen in armen Stadtvierteln Parfums von Dior oder Chanel.« Das war mir bei meiner Recherche in der *banlieue* auch schon aufgefallen. »Und natürlich gönnen wir uns regelmäßig einen Schönheitssalon. Ich kenne keine Pariserin, die sich selbst die Beine epiliert.«

Nun bin ich aus Recherchegründen gezwungen, Élodies makellose, schon leicht gebräunte Beine zu betrachten.

»Die Ausgabe lohnt sich«, erkenne ich an. »Und wenn euch nach dem Epilieren noch Geld übrig bleibt, was macht ihr dann damit?«

Die Antwort kommt sofort: »Essen gehen. Oder was Gutes zum Essen kaufen. Das gilt eigentlich für Leute aus allen Schichten. Auch in Durchschnittsfamilien werden bei Festen Gänseleber, Austern und feinste Patisserien aufgetischt. Die Qualität muss dabei erstklassig sein. Ich selber kaufe Fleisch nur beim Metzger, Fisch nur beim Fischhändler und Obst und Gemüse frisch auf dem Markt von Garches. Gutes Essen, das ist einfach Teil unserer Kultur.«

»Komisch«, sage ich. »Ihr Franzosen esst gut und teuer, kauft euch schicke Klamotten und investiert viel

Geld in eure Schönheit. Aber eure Löhne und Gehälter sind eher niedriger als in Deutschland. Wie macht ihr das?«

Élodie legt ihre Alabasterstirn in Falten – ihre Kosmetikerin wird das gar nicht gern sehen. Dann sagt sie: »Ich kenne Deutschland nicht so gut, aber ich könnte mir vorstellen, dass ihr Deutschen mehr Geld fürs Wohnen ausgebt.« Viele Franzosen lebten mit drei oder mehr Kindern auf 80 Quadratmetern. »In manchen Familien schlafen die Eltern auf dem Klappbett im Wohnzimmer, damit ihre Kinder mehr Platz haben.« Da aber auch kleine Wohnungen in Paris sehr teuer seien, werde zudem an der Einrichtung gespart. Man begnüge sich mit ein paar ererbten Antiquitäten und verzichte auf Einbauküchen. Auch am Auto – in der Regel nur eins pro Familie, zum Leidwesen von Peugeot und Renault – sparten die Franzosen. »Aus großen Wagen oder renommierten Marken machen wir uns nicht allzu viel.«

»Und wie ist es mit dem Reisen?«, will ich wissen.

»Oh, wir reisen viel, schon weil die Wohnungen so eng sind. In den Ferien zu Hause bleiben, um es sich dort schön zu machen – das gibt's nicht. Hör dich mal bei unseren Nachbarn hier im *hameau* oder bei den Parisern um. Du wirst merken: Sie fahren so oft wie möglich weg, am liebsten ans Meer, und gern auch zwischendurch über ein verlängertes Wochenende. Wir nennen das dann ein *p'tit week-end.*«

»Das finde ich aber seltsam. Die Pariser vergöttern doch Paris – und fliehen dennoch bei jeder Gelegenheit?«

»Wir Pariser vergöttern Paris, aber wir verteufeln die anderen Pariser. Wir finden sie hochnäsig, snobistisch, rücksichtslos und gefühlskalt. Zudem ist das Leben in unserer Stadt für die allermeisten total anstrengend. Sie arbeiten viel und sind ständig in Eile. Schau dir mal die Gesichter der schicken Pariserinnen genau an, die überall als Sinnbild einer raffiniert-verführerischen Großstädterin gelten. Manche haben einen Zitronenmund, weil die Diskrepanz zwischen Anspruch und Alltag sie ständig säuerlich lächeln lässt. Wegen all dem Stress hangeln wir uns von Urlaub zu Urlaub und von Wochenende zu Wochenende. Danach freuen wir uns dann allerdings wieder auf Paris.«

Während wir uns unterhalten, hat Élodie mir ein Glas Wein angeboten und allerlei orientalische Knabbereien auf den Tisch gestellt. Banale Salzbrezeln tun es bei ihr nicht. Am besten schmeckt mir so eine Art knuspriger Oblaten, die mit Kümmel bestreut sind. In der Mitte des Couchtischs steht noch eine Schale mit weiteren ein wenig dickeren, dunkel gebackenen Oblaten. Sie sehen sehr lecker aus. Da ich immer gern Neues zum Essen ausprobiere, beuge ich mich vor und nehme eines der runden Gebäckstücke. Élodie malt gerade die Freuden eines Wochenendes auf dem Lande aus, die Spaziergänge am Strand, die Tafelrunden mit den Freunden ... Ich stecke die Oblate in den Mund. Sie schmeckt seltsam fad, ohne jede Würze. Auch lässt sie sich kaum zerbeißen. So fest ich meine Zähne auch daraufdrücke, das verdammte Gebäckstück zerbröckelt nicht. Ich kaue und kaue, vergeblich. Ich greife nach dem Weinglas – da fällt mein Blick auf den kleinen Korkuntersetzer. Er gleicht verblüffend meiner Oblate ... *Putain!* Zum Runterschlucken ist das Teil zu groß. Es einfach ausspucken kann ich vor Élodie auch schlecht. Wie soll ich ihr erklären, dass ich ihre Korkuntersetzer futtere? Da glaubt sie noch, wir Deutsche verstünden nichts vom Essen. So stopfe ich die Scheinoblate in meine rechte Backentasche. Natürlich fällt Élodie etwas auf: »Du hast plötzlich so eine dicke Backe, Stefan!«

Au Backe! »Ich habe Probleme mit meinem Weisheitszahn«, lüge ich. »Gerade tut er mir wieder besonders weh. Vielleicht habe ich zu fest auf ein Korn Kümmel gebissen.«

»Da musst du zu Aurore gehen«, sagt Élodie fürsorglich. »Die ist eine hervorragende Zahnärztin.«

»Impec!«, bestätige ich mit etwas undeutlicher Aussprache.

Zum Glück komplimentiert Élodie mich jetzt hinaus. Sie muss noch packen, für ein *p'tit week-end* im Ferienhaus ihrer Eltern bei La Baule. Dort gebe es so ein Mikroklima.

Als wir über die Pariserinnen und ihre Ausgaben sprachen, hat mich Élodie noch auf eine Idee gebracht. Ich solle doch mal einen Artikel über Parfum schreiben. Das sei doch ein duftes Frühlingsthema. »Meine Freundin arbeitet übrigens als *nez*, als Nase«, sagte sie noch. »Mit der solltest du einmal sprechen.«

Als Nase? Wahrscheinlich jobbt sie mit Pappnase im Zirkus, überlege ich mir. »Warum soll ich mit einem Clown sprechen, wenn ich über Parfum schreiben will?«

»Sie ist doch kein Clown! Als *nez* bezeichnen wir in Frankreich Parfümeure. Leute, die Parfums kreieren. Weil sie so eine feine Nase haben.«

Das hat mich auf den Geruch gebracht. Und so befinde ich mich nun, eines schönen Frühlingsabends, im tiefen Süden Frankreichs, um das Reich des Parfums zu erkunden. Es gibt schlimmere Dienstreisen. Ich stehe auf einer Aussichtsterrasse und sauge die Stimmung in mich auf. Wenn die Showrooms der Parfumfabriken ihre Türen schließen und die Touristenbusse abfahren, dann beginnt Grasse zu duften. Aus den Parks, Gärten und Feldern der Hügelstadt hinter der azurblauen Küste steigen die Düfte von Rosen, Jasmin, Orangenblüten, Pinien und Ginster zu mir empor. Aus der Ferne spüre ich den salzigen Hauch des Meeres herüberwehen. Sogar nach Mimosen scheint es zu riechen, obwohl sie schon verblüht sind. So duftet Grasse, die alte Welthauptstadt der Parfümeure. Die Nacht sinkt herein. Schon wähne ich Jean-Baptiste Grenouille durch die gewundenen Gassen streifen, den mörderischen Duftmischer aus Patrick Süskinds Roman »Das Parfum«, auf der Jagd nach junger Mädchenblüte. Doch Grenouilles Zeit ist längst vergangen. Grasse aber betört noch immer die Menschen. Auch Virginie Vert ist hier der Welt der »Nasen« verfallen. Als junges Mädchen ist sie einmal mit ihren Eltern nach Grasse gereist. Das hat ihr Leben verändert. Heute komponiert sie selbst Düfte.

Virginie Vert konnte mich nicht nach Grasse begleiten. Denn sie arbeitet wie die meisten modernen Parfümeure in Großstädten wie Paris. Doch ich konnte sie vor meiner Abreise nach Grasse treffen, und seitdem weiß ich ganz genau: Ja, es gibt auch in Frankreich magische Realisten, genauso wie in Italien. Denn Virginie Vert gehört auf jeden Fall dazu.

Die junge »Nase« empfing mich in einem geruchsfreien Besprechungsraum eines Aromen- und Duftstoffkonzerns in einem Nobelvorort von Paris. Ich sah nur Marmor, Glas, Metall, Kunststoff. Klar, nüchtern und aseptisch sauber war das Ambiente. Keine Spur von Erde, Meer, Gärten und Blüten. Grasse erschien unendlich weit. Mittendrin saß diese junge Frau in verwaschenen Jeans und einer hellen Bluse. Sie hatte die feingeschwungenen Gesichtszüge, wie sie italienische Madonnen-Maler liebten. Schmuck trug sie nicht, und das brauchte sie auch nicht. Nichts sollte von ihrer Nase ablenken. Sie erzählte mir, sie verfolge dasselbe Ziel wie einst die Parfümeure in ihren alchemistenartigen Geruchswerkstätten. »Ich will die Welt mit einem neuen Duft verführen.«

Ich war sehr gespannt auf dieses Gespräch. Schließlich erfährt man selten davon, wer hinter einem großen Duft wirklich steckt. Chanel Nr. 5, 1921 auf den Markt gebracht, ist bis heute symptomatisch für die ganze Branche. Die bekannten Modedesigner haben die Welt der Parfums erobert und vertreiben die Wohlgerüche unter ihrer Marke. Ihre Namen sollen strahlen, weshalb die eigentlichen Schöpfer der Parfums, die Nasen, im Verborgenen wirken müssen. Wer Virginie Vert wirklich ist, soll daher hier ein schönes Geheimnis bleiben. Doch so viel sei verraten: Eine Direktorin ihres Konzerns hatte mir zugeraunt, diese Nase sei genauso wichtig wie der Vorstandschef. Die Aufgabe der jungen Frau ist wahrscheinlich noch schwieriger als die des Unternehmensbosses. Denn sie muss den Stil eines Modedesigners in einen Duft übersetzen. Seine Phantasie, sein Esprit und seine Wünsche – das alles muss in eine Parfumflasche.

Sie solle einen Duft erfinden, so einfach und schön wie die Luft, die wir atmen, war Virginie Vert beauftragt worden. Das klang schön einfach, war aber verdammt schwierig. Da saß sie nun in diesem ultramodernen Gebäude, hatte eine Unzahl natürlicher und synthetischer Einzeldüfte zur Auswahl und sollte daraus etwas Luftiges mischen, was ihrem Modedesigner gerecht würde. »Schon die Verständigung darüber ist schwierig«, sagte sie mir. »Denn unsere Sprache ist nicht sehr reich, wenn es gilt, Gerüche zu beschreiben.«

Virginie und ihre Kollegen haben daher ein ganz eigenes Idiom entwickelt. Sie sagen zum Beispiel: »Ich sehe etwas Weißes in diesem Parfum.« Sie benützen die Wörter »warm« und »kalt«, die ganze Palette der Blumen, Hölzer und Gefühle. Eine Melange müsse rosenhafter, eichiger oder mächtiger werden, sagen sie etwa.

Arme Virginie! Ein Komponist wie Mozart kam mit ganz wenigen Noten aus, um zum Beispiel »Eine kleine

Nachtmusik« zu schaffen. Eine Nase verfügt dagegen über 2000 bis 3000 verschiedene Geruchsnoten, von Flieder, Jasmin, Orange und Myrrhe über den animalischen Moschus bis hin zu den im Labor geschaffenen, künstlichen Gerüchen wie Ethyl-2-naphtylether. All diese Düfte reagieren oft so unberechenbar aufeinander, als ob man wildfremde Menschen auf der Straße zu einer gemeinsamen Party einlüde. Wie wird da die Stimmung werden? Die Möglichkeiten, ein neues Parfum zu schaffen, sind unzählbar.

Virginie kann allerdings auf zwei starke Säulen bauen: ihre Nase und ihre Erfahrung. »Schon als ganz kleines Mädchen begeisterten mich die Gerüche«, erzählte sie mir. »Ich wuchs in einer Großstadt auf, sehnte mich aber nach der Natur. Die Düfte waren für mich der Weg, dorthin zu kommen.« Überall habe sie ihre *nez* hineingesteckt, die Parfums ihrer Tanten und die Rasierwasser ihrer Onkel erschnuppert. In Grasse ging ihr dann als zwölf Jahre altes Mädchen so richtig die Nase auf. Sie roch sich durch die Gassen und Gärten, besuchte die Parfumhersteller und lernte zum ersten Mal die Welt der Duftschöpfer kennen. So merkte sie: »Man kann Riechen zu seinem Beruf machen.«

Um eine erfolgreiche Parfumschöpferin zu werden, reicht es jedoch nicht, eine feine Renaissance-Nase zu haben. Es gehört auch ein trainierter Geist dazu. So studierte Virginie erst Chemie und lernte dann an einem berühmten internationalen Parfümeurs-Institut in Versailles weiter. Dort lebte sie bereits auf duftgetränktem Boden. Denn schon der Sonnenkönig Ludwig XIV. benutzte Wohlgerüche so reichlich, dass er eine Parfumallergie entwickelte und nur noch den Duft von Orangenblüten vertrug. Auch unter seinem Nachfolger Ludwig XV. wurden Duftwässer in enormen Mengen versprüht, nicht zuletzt, um die Körpergerüche der hochwohlgeborenen Palastgesellschaft zu überdecken. Denn die war damals gar nicht dufte. Die alten Römer waren, sanitär und hygienisch gesehen beziehungsweise gerochen, bereits viel weiter. Immerhin hatten die Bourbonen wahrscheinlich die raffinierteren Parfums. *La cour parfumée* wurde Versailles damals in Europa genannt.

Madame Vert brachte also den Erfahrungsschatz einer ganzen Nation mit sich, als sie sich an das neue Parfum machte. »Ich dachte daran, dass die Natur der größte Parfümeur ist. Ich dachte an Luft, die gut riecht, an Reinheit und Einfachheit. Und ich musste an Gefühle denken, die ich bei einer Fahrt in die Berge Javas empfunden hatte. Die Luft war dort kristallklar und die Erde von einem leuchtenden Grün. Ein solches Parfum wollte ich machen.«

»Ein grünes Parfum also«, sagte ich naseweis, denn ich hatte mich vorher ein wenig eingelesen. Von »grünem Parfum« spricht die Branche, wenn es aus dem Flacon nach Blättern, frisch geschnittenem Gras oder Wald duftet, wie beim 1945 geschaffenen *Vent Vert*, dem »Grünen Wind«, von Balmain oder beim im Jahr 2000 kreierten *Truth* von Calvin Klein.

Virginie suchte nach ihrem Ausgangsstoff für ein ebenso erfolgreiches »grünes« Parfum und wählte schließlich Galbanum. Dieses fenchelartige Gewächs stammt aus dem Irak. Es wurde bereits in der Antike benutzt, um Rauchopfer darzubringen. »Einem Parfum gibt Galbanum einen frisch-knackigen Grundton«, sagte Virginie und schnalzte genussvoll mit der Zunge. Der Duft des Galbanum werde in Grasse mit Hilfe von Kohlendioxyd der Pflanze geraubt. Der Ort an der Côte d'Azur habe zwar seine Stellung als Welthauptstadt der Parfümeure an Paris und New York verloren. Bei der Herstellung der Grundessenzen aber sei er noch immer top.

Um das Galbanum herum musste Virginie Vert nun ihr neues Parfum konstruieren. Ihr Arbeitszimmer ist denkbar schlicht. Ein Schreibtisch, ein Computer. »Das ist vor allem Kopfarbeit«, sagte sie mir. »Wir Parfümeure verwenden viel Zeit darauf, einfach nur nachzudenken. Wir sind Chemie-Artisten. Wir brauchen Präzision wie Gefühl. Dabei wissen wir nie genau, was am Ende herauskommt.«

In ihrem mönchischen Büro entwarf Virginie Duftformel auf Duftformel, wie eine Mathematikerin. Diese Rezepte schickte sie per Mausklick an die Labore, die hier in der Firma an einem langen Gang hinter Glaswänden aufgereiht sind. Dort sitzen die Laborassistenten zwischen Regalen mit Tausenden Fläschchen. Über ihren Waagen hängen Bildschirme. Darauf erschienen auch die Formeln Virginies. Die Assistenten mischten die Essenzen in der vorgegebenen Menge, füllten das Gebräu in ein Fläschchen und brachten es ihr. Virginie tupfte ein bisschen davon auf einen Papierstreifen, wedelte damit in der Luft herum, roch – und dachte dann wieder lange nach. Vielleicht noch ein bisschen von einer ganz bestimmten Jasminsorte? Ein wenig Essenz von Zedernholz? Oder etwas künstlich hergestellter Duft von Moos?

»Das klingt so nach einsamem Künstler. Doch ich arbeite nicht allein, sondern in einem großen Team«, versicherte sie. »Eine Art Coach informiert mich über die internationalen Parfumtrends, den Zeitgeist, die Erwartungen der Konsumenten. Das kann ganz schön wichtig sein. Während zum Beispiel die Deutschen einen starken Zitronenduft eher mit Putzmitteln in Verbindung bringen, ist er in Frankreich als Parfumduft voll akzeptiert.«

So entstand, in langer, schwerer Arbeit, etwas ganz Flüchtiges und Leichtes – Virginies neues Parfum. Fasziniert starrte ich auf ihre Nase. Das wurde ihr womöglich unbehaglich. Sie stand nun rasch auf, holte eine kristallene Flasche und besprühte einen Duftstreifen. Sie nahm ihn zwischen Daumen und Zeigefinger, wedelte damit, schnupperte und guckte dann so zufrieden, als halte sie ihr Baby im Arm. »Mit einem solchen Parfum geht man manchmal Jahre schwanger«, sagte sie. »Umso heftiger sind die Gefühle, wenn es geboren ist. Wie wird es bei den Kunden ankommen? Bei einem Fehlschlag fällt unser ganzes Team in Depression. Bei einem Erfolg aber wird gefeiert.«

»Mit Champagner?«

»Natürlich mit Champagner! Ohne den geht es in Frankreich nicht!«

»Ist das dann der schönste Moment im Leben einer Parfümeurin?«

»Nein«, antwortete Virginie Vert. »Am glücklichsten bin ich, wenn ich zum ersten Mal auf der Straße einem fremden Menschen begegne, der mein neues Parfum trägt.«

Seit dieser Begegnung gehe ich viel bewusster durch die Parfumabteilungen der französischen Kaufhäuser. Ich sehe keine Flaschen mehr, sondern nur noch Nasen. Und wenn ich mich selbst im Spiegel betrachte, kommt es mir vor, als sei mein von drei Nebenhöhlenoperationen gebeuteltes Riechorgan irgendwie feiner geworden. Nicht wie bei einer Renaissance-Madonna – aber immerhin …

Als ich von Virginie und aus Grasse zurückkomme, bestürmen mich Antonia, Bernadette und Élodie. Das Thema Parfum fasziniert sie. Was habe ich erlebt? Und habe ich etwas mitgebracht? »Ja, das neue Parfum von Virginie Vert – für Antonia«, sage ich. »Und für euch beide je eine feine Seife.«

»Jedem das Seine«, meint Élodie ein wenig spitz.

Dann ruft sie munter: »Und, wie hat dir Virginie gefallen?«

»Madame war einfach dufte«, sage ich.

»Mademoiselle«, korrigiert mich Élodie sofort.

»Wieso Mademoiselle? Fräulein?«, frage ich. »Das klingt doch total altmodisch und bei einer jungen Frau fast wie eine Beleidigung.«

»Vielleicht in Deutschland«, sagt Élodie. »Aber bei uns hier in Frankreich gehen die Uhren anders.«

Gespannt lauschen Antonia, Bernadette und ich Élodies Vortrag über Mademoiselle und Madame. Sie belehrt uns, schon Coco Chanel, gewiss keine alte Jungfer, habe auf der Anrede »Mademoiselle« bestanden. Auch Catherine Deneuve schätze es, so angesprochen zu werden. Behörden und Unternehmen verwendeten das »Fräulein« ganz selbstverständlich, und in vielen Internetformularen müssten sich Frauen entscheiden, ob sie ihr Kreuz bei »Madame« oder »Mademoiselle« machten.

»Die Anrede Madame steht verheirateten, geschiedenen oder verwitweten Frauen zu«, sagt Élodie. »Mademoiselle allen anderen. Mir zum Beispiel.«

»Und was sagen eure Feministinnen dazu?«, will Antonia wissen.

»Die führen seit Jahrzehnten einen Feldzug gegen das Fräulein. Sie finden, wenn man *Mademoiselle* verwende, müsse man zu einem unverheirateten Mann auch *Mondamoiseau* sagen, das heißt: ›Mein Knappe‹. Doch damit haben sie sich nicht durchgesetzt.«

»Und wie möchtest du angeredet werden?«, fragt Antonia.

»Mit Mademoiselle, das klingt nicht so madamig.«

»Na, hör mal, ich bin eine Madame, fühl mich aber überhaupt nicht madamig«, protestiert Antonia.

»Verzeihen Sie, Madame!«

»Macht nichts, Mademoiselle!«

Achtzehn

Die Parfum-Geschichte kam in der Redaktion in München recht gut an. »Du solltest öfter mal so was Feinstoffliches schreiben«, findet ein Kollege am Telefon. »Nicht nur so bleierne Dinger wie Wahlkampf, Euro und *banlieue*.«

»Aber ihr wollt doch täglich von mir Wahlkampf, Euro und *banlieue*«, wehre ich mich. »Mehr, als mir lieb ist!«

»Womöglich. Aber jetzt wollen wir etwas nicht so Alltägliches. Etwas Originelles. Schreib doch mal was über Paris und die Liebe.«

»Dazu ist doch längst alles geschrieben worden.«

»Aber nicht von dir.«

Das habe ich jetzt davon, dass ich nach Paris gegangen bin. Warum bin ich nicht in Rom geblieben? Da wäre es mir leichter gefallen, etwas zum Thema *amore* zu sagen, schließlich betrachte ich Roma als meine Angebetete. Aber Paris? War ich schon einmal in Paris verliebt? Nun gut, verguckt habe ich mich in die Stadt schon oft, wer hätte das nicht. Aber *amour*?

Da fällt mir eine Szene aus dem vergangenen Herbst ein. Ich hatte gerade einen Soziologen in seiner vor Büchern überquellenden Altbauwohnung interviewt. Danach ging ich in eine Brasserie in der Rue de Rennes. Innen war es warm und behaglich. Ich zwängte meine Beine unter eines der winzigen, runden Marmortischchen am Fenster und schaute hinaus. Ein feiner Nieselregen sickerte aus dem Nebel und ließ die Dächer der Haussmann-Häuser und den Asphalt dunkel glänzen. Alles schimmerte in verschiedenen Grautönen. Himmel, Häuser, Straße. Selbst die Autos, die vorbeifuhren, schienen sich an die Farbvorgabe halten zu wollen. Da brauste ein ganz warmes, kribbelndes Gefühl in mir auf – und ich war zum ersten Mal verliebt in Paris.

Aber das reicht noch nicht für eine Zeitungsreportage. Vielleicht sollte ich das Thema etwas objektiver angehen. »Komm, wir machen eine *tour d'amour* durch Paris«, sage ich zu meiner Frau.

»Na endlich«, sagt Antonia.

Eine Metro-Stunde später sitzen wir in einem eher schäbigen Büro im Erdgeschoss eines bescheidenen Hauses hinter der Place d'Italie und sind *l'amour* dicht auf der Spur. Hier in der Gegend wohnen viele Menschen aus China, Vietnam und Kambodscha; und hier im Büro stellen der Franzose Bernard und die Polin Agnieszka Hochzeitsreisen für ausländische Paare in die Stadt der Liebe zusammen. »Wir sind Profis in Sachen Romantik«, sagen sie. »Wir beide wissen, auf was es ankommt. Schließlich haben auch wir uns in Paris gefunden.«

Doch auf die Frage, warum in aller Welt Paris als Stadt der Liebe, *La Capitale de l'Amour* und *The City of Love* gilt, blicken sie sich ratlos an. »Keiner weiß das«, sagt Agnieszka und singt kichernd eine Strophe von Édith Piaf: »Und der Himmel von Paris verrät sein Geheimnis nie.«

Bernard wird konkreter. Er nennt Maler und Mode, Schriftsteller, Kinofilme, Lichter und Laster, Seine und Bohème sowie Croissants, die noch wirklich nach Butter duften. Paris eben. »Die Stadt hat einfach eine magische Atmosphäre«, sagt der Honeymoon-Experte.

»Wenn von Paris die Rede ist, haben alle Menschen dieselbe romantische Vision, Amerikaner wie Chinesen.« Dann wünscht er uns viel Glück für die weitere Suche nach der Liebe in Paris.

Antonia und ich entsteigen vor der Kirche Saint-Germain-des-Prés dem Untergrund. Hier, am *Rive gauche*, ist Endstation Sehnsucht für alle Schwärmer. Hier haben Künstler, Romanciers und Chansonniers jenes imaginäre Paris ersonnen, in dem sich Charme, Esprit und Magie verdichten und wo es sich leichter leben lässt als in Denver, Kuala Lumpur oder Bremerhaven. Jenes Paris also, in dem auch ich einst in meinen Studentenphantasien wohnte.

Und wie ist die Wirklichkeit? Phantastisch. Paris versteht es, sich in Szene zu setzen. Es ist ein sonniger Nachmittag, voll klarer Farben, kräftiger Schatten. Auf dem Platz vor der ehrwürdigen Basilika singen Mädchen unter koketten Strohhüten Gospellieder. Drinnen wird tatsächlich gerade Hochzeit gefeiert. Wir hören uns dezent im Hintergrund um. Die Braut ist aus Frankreich, der Bräutigam aus El Salvador. Der Pfarrer predigt, es kommt uns spanisch vor. Die Liebe ist grenzenlos in Paris.

Gegenüber der Kirche liegen zwei Cafés, die den Paris-Mythos prächtig nähren: Les Deux Magots und das Café de Flore. Hier feierten, diskutierten, schrieben, lebten und liebten die Kinder des Olymp, die Dichter, Denker und Maler, Apollinaire, Rimbaud, Picasso, Hemingway, Sartre, Simone de Beauvoir. »Wir fragten nicht nach Geld, die Liebe und der Ruhm, das war für uns die Welt«, sang später Charles Aznavour in seinem Chanson *La Bohème*.

Antonia und ich setzen uns auf die Terrasse des Deux Magots, unter die berühmte türkisfarbene Markise, bestellen feengrün schimmernden Absinth, halten uns an den Händen und spielen Bohème. Das wird ganz schön teuer. Von wegen Liebe statt Geld. Die armen Poeten sind verschwunden. Dafür können wir nicht nur Touristen beobachten, sondern auch die heimische *jeunesse dorée*. »Die Pariser Frauen sind immer schick und die Männer immer großzügig«, hatte uns die Hochzeitsexpertin Agnieszka versichert. Die Beweise sehen wir hier.

Leicht bedudelt ziehen wir weiter Richtung Seine und stoßen auf die Place de Furstenberg. »Élodie findet, das sei der romantischste Platz von Paris«, sagt Antonia.

»Élodie wird es wissen.«

Vor der Laterne unter den Catalpa-Bäumen, die so blau blühen wie die Blumen der Romantik, lassen sich Verliebte fotografieren. Es ist angenehm still hier und in den umliegenden Sträßchen mit ihren Boutiquen und Antiquitätenläden. Paris kann so gemütlich sein. Dann treten wir hinaus auf die Quais an der Seine, und das grandiose Paris blendet uns mit seiner Pracht und imperialen Weite. Wir könnten jetzt durch die Louvre-Höfe und die Tuilerien-Gärten zu den Champs-Élysées laufen, von denen Joe Dassin singt: »*Aux Champs-Élysées*. Wir kennen uns seit gestern erst, doch wenn du jetzt nach Hause fährst, dann sagen zwei Verliebte leise: *Au revoir*.«

Doch an Abschied wollen wir jetzt nicht denken. So schlendern wir lieber über den Pont des Arts, auf dem es ebenfalls amourös zugeht. Hier wird die Liebe in Ketten gelegt. Das hat allerdings nichts mit dem Marquis de Sade zu tun. Vielmehr haben Tausende Paare Vorhängeschlösser an die Gitter der Brücke gehängt und die Schlüssel in den Fluss geworfen, um auf immer einander zu gehören.

»Liebe in Ketten?«, fragt sich Antonia.

»Ausgerechnet in Paris!«, wundere ich mich.

Ein junger Mann, der das gehört hat, dreht sich zu

uns um und sagt: »Da drüben an den Ständen der Buchhändler gibt es für ein paar Euro neue Schlösser zu kaufen. Für alle Fälle.«

Der Pont des Arts galt schon lange vor der Schlössermode als Brücke der Verliebten, vielleicht wegen der romantischen Aussicht auf die Seine, die Île de la Cité und den Pont Neuf. Auch wir bewundern die »Neue Brücke«. Sie ist heute die älteste von Paris. »Spielt dort nicht dieser berühmte Film …«, sage ich.

»Die Liebenden von Pont Neuf«, ergänzt Antonia. »Da geht es um einen Clochard und eine obdachlose Malerin, die von Juliette Binoche gespielt wird.«

Auch das gehört zum Zauber von Paris: Wohin der Fremde auch blickt, überall fühlt er sich zu Hause. Denn er wandelt in den Kulissen berühmter Filme, folgt den Spuren eines Amerikaners in Paris und landet unvermittelt in der fabelhaften Welt der Amélie. »Da stehe ich auf der Brücke und bin wieder mitten in Paris, in unser aller Heimat«, schreibt Kurt Tucholsky.

Und weiter geht es, immer der Liebe nach. Auf den Bäumen der Grünanlagen hinter Notre Dame singen die Amseln, auf den Bänken darunter schnäbeln die Pärchen. Ganz Paris träumt von der Liebe, und wenn man genau achtgibt, hört man Georges Brassens *Les amoureux des bancs publics* singen: »Die frisch Verliebten schmusen auf der Bank im Park.«

Drüben, auf dem rechten Seine-Ufer, überqueren wir den Platz vor dem Rathaus. Hier entstand das Bild *Le Baiser*, »Der Kuss«, des Fotografen Robert Doisneau. Die Geschichte des Fotos erzählt einiges über Paris und die Liebe. Lange hielten die Menschen den Kuss für einen Schnappschuss. Später stellte sich heraus: Es war eine Auftragsarbeit. Die Liebenden waren Schauspielschüler.

Schein und Sein an der Seine sind schwer zu unterscheiden. Manche Touristen werden von enttäuschten Erwartungen in eine Verwirrung der Gefühle gestürzt. So grassiert unter Japanerinnen ein Paris-Syndrom. Dutzende erleiden an der Seine alljährlich Depressionen, weil sie der Spagat zwischen Illusion und Realität zerreißt. Das hatten uns Bernard und Agnieszka erzählt und versichert, sie würden ihren Kunden solche Bredouillen ersparen, weil sie Führer für nächtliche Ausflüge organisierten und besonders gemütliche Hotelzimmer für die Hochzeitsreisenden buchten. »Die verbringen ja viel Zeit im Bett.«

Paris ist jedoch nicht nur die Stadt der *lune de miel*, des Honigmonds, wie hier die Flitterwochen heißen. Auch manche Liebestragödie hat sich hier abgespielt. An der Place d'Alma gedenken noch heute viele Menschen der Stelle, an der Prinzessin Diana und ihr Freund Dodi Al-Fayed, von den Paparazzi gehetzt, zu Tode kamen. Quasimodo, der Glöckner von Notre Dame, starb am Grab seiner angebeteten Esmeralda. Vom Phantom der Oper und Christine war ja bereits die Rede.

Die Liebe schreibt eben viele Geschichten, glückliche und triste, erhabene und banale. Viele davon spielen in Paris, auch weil sich die Stadt seit Jahrhunderten toleranter gibt als andere Orte. *Libertinage oblige*. Am Boulevard Clichy und an der Place Pigalle kommen wir an Sexkinos und Eroscentern vorbei, der Ramschabteilung in der *Ville d'Amour*. Im Moulin Rouge schwingen dreiviertelnackte Tänzerinnen ihre Beine vor betuchten Gästen, Spektakel, die einst Henri de Toulouse-Lautrec verewigte. Wobei ich gelesen habe, dass die Damen damals bekleideter, aber auch anzüglicher waren.

Ohne das Thema weiter zu vertiefen, ziehe ich Antonia zur Place des Abbesses. Natürlich steht in Paris auch auf dem Platz der Äbtissinnen ein amouröses Monument: *»Le mur des je t'aime«* – zu Deutsch: die »Ich-liebe-dich-Mauer«. Das Bekenntnis hat der Künstler Frédéric Baron in 311 Sprachen auf eine Wand aus Lava-Kacheln geschrieben. Die Liebeswand steht am Ende eines kleinen Parks, den ein Wächter in mitternachtsblauer Uniform versperrt. Er müsse jetzt schließen, sagt er. Antonia blickt ihn aus ihren smaragdgrünen Augen an und säuselt: »Isch liebe disch.« Da gibt er uns ein paar Minuten zu.

Vor der Wand steht noch ein asiatisches Pärchen. Es reckt uns flehentlich seinen Fotoapparat entgegen. *»Picture, please!«*, schmachten die beiden.

Als sie fort sind, bleiben Antonia und ich noch einige Minuten stehen. Allein vor der Liebesmauer in der Stadt der Liebe. Wir blicken auf die 311 Varianten von *»Je t'aime«*. Ich lege meinen Arm um Antonias Schultern und flüstere ihr ins Ohr: »Ich liebe dich.«

Antonia sagt: »Da ist dir aber etwas Originelles eingefallen.«

Nach diesem romantischen Intermezzo steigen wir die Stufen zum Montmartre hinauf. Ein Gitarrist versüßt uns die Mühen mit einem Lied über *la bohème*. Oben blickt grellweiß und überirdisch, wie Dantes Läuterungsberg, die Basilika Sacré-Cœur auf das Sündenbabel an der Seine hinab. Der Himmel färbt sich rot, Abertausende Lichter blitzen unten auf. Von hier oben funkelt die Stadt besonders verführerisch. Antonia nimmt meine Hand. »Ist Paris nicht schön?«, sagt sie.

»Geradezu zum Verlieben!«

»Du wirst doch nicht etwa Rom untreu werden?«

Neunzehn

»Mir ist langweilig«, sagt Nicolas.

»Mir auch«, sagt Bernadette.

»Dann geht draußen spielen, es ist so ein schöner Nachmittag.« Ich würde ja gern mit ihnen eine Radtour machen, aber ich muss noch heute meinen Artikel über die Liebe in Paris fertigschreiben.

»Wir wissen nicht, was wir spielen sollen«, sagen die beiden.

»Spielt doch Pingpong mit Arthur und Zoé.«

»Die haben keine Zeit.«

»Dann geht in die *cage* zum Fußball oder Basketball.«

La cage, »der Käfig«, so heißt bei uns ein mit hohen Zäunen umgitterter betonierter Sportplatz, wie man ihn von Amerika her kennt. Er liegt ganz in der Nähe. Nicolas schnappt sich in der Garage einen Ball und trottet mit Bernadette davon.

Die beiden haben etliche Freundschaften mit ihren Klassenkameraden in der Deutschen Schule geschlossen, darunter viele Kinder von Auslandsdeutschen, aber auch Halbfranzosen, Rumänen, Russen, Spanier. Das Problem ist nur: Die Deutsche Schule hat einen riesigen Einzugsbereich, den ganzen Großraum Paris. Das bedeutet: Wenn die *ados* sich nachmittags treffen wollen, müssen sie das vorher ausmachen. Meistens sind dann Fahrdienste zu organisieren, und meistens trifft das Antonia und die anderen Mütter. Sich spontan nachmittags mit den Schulfreunden zu treffen ist schwierig bis unmöglich.

Bleiben die französischen Kinder in unserem *hameau* und darum herum. Einige von ihnen haben ungefähr das Alter von Bernadette und Nicolas. Eine ideale Spielsituation, wie einst in meiner Kindheit in Tutzing, als mein Bruder und ich mit den anderen Buben aus der Nachbarschaft die gesamte Freizeit verbrachten. Nur dass meine Kinder quasi im Spiel auch noch perfekt Französisch lernen würden. So dachte ich.

Die Realität sieht ein bisschen anders aus. Nicolas und Bernadette verstehen sich durchaus gut mit den jungen Franzosen. Meine Tochter wurde auch schon zu Partys bei ihnen eingeladen. Nur: Die französischen *ados* haben fast nie Zeit. In den Ferien sind sie entweder in einem Haus der Großfamilie am Meer, oder sie machen ununterbrochen Kurse im Tennis, Segeln, Rugby, Yoga, Power-Häkeln und ich weiß nicht was. Da französische Eltern in aller Regel beide ganztags arbeiten, müssen sie ihre Kinder irgendwo unterbringen und beschäftigen. Sobald die Schule wieder beginnt, sind die jungen Franzosen ohnehin wie vom Erdboden verschluckt. Dann sieht man sie nur noch gegen Abend den Treppenweg zu unserem *hameau* emporeilen und rasch in ihren Häusern verschwinden, wo sie sich über ihre Hausaufgaben beugen. Zum Spielen bleibt da kein Raum, vor allem nicht in Familien, die viel Wert auf gute Noten legen, damit es die Kinder später mal auf eine *grande école* schaffen.

»Bonjour, Stefan, ça va?«, fragt mich Éric – unser Nachbar, nicht das Phantom der Oper –, während wir unsere Mülltonnen über den Platz ziehen.

»Ça va, et toi?«

Normalerweise würde er *»impec«* oder irgend so etwas antworten. Doch wir kennen uns nun gut genug, um über solche Rituale hinauszugehen. So erzählt er mir, er mache sich Sorgen um Zoé. Seine Tochter klage seit langem über starke Rückenschmerzen. Doch die Ärzte fänden einfach nicht heraus, woher das komme.

»Vielleicht ist der Druck in der Schule zu groß für sie«, sage ich und komme mir dabei sehr deutsch vor. »Sie hat ja kaum noch Zeit zum Spielen.«

Éric stutzt und schüttelt seinen großen Kopf mit den wolligen, weißgrauen Haaren. »Zum Spielen? Hm! Vielleicht«, sagt er dann. »Aber da muss sie durch. Da mussten wir alle durch.«

Bernadette und Nicolas kommen vom Sportplatz zurück. Sie sind jetzt prächtiger Laune. »Da waren zwei große schwarze Jungs aus Kamerun«, erzählen sie. »Die waren total nett und haben mit uns Basketball gespielt.«

»Und ihr habt mit ihnen Französisch gesprochen?«, frage ich erfreut.

»Na klar«, sagt Nicolas. »Unser Kamerunisch ist ja nicht so gut.«

»Haben die beiden denn keine Schule?«, wundert sich Éric.

»Nur bis zum frühen Nachmittag«, sage ich.

Éric zieht die Augenbrauen hoch. »Na dann, viel Spaß beim Spielen«, murmelt er nachdenklich.

Kurz darauf soll Nicolas auf seine erste Klassenfahrt. Eine Woche nach Asnelles, einem kleinen Badeort an der normannischen Kanalküste. Wir kennen ihn von einem Wochenendausflug her. Der Ort wurde im Zweiten Weltkrieg stark beschädigt, doch es stehen noch einige alte Bauernhöfe und Ferienvillen dort. Die Attraktion ist der ganz allmählich zum Meer hin abfallende lange Strand aus feinstem beigebraunen Sand. Bei Ebbe zieht er sich scheinbar ewig hinaus und verschwimmt am Horizont mit den grünbraunen Wogen und dem graublauen Himmel. Strandsegler sausen in ihren filigranen Karren durch den Sand und lassen die

Pfützen aufspritzen. Einheimische und Urlauber marschieren über den Sand, um Muscheln einzusammeln. Draußen, im seichten Wasser, ragen die Reste der Pontons hervor, mit denen die Alliierten im Juni 1944 einen Landungshafen errichteten. Aus der Ferne wirken sie wie Teile eines Atolls. Doch wenn man näher kommt, sieht man vom Salz zerfressenen Beton und rostiges Eisen. Manchmal zieht hier an der Küste auch im Sommer dichter Nebel auf und lässt die Spaziergänger auf dem befestigten Uferquai von Asnelles wie Gespenster wirken. Dann bricht unvermittelt die Sonne durch und übergießt alles mit flüssigem Silber. Der Wind vom Meer her frischt auf und treibt einem die salzige Luft ins Gesicht. Es ist frisch, auch bei Sonnenschein. Doch die Franzosen laufen barfuß und im T-Shirt herum, lassen sich vom Sturmwind die Haare zausen und gehen bei Flut baden. Ein rauer, lebensderber Charme liegt über der Küste. Er spiegelt sich in den gewaltigen Platten mit Meeresfrüchten wider, die die Leute in den Brasserien verzehren. Die Musik dazu kommt nicht aus Lautsprechern, sondern von den Seemöwen in der Luft.

Asnelles und ähnliche Orte an der normannischen Küste sind so ziemlich das Gegenteil meiner geliebten ligurischen Mittelmeerstädtchen, die im Sommer in allen Rot- und Gelbtönen leuchten und sich einem freundlich-ruhigen Meer zuwenden. Dieser Gegensatz hat mich am Anfang eher verstört. Doch mittlerweile weiß ich den robusten Reiz der Normannenküste zu schätzen. Ich fröstle nicht mehr, ziehe meine Turnschuhe aus und wate barfuß durch die kalten Wasserschlieren. Danach einen *café au lait* – oder gegen Abend ein Gläschen Calvados. Baden tue ich hier noch nicht. Noch nicht.

An diese raue Küste also soll mein Nicolas nun mit seiner Klasse fahren. Gut, er ist inzwischen zehn Jahre alt, und alle nerven ihn damit, wie groß er doch geworden sei. Aber eine Woche ohne die Familie allein unter Normannen? Würde er sich erkälten? Von der Flut hinausgezogen werden? Vor Heimweh vergehen?

Nach einer Woche holen wir einen glückstrahlenden Nicolas beim Bus an der Schule ab. »Es war einfach toll«, erzählt er. »Wir haben in einem Haus direkt über dem Strand gewohnt. Wir haben Muscheln gesammelt und Krabben gefangen und einen Kurs im Strandsegeln gemacht. Pssssss … Da zischt es ab.«

»Braun bist du geworden«, sage ich. »Aber auch dünn. Hat man dir nicht genug zu essen gegeben?«

»Doch, aber, ehrlich gesagt, das war nicht sooo gut. Es gab zwar Pommes und *moules*, die mag ich. Aber dann auch so glibberige Schnecken. Und Austern! Bäh.«

»Und hast du nicht schrecklich gefroren?«

»Überhaupt nicht. Wieso? Ich war auch im Meer baden. Es hatte 17 Grad. Das ist warm für Normannen.«

Bald wird er Met aus Wikingerschädeln trinken und im Winter barfuß durch den Schnee laufen.

Bernadette hört den Berichten ihres Bruders aufmerksam zu. Bald will auch sie in die Normandie fahren, allerdings nicht in den Ferien an die Küste, sondern zu einem Schüleraustausch in einen Ort im Hinterland. Doch jetzt steht erst einmal ihr 13. Geburtstag an. Was wünscht sie sich? Natürlich eine Übernachtungsparty mit den Freundinnen – und gemeinsames Tanzen und Grölen mit Singstar. Es wird schrecklich-schön werden. Schön für die Mädels. Schrecklich für uns. Aber wir wollen auch etwas *en famille* machen, etwas Besonderes, was zu unserer neuen französischen Heimat passt. An Nicolas' Geburtstag waren wir ja im Cirque d'Hiver. Doch jetzt ist Frühling. Zoé bringt uns auf eine Idee. »Wart ihr schon mal bei einem Pferderennen? Das ist *super-sympa*. Man kann sogar Geld gewinnen.«

Pferderennen? Auf die Idee kamen wir noch nicht. Dabei habe ich doch die Boulevardzeitung *Le Parisien* abonniert. Darin überblättere ich jeden Morgen viele Seiten mit den Ergebnissen der *courses*, der Pferderennen. Die Berichte über Gäule, Jockeys, Quoten und Moneten sind für mich eine völlig fremde Welt. Oft habe ich mich gewundert, wie viele *hippodromes*, Galopprennbahnen, es in unserer Nähe gibt: Hippodrome de Saint-Cloud, Hippodrome d'Auteuil, Hippodrome de Longchamp. Das sind riesige grüne Areale mit einer Art Formel-1-Strecke aus Rasen, Hindernissen und mächtigen Tribünen. Ein wichtiger Renntag wird von *tout Paris* mindestens genauso diskutiert wie ein großes Fußballspiel. Nur wir konnten da bislang nicht mitreden. Wir ahnten ja nicht, was für Experten wir bald werden würden.

»Okay«, sagt Bernadette ohne übertriebenen Enthusiasmus, »gehen wir halt zum Pferderennen.«

So fahren wir am ersten Sonntag im Mai zum Hippodrome d'Auteuil am Rande des Bois de Boulogne. Die Menschen quellen aus der Metrostation und strömen dem Eingang zu. Viele Familien sind darunter mit Omas, Kindern und Picknickkörben. Die Rennen sind ein Vergnügen für Groß und Klein. Im Stadion geht es zu wie auf einem Volksfest. Die einen schlendern durch die Anlagen, andere bewundern hinter der Haupttribüne die dampfenden Rösser, die von ihren Jockeys nach dem Rennen zum Abschwitzen im Kreis geführt werden. Daneben gibt es eine Ponybahn für die Jockeys von morgen. Aus den Lautsprechern auf der Tribüne werden die nächsten Rennen angekündigt. An den Kassenhäuschen im Inneren des Tribünenbaus drängen sich die Wettenden. Wir erkennen die Profis sofort. Ältere Männer mit Bauchansatz, die in etwas abgewetzten dunklen Anzügen und Schiebermützen am Rand stehen und scheinbar gelassen, in Wahrheit aber hochnervös die Rennen auf den Bildschirmen verfolgen. Sie wirken so konzentriert entrückt wie Gewohnheitsspieler in Las Vegas. Sie machen sich nicht die Mühe, nach draußen zu gehen und die Pferde in Wirklichkeit laufen zu sehen. Ihnen reichen die Bilder und vor allem die Resultate.

Wir aber gehen hinaus und bestaunen die ersten Rennen. Sobald die grünen Metallbarrieren aufgehen, schießen knapp zwei Dutzend Pferde wie Pfeilhechte los. Die Jockeys sitzen auf ihnen gleich dünnen Krabben, die sich an den Hals ihrer Tragetiere kauern, um bei dem irren Lauf nicht hinabgefegt zu werden. So rasen die Pferde zunächst nahezu synchron nebeneinanderher, die Nüstern gebläht, die Ohren nach hinten gelegt. Aus dem Lautsprecher werden Kommentare gebrüllt. Wir fiebern mit, ohne irgendetwas von der Sache zu verstehen. Dann geht es vor uns auf die Zielgerade. Wir hören das Trommeln der Hufe auf dem Rasen. Das Feld zieht sich auseinander. Drei Pferde liegen in Front. Ihre Jockeys stehen im Sattel und beugen sich ganz weit nach vorn, als wollten sie gleich einen Purzelbaum über den Kopf ihrer Tiere machen. Einer in knallrotem Blouson schwingt eine Gerte wie ein durchgeknallter Dirigent. So geht es in rasender Hatz über die Ziellinie.

Die Ergebnisse erscheinen auf den Anzeigetafeln. In die Menge kommt Bewegung. Manche gehen hinein, um ihren Gewinn abzuholen. Wir gucken den Jockeys und ihren Pferden zu, wie sie jetzt aufreizend langsam an der Tribüne vorbei zu den Stallungen reiten. Der

Sieger wird mit Klatschen begrüßt. Er ist so klein und hager wie ein Knabe.

Bernadette und Nicolas hüpfen aufgeregt auf der Stelle. Jetzt wollen auch sie wetten. »Wenigstens ein bisschen. Bitte!«

»Nun gut, wir verwetten zehn Euro«, sage ich. »Aber nicht mehr.«

Doch auf wen sollen wir setzen? Wir studieren ratlos die Wettzeitschrift, die man uns in die Hand gedrückt hat. Als Nächstes steht der »Prix Ingre« an, Preisgeld 160 000 Euro. Ein älterer Mann in einem abgewetzten dunklen Anzug beobachtet uns, wie wir unschlüssig in der Nähe eines Wettschalters stehen. Er schlurft näher. »Sind Sie Fremde?«, fragt er. »Brauchen Sie Hilfe?« Maurice heiße er. Und er sei immer hier zu finden.

Wir brauchen Hilfe. Ich erkläre dem Mann, dass bei uns in Deutschland Pferderennen eher eine Nischensportart seien. Er rümpft erstaunt die Nase. »Bei uns sind sie ein Massenphänomen mit großer Tradition. Schon unser Sonnenkönig setzte auf den Pferdesport, um die Monarchen Englands herauszufordern. Heute haben wir 250 Hippodrome und Tausende Rennpferde in Frankreich«, sagt Maurice stolz.

»Und wie viele Menschen wetten so?«, fragt Antonia.

»Man schätzt, dass es ungefähr sechs Millionen *turfistes* gibt, Pferdewetter. Zusammengenommen setzen wir jedes Jahr viele Milliarden Euro auf die Tiere. Habt ihr euch schon mal genau an einem Zeitungskiosk umgeschaut? Da gibt es fast ein Dutzend verschiedene Tageszeitungen rund um den Pferdesport.«

»Und wer liest die?«

»Leute wie ich.«

»Und dann gewinnen Sie so richtig viel Geld?«, fragt Nicolas.

»Manchmal«, sagt Maurice ein wenig zögernd.

»Wenn ich immer gewinnen würde, würde ich bessere Anzüge tragen und wäre nicht mehr hier.«

»Wirklich?«, fragt Antonia.

Maurice stutzt. »Na, wahrscheinlich wäre ich trotzdem hier. Aber einen besseren Anzug hätte ich an.«

Wir müssen alle lachen. Dann versichert uns Maurice, als Anfänger hätten wir kaum eine Chance, etwas zu gewinnen. Ob er uns einen Tipp geben solle? Doch wir finden, wir sollten es lieber allein probieren, das mache mehr Spaß.

»Na dann, *bonne chance*!«, sagt Maurice und schlurft zu seinen Kumpels mit den schäbigen Anzügen.

Jetzt schlägt unsere Stunde. Wir setzen fünf Euro auf einen Gaul namens *Remember Rose*. Auf Sieg. Warum? Weil uns sein Name gefällt – und weil er bei dem Rennen als Favorit gilt. In der Vergangenheit hat der Wallach schon mehr als eine Million Euro an Preisgeldern ergaloppiert. Er startet gut, liegt an der Spitze. Seine Beine scheinen über den Rasen zu fliegen. Auch wir geben unser Bestes und schreien uns die Kehle aus dem Leib. Doch dann wird *Remember Rose* noch von zwei anderen Pferden überholt. *Putain de bordel de chevaux*. Die Enttäuschung ist groß. »Und das an meinem Geburtstag«, stöhnt Bernadette.

Doch wir haben ja noch fünf Euro. Nun steht der »Prix Amadou« an, 3900 Meter, 13 Starter, Preisgeld 175 000 Euro. Favorit: Wieder ein Wallach, diesmal namens *Bel la Vie*. Wieder gehen wir aufs Ganze, setzen unsere fünf Euro auf Sieg. *»No risk, no fun«*, sagt unsere polyglotte Bernadette. Diesmal haben wir Spaß. *Bel la Vie* gewinnt tatsächlich. Das Leben ist schön. Wir gehen an die Kasse und streichen 10,50 Euro ein. Damit lautet die Gesamtbilanz unseres ersten Pferdewetttages: 50 Cent im Plus. Hoch erhobenen Hauptes streben wir an Maurice vorbei dem Ausgang zu. Dann fahren wir in die Stadt und lassen es mit unserem Gewinn so richtig krachen.

Bernadette hat sich sehr auf ihren Schüleraustausch gefreut, aber jetzt, wo es losgehen soll, wird ihr doch etwas mulmig. Gewiss, ihre Austauschschülerin Océane war im Winter schon bei uns, ein schmales, munter plauderndes und sehr gut erzogenes Mädchen, das auch bei Minusgraden draußen in Ballerinas ohne Socken herumlief – eine Normannin eben. Bernadette und Océane verstanden sich sofort gut. Nun steht der Gegenbesuch an. Meine Tochter wird mit einer Reihe Mitschülern aus ihrer Klasse in das Städtchen Elbeuf bei Rouen fahren, das einst von Wikingern gegründet wurde. Océane lebt mit ihren Eltern, einem Schuhverkäufer und einer Berufsschullehrerin, sowie den beiden kleineren Schwestern in einem Dorf außerhalb von Elbeuf. »Das wird wohl sehr urig werden«, meint die in München, Rom und Paris aufgewachsene Bernadette mit leichtem Schaudern. »Hoffentlich werde ich mich da wohl fühlen.«

Als sie nach einer Woche zurückkommt, hat sie viel zu erzählen. »Die Mutter von Océane hat mich gleich am Bahnhof in Rouen abgeholt. Sie war seeehr schick. Gut geschminkt und frisiert, elegantes Kostüm, hohe Schuhe und so. Sie arbeitet halt auch in Paris. Dann sind wir nach Elbeuf gefahren. Und ratet mal, was ich als Erstes zu sehen und zu hören bekam? Schafe und Kühe. Das Haus von Océanes Familie liegt mitten zwischen Wiesen und Viehweiden.«

»Und wie war die Familie so?«, fragen wir wie aus einem Mund.

»Richtig nett. Die haben mich total lieb aufgenommen. Für Océanes kleine Schwestern war ich DIE Attraktion.« Bernadette setzt sich schalkhaft in ihrem

Gartenstuhl in Pose, als sei sie ein Star auf einem Filmball. »Die beiden sind ständig um mich herumgewuselt. Und eines Tages kam die ganze Großfamilie – Großmutter, Tanten, Onkel, Cousins und Cousinen – zu Besuch, um mich zu bestaunen. Wir haben ein Picknick im Garten gemacht, und ich musste ihnen deutsche Wörter aufsagen und buchstabieren. Zum Abschied haben sie auf mich gedeutet und gesagt: ›Elle est bonne!‹«

»Elle est bonne!«, sagen die Franzosen zu allem, was sie gut, angenehm oder hübsch finden, sei es nun eine Suppe, die Wassertemperatur des Meeres oder ein junges Mädchen.

»Aber etwas hat mich schon überrascht«, erzählt Bernadette weiter. »Mir fiel gleich auf, wie streng die Eltern von Océane zu ihren drei Kindern waren. Sie mussten richtig viel im Haushalt mithelfen und sich beim Essen total gut benehmen. Das war schon krass. In den anderen Austauschfamilien war das ähnlich. Auch die Lehrer in der Schule in Elbeuf waren sehr streng. Disziplin und gutes Benehmen spielen eine Riesenrolle, *putain*. Aber das ist nur die eine Seite. Wenn Eltern und Lehrer weg sind, benehmen sich die französischen Jungs und Mädchen genauso wie wir. Auf dem Pausenhof geht es sogar noch lauter und chaotischer zu.«

»Wie war es denn überhaupt in dieser Schule?«, fragt Nicolas.

»Wisst ihr, morgens drängen alle wie eine Schafherde hinein, und dann wird hinter ihnen das Tor abgeschlossen – und sie dürfen erst um fünf Uhr nachmittags wieder hinaus. Besonders schön und sauber war es in der Schule nicht. Nicht so wie bei uns.« Bernadette rümpft die Nase. Sie ist da durch die deutschen Schulen in Rom und Paris ziemlich verwöhnt. »Aber das Essen in der Kantine war richtig klasse. Besser als bei uns.«

»Und wie waren deine französischen Mitschüler?«, will Antonia wissen.

»Nun, das war schon witzig. In der ersten Pause bildeten wir deutschen Austauschschüler ein Grüppchen, und die Franzosen drängten sich um uns herum. ›*Les Allemands! Voilà les Allemands!* Die Deutschen! Das da sind die Deutschen!‹, riefen sie immer wieder.«

Bernadette meint, sie seien bestaunt worden wie die Marsmenschen. Dann hätten die Franzosen sie mit Fragen überschüttet und seien ganz verwundert gewesen, als sie auf Französisch geantwortet hätten. »Das sollen Deutsche sein, aber sie sprechen ja Französisch, wo gibt's denn so was?«, habe ein Mädchen fassungslos gerufen, als sei es genetisch programmiert, dass Deutsche nur Deutsch und Franzosen nur Französisch können.

Dann hätten sie die Woche über richtig coole Sachen gemacht, sagt Bernadette. Sie seien alle ans Meer gefahren und hätten am Strand der Normandie getobt, das habe Deutsche und Franzosen einander nähergebracht. »Am Strand der Normandie!«, denke ich mir. »Wo die Soldaten Nazi-Deutschlands sich den Befreiern Frankreichs entgegenstemmten. Dort vergnügen sich heute die jungen Franzosen und Deutschen miteinander. Geschichte macht doch Fortschritte.«

Bernadette hat nun schon ziemlich viel Erfahrungen mit verschiedenen französischen Jugendlichen gesammelt: mit den flotten Pariserinnen bei einem früheren Schüleraustausch, mit Jungen und Mädchen aus Marseille bei einer Skifreizeit in den Alpen, mit den Leuten in ihrem Hip-Hop-Kurs in Saint-Cloud, mit den *ados* aus der Nachbarschaft.

»Sind dir irgendwelche Unterschiede zu deinen deutschen Freunden aufgefallen?«, frage ich sie.

Bernadette saugt bedächtig mit einem Strohhalm

an ihrem Fruchtsaft und denkt nach. »Da gibt es einiges«, sagt sie. »Die Franzosen stehen mehr unter Leistungsdruck als wir. Ihr Schulsystem bringt viel Stress mit sich. Fremdsprachen zu können gilt als cool; und es ist schon unter Jugendlichen angesehen, wenn man gebildet ist. Was dagegen überhaupt nicht geht, sind Sandalen mit Socken. Das wurde mir gleich am ersten Schultag hier in Saint-Cloud von den Halbfranzösinnen in meiner Klasse beigebracht …«

Bernadette sprudelt fast über. »Überhaupt die Kleidung. Ich finde es wunderschön, dass die Franzosen so viel Sinn für Mode haben. Das steckt einfach in ihnen drin. Wobei die Jugendlichen hier in der Pariser Gegend alle praktisch das Gleiche anhaben. So ein kunterbuntes Allerlei wie bei uns mit Punks, Emos, Hipstern und so weiter gibt es hier nicht. Wenn hier zum Beispiel gerade Handtaschen von Vanessa Bruno angesagt sind, dann haben auch alle Mädchen Handtaschen von Vanessa Bruno. Die Franzosen sind irgendwie gleicher als wir.«

»Und sonst? Was gefällt Dir am besten an den Franzosen?«

»Sie zeigen ihre Gefühle so freiheraus, sind viel emotionaler als wir Deutschen – jedenfalls wenn ihre Lehrer und Eltern nicht dabei sind. Als wir uns in Elbeuf voneinander verabschiedeten, haben die französischen Mädchen – und sogar einige Jungs – richtig geheult. Das fand ich wirklich süß. Das ist doch schön, wenn man so offen ist.«

Wir diskutieren noch lange über Franzosen und Deutsche, Deutsche und Franzosen. Als ich Bernadette später gute Nacht sage, meint sie: »Papa, ich bin doch froh, jetzt wieder hier zu sein.«

»Nicolas, Mama und ich haben dir sehr gefehlt?«, frage ich gerührt.

Bernadette blickt mich erstaunt an. »Äh … nein. Doch. Nun ja … schon auch. Was ich eigentlich meinte, das ist das Bett.«

»Das Bett?«

»Das Bett! In Elbeuf musste ich mit Océane in einem dieser furchtbar schmalen Doppelbetten schlafen. Die Decke war derart klein und straff gespannt, dass ich sie mir nicht mal über die Brust ziehen konnte. Da habe ich kaum ein Auge zugetan.« Sie sagt es, zieht sich ihre kuschelige Daunendecke über den Kopf und schläft ein.

Zwanzig

Bald darauf beginnen die Frühjahrsferien, und nun kann uns nichts mehr halten. Wir wollen in den Süden. Nein, nicht nach Italien, das ist ja fürs Erste tabu. Aber in die Provence und an die Côte d'Azur, wovon uns unsere Freunde ständig vorschwärmen. Die Provence sei so schön wie die Toskana, behaupten sie. Und die Côte könne locker mit der ligurischen Küste mithalten. Ich habe da so meine Zweifel. Denn auf Ligurien lasse ich nichts kommen, und auf die Toskana überhaupt nichts. Aber mal sehen.

Als wir hinter Lyon auf der Autobahn das Rhône-Tal hinunterfahren, steigen vage Erinnerungen in mir hoch. Hier sind Antonia und ich doch schon einmal entlanggekommen. Richtig. Als Studenten. Damals lebten wir in Freiburg, es war Mai, und es regnete seit zwei Wochen ununterbrochen. Eines Morgens wachten wir auf – und es regnete. Da platzte uns der Kragen. »Wir werfen jetzt unser Zelt in den Kofferraum und fahren so lange nach Süden, bis die Sonne scheint«, sagte ich. Damals war das Jurastudium noch eine recht freie Angelegenheit, jedenfalls bis zum Jahr vor dem Examen. So ließen wir die Strafrechtsvorlesung sausen und fuhren los, hinein nach Frankreich und immer nach Süden. In Lyon regnete es. In Orange regnete es. Hinter Nîmes kam die Sonne hervor. Wir fuhren ans Meer, schlugen unser Zelt auf einem Campingplatz auf, legten uns in den Sand und konnten unser Glück kaum fassen. Eine Woche blieben wir dort. Wir besichtigten auch einiges, doch ich hatte eigentlich nur Augen für Antonia. Daher glaube ich heute, Antonia zu kennen, die Provence aber ist mir noch eine Fremde.

Während ich so in Vergangenem schwelge, erreichen wir Montélimar. Das »Tor zum Süden« wird es genannt; und »Hauptstadt des Nougat«. Wir decken uns an der Raststätte mit den süßen weißen Riegeln ein, die so hervorragend Plomben ziehen. Im Gegensatz zu meiner Familie kann ich bei Süßigkeiten nicht haushalten und esse meine ganze Ration auf. Bei der Weiterfahrt ist mir schlecht. So kann ich die Hügel mit ihren Olivenbäumen, Zypressen, Weingärten und wehrhaften Städtchen auf den Kuppen nicht voll genießen. Aber ein bisschen wie in der Toskana sieht das schon aus, das muss ich zugeben, nur das Licht ist silbriger. Dann fahren wir an Avignon vorbei und über Nebensträßchen zu unserem Ferienhaus am Fluss Sorgue. Wir kommen an versteckten Häuschen mit rosafarbenen Ziegeldächern und hellblauen Fensterläden vorbei, wie aus dem Bilderbuch. Dank Froni, unserer Navigatorin, finden wir bald die richtige Adresse. Wir klingeln, das Metalltor gleitet zur Seite, und vor uns öffnet sich, wenn schon nicht das Paradies, so doch zumindest ein Paradies: ein Kiesweg, ein blühender Garten, ein rotbraunes ebenerdiges Haus, natürlich mit hellblauen Holzläden, eine Veranda mit Korbsesseln und daneben ein kleines, von einem Holzsteg umgebenes Schwimmbecken. Bernadette und Nicolas jauchzen vor Glück, als sie das sehen. Die Vermieterin erzählt uns, das Haus gehöre ihrem Sohn. Doch der sei im Sommerhalbjahr immer in Asien und lebe nur im Winter hier. Wir fühlen uns augenblicklich wohl hier und verbringen den ganzen Nachmittag im Garten.

Gegen Abend erforschen wir die Umgebung. Ein Bach rieselt durch hohes Gras an dem Grundstück vorbei, der Sorgue entgegen. Libellen schwirren umher, ein Frosch platscht ins Wasser. Die Sonne steht jetzt tief und taucht die Landschaft in satte, rötliche Farben, wie in der Toskana. Wir setzen uns auf einen Baumstumpf und nehmen die Atmosphäre mit allen Sinnen auf. In einem Nachbargarten hackt ein Mann Holz. Es ist ein französischer Rentner, der hier draußen mit seiner Frau seinen Lebensabend verbringt. Er leiht uns eine Angel und gibt uns Tipps, wie Nicolas und ich in der Sorgue fischen sollen. Wir bleiben dabei zwar erfolglos, aber das macht nichts. Abends gehen wir in L'Isle-sur-la-Sorgue essen, einem Städtchen voller Kanäle, Brücken und vom Wasser angetriebenen Schaufelrädern. Bin ich dabei, mich in die Provence zu verlieben? Eigentlich möchte ich jetzt nirgendwo anders sein. Außer vielleicht in der Maremma.

Die Provence wirkt sich jedenfalls ausgesprochen positiv auf die Stimmung unserer Reisegesellschaft aus. Die *ados* sind so guter Laune, dass wir ohne größere Zwischenfälle den Papstpalast in Avignon, die Arena von Nîmes und den Pont du Gard besichtigen können. Überall stoßen wir auf Spuren von Römern, was mir die Gegend noch sympathischer macht. Dann geht es noch ein paar Tage ans Mittelmeer, in die Calenques, die fjordartigen Buchten aus leuchtendem Kalkstein bei Marseille. Wir wohnen in einem einfachen Hotel in Cassis, direkt am Wasser. Die kleinen Balkone unserer Zimmer gehen aufs Hafenbecken mit seinen Segel- und Fischerbooten hinaus. Abends brauchen wir nur vor die Tür zu treten, um in einem Fischlokal zu landen. Und morgens, wenn wir aufwachen, steigt durch die offenen Fenster der Duft von Croissants zu uns herauf, vermischt mit dem Geruch des Meeres. Warum habe ich Frankreich eigentlich nicht früher entdeckt?

Cassis ist bezaubernd. Am liebsten würde ich seinen Geist in eine Flasche packen und nach Hause mitnehmen. Unmöglich? Wir entdecken eine Parfümerie voller Düfte, Seifen und Kerzen in unzähligen Geruchsnoten und Farben. Die Herrscherin über dieses Reich erzählt uns, alles werde bei ihnen aus der Natur hergestellt, auf ganz natürliche Weise. Wir schnuppern uns durch die Regale. Madame stellt uns ihre Düfte vor: »*Elixirs des calanques* gefällig? Oder lieber *Lavande bleue*? Und testen Sie auch mal den hier, er heißt *Soirée d'été*.« Ich vergucke – eigentlich müsste ich sagen: verrieche – mich in ein Eau de Toilette namens *La Mer*. Es riecht frisch und herb und ein wenig nach Jod und Tang, und wenn ich die Augen schließe, dann lässt es tatsächlich Bilder vom Meer in mir aufsteigen.

»Wie fangen Sie denn das Meer auf natürliche Weise ein?«, frage ich Madame.

»Ganz einfach. Wir legen Netze ins Wasser und lassen sie längere Zeit drin liegen. Dann holen wir sie aus dem Meer heraus und extrahieren die Düfte.«

Ich kaufe eine Flasche. Wenn ich fortan in Paris unter ganz starker Sehnsucht nach dem Süden leide, dann sprühe ich damit mein Büro ein und träume von Cassis.

Aber noch bin ich ja nicht zurück in Paris. Erst einmal bringe ich die Kinder und Antonia zum Bahnhof von Marseille, von wo aus sie mit dem TGV in drei Stunden in die Hauptstadt fahren. 800 Kilometer in drei Stunden! Der Süden ist möglich, wenn man in Paris lebt. Wenn ich daran denke, wie lange es dauert, mit dem Zug von München nach Rom zu fahren … Neun Stunden, mit der schnellsten Verbindung. Zugegeben, da liegt ein kleines Hindernis dazwischen, die Alpen.

Von Marseille fahre ich Richtung Montpellier, um nun auch für die Zeitung den französischen Süden zu erkunden. Hinter Montpellier verlasse ich die Autobahn und tauche ins Hügelland des Hérault ein. Platanen überwölben die Wege wie Strebepfeiler einer gotischen Kathedrale. Vor einer Dorfkirche sitzen viele Leute an Tischen im Freien und feiern. Gemächlich steuere ich den Wagen an einem stillgelegten Bahnhof vorbei zum Schwemmland des Hérault hinab. Ich steige aus und atme tief durch. Die Luft ist weich, feucht, nach Thymian und Feigen duftend. In der Ferne Hügel, Zypressen und ein blaues Glitzern. Ich schließe die Augen. Der Süden. Das ist er.

Der Süden hat für mich eine mythische Bedeutung, seit ich denken kann. Als Kind hörte ich zu, wenn meine Großeltern sich in ihrer Bauernstube unter dem Kruzifix im Herrgottswinkel an ihre Hochzeitsreise nach Neapel erinnerten. Meine Mutter schwärmte von einer Fahrt als kleines Mädchen mit ihrer Familie nach Spanien. Das war bald nach dem Krieg, und sie durfte anschließend ihren staunenden Mitschülern im Erdkundeunterricht auf einer Wandkarte zeigen, wo sie gewesen war. Mein Vater erzählte mir von den Reisen, die er als junger Mann nach Ägypten und Ostafrika gemacht hatte. Er schenkte mir Muscheln, Meeresschnecken und eine Trommel aus Nilschlamm, die er mitgebracht hatte. In einem Schränkchen entdeckte ich seine alten Diakästen. Jedes Dia war sorgfältig hinter Glas gerahmt. Ich guckte die Lichtbilder an wie einen geheimen Schatz, und mir stockte der Atem: Ich sah Palmen, Kamele, Pyramiden, die Sandstrände des Indischen Ozeans, die Steppe mit ihren Tieren, Giraffen vor dem Kilimandscharo, ein Schild mit der Aufschrift »Äquator«.

Das alles zog mich magisch an. Wie man dorthin komme, fragte ich meinen Vater. Er deutete auf die blaue Kette der Alpen, die man von meinem Elternhaus in Tutzing aus sieht, und sagte: »Wenn du immer geradeaus in diese Richtung reist, kommst du erst nach Italien und dann nach Afrika, an den Äquator, in den Süden.«

Wenn ich einmal groß bin, werde ich loslaufen, immer in diese Richtung, dachte ich mir. So sickerte die Sehnsucht nach dem Süden in mich ein. Und wenn ich es mir recht überlege, habe ich fortan immer den Süden gesucht, in der Literatur, in Filmen, auf Reisen, beim Träumen. Geschichten von Menschen, die diese Sehnsucht verwirklichten, interessierten mich besonders. Tanja Blixen und ihre Farm in Afrika, Goethe in Italien, ein Münchner Rechtsanwalt, der ein Weingut im Brunello-Gebiet betreibt, mein Freund Karl, der einfach nach Pisa ausgewandert ist, und jene anderen Bekannten, die sich irgendwo im Süden ein Ferienhaus gekauft haben. Alles Menschen, die dem Ruf ihres Herzens folgten, auch wenn das vielleicht manchmal unvernünftig war. Mir selber ist das bislang nicht gelungen. Aber wenigstens darf ich über die Suche nach dem Süden schreiben.

Diese Gedanken schwirren mir durch den Kopf, während ich den Duft des französischen Südens erschnuppere. Dann schließe ich mein Auto ab und gehe auf ein rostiges Gatter zu. Dahinter führt ein Weg zu einem sandgelben Haus mit hellblauen Fensterläden. Davor steht ein Mann in Khaki-Shorts und T-Shirt, der aussieht wie Ernest Hemingway. »Willkommen«, sagt er. »Sie haben mich also gefunden.«

Der 81 Jahre alte Deutsche lebt seit dem Tod seiner Frau ganz allein hier unten am Hérault. Er führt mich zu einer Sommerlinde in seinem mit mediterranen Pflanzen bewachsenen, leicht verwilderten Garten. Unter dem Baum steht ein Tisch mit einem summenden Laptop. Wir setzen uns und kommen ins Plaudern.

Ich habe Franz-Josef Wittmann gesucht, weil er einen ganz eigenen Zugang zum Süden gefunden hat. Wittmann, einst Rechtsanwalt in München, widmet sein Leben heute einem Mann, der als Verkörperung des französischen Südens gilt: dem Insektenforscher Jean-Henri Fabre. Wittmann möchte alle zehn Bände der »Entomologischen Erinnerungen« Fabres ins Deutsche übersetzen. 2000 Seiten sind das, in denen es überwiegend um Mörtelbienen, Sumpfirisrüssler, Blaue Schmeißfliegen, Madenparasiten oder die Schwarzbäuchige Tarantel geht. Drei Bände über alles, was da fliegt und kriecht und krabbelt in Südfrankreich, hat Wittmann bereits geschafft und über den Internet-Selbstverlag lulu.com veröffentlicht. »Wenn ich im bisherigen Tempo weiterarbeite, werde ich wohl im Alter von 90 Jahren fertig sein«, sagt er mit einem nachdenklichen Blick auf sein Notebook. »So lange muss ich durchhalten.«

»Warum wollen Sie all Ihre verbleibenden Jahre in der Gesellschaft von Spinnen, Schrecken und Skorpionen verbringen?«, frage ich ihn.

Wittmann ist kein Mann der flotten Phrasen und raschen Antworten. Er streicht sich über das schlohweiße, im Zopf zurückgebundene Haar. Sagt: »Ich selber frage mich, was so faszinierend an Fabre ist.« Über die Antwort vergeht ein langer Tag in seinem Garten am wilden Fluss. Mein Gastgeber erzählt mir von seiner Liebe zum Süden, den Freuden des Übersetzens und der Ehrenrettung der Zikaden. Und natürlich von Fabre, diesem genialen Freigeist, Poeten und Insektenforscher, der 1912 beinahe den Literaturnobelpreis bekommen hätte und 1915 in der Provence gestorben ist. In Frankreich kennt ihn fast jeder, in Deutschland aber ist er noch wenig bekannt.

Ich bin auf Wittmann durch einen Leserbrief gestoßen. Er beschwerte sich bei mir, weil ich in einem Artikel zum deutsch-französischen Verhältnis das Klischee erwähnt hatte von der »französischen Grille, die sorglos den Sommer genießt, während die deutsche

Ameise emsig für den Winter vorsorgt«. Doppelt falsch sei dieses Bild, schrieb mir Wittmann. Erstens habe der französische Dichter Jean de la Fontaine in seiner berühmten Fabel nicht von Grille und Ameise fabuliert, sondern von Zikade und Ameise, was in Deutschland hartnäckig verkannt werde. Zweitens werde der Zikade bitter unrecht getan. Nicht sie sei der freche Schmarotzer, sondern die Ameise.

Wir schrieben uns daraufhin einige E-Mails hin und her. Ich wurde neugierig auf diesen Anwalt der Zikaden und sein Übersetzungswerk. So sitze ich nun bei ihm in diesem stillen Winkel des Languedoc und diskutiere über Fabre und seine Insekten. Wer glaube, Fabres Bücher über das Liebesleben von Käfern und Hautflüglern, über ihre Dramen, Kämpfe, das Fressen und Gefressenwerden seien langweilig, der irre gewaltig, versichert mir Wittmann. »Fabre hat es geschafft, das alles so zu beschreiben, dass es richtig spannend ist.« Victor Hugo habe Fabre deswegen sogar zum »Homer der Insekten« ernannt.

»Ist das nicht ein bisschen übertrieben?«, wende ich ein.

Der alte Herr blättert in einem seiner grün eingebundenen Übersetzungsbände. Er liest mir aus Kapiteln vor, in denen es um die behaarte Sandwespe und die Grabwespe geht. Stundenlang lag Fabre einst im Garten seines Landhauses bei Orange auf dem Boden, um diese Jägerinnen zu beobachten. Die Larven der Wespen brauchen in ihren Erdnestern frisches Fleisch. Doch die großen Schmetterlingsraupen, die ihnen munden, könnten um sich schlagen und die zarten Larven beschädigen. Daher wird die Wespe zur Chirurgin. Sie gräbt eine Raupe aus, packt das wesentlich größere Tier und stößt ihren Giftstachel nacheinander in jeden ihrer Körperringe. So betäubt, bleibt die Raupe Frischfleisch, um bei lebendigem Leib verspeist zu werden.

Fabre schreibt begeistert über die Präzisionsarbeit der Wespen, »dieses wunderbare Schauspiel«. An einer Stelle schildert er, wie sich eine Sandwespe mitten in ihrem grausigen Ringen mit einer Raupe abwendet und wild zu zucken und zu drehen beginnt. »Ich fürchtete schon, die Jägerin habe im Kampf einen bösen Hieb abbekommen«, schreibt Fabre. »Doch was ich für die Zuckungen des nahen Todes gehalten hatte, war wilde Begeisterung über den Sieg. Die Hautflüglerin beglückwünschte sich selbst dazu, dass sie das Monstrum niedergerungen hatte.« Victor Hugo hat doch recht, sage ich mir. Oder ist das weniger dramatisch als Odysseus' Abenteuer bei den Sirenen, Circe und den Zyklopen?

Die Geschichten des Insektenforschers lesen sich so gut, weil Fabre immer Sympathie für das kleine Getier durchblitzen lässt. Zum Beispiel für die Wollbiene, die den haarigen Stiel einer Glockenblume auskämmt, um Baumwollsäckchen herzustellen, in die sie Honig und ihr Ei steckt. Selbst die gefürchtete Tarantel mag Fabre, deren Augen »wie Diamanten« aus Erdlöchern in seinem Garten leuchten. Packend schildert er ihre tödlichen Duelle mit Hummeln und Bienen.

»Meine schönen Insekten«, flötete der alte Fabre wie ein frisch Verliebter. Wittmann dagegen konnte mit Insekten früher gar nichts anfangen. Dafür faszinierte ihn schon in der Jugend Frankreich, so wie mich Italien. Später fuhr er mit seiner Frau im Wohnwagen durch sein Lieblingsland. Einmal stieß er auf dem Kirchplatz von Sérignan-du-Comtat in der Provence auf ein seltsames Denkmal: einen kleinen, dürren, insektenhaften Mann mit Stock und Hut, der auf einem Baumstamm sitzt. »Was ist denn das für einer?«, dachte sich Wittmann. So stieß er auf den »Harmas«, Fabres Landhaus mit großem, üppig bepflanztem Garten am Rand des Orts, heute ein bezauberndes Provinzmuseum. Dort gab es schon damals Fabres Werke zu kaufen. Wittmann traf der *coup de foudre*, wie man in Frankreich für die Liebe auf den ersten Blick sagt. »Ich war sofort von Fabre fasziniert.«

Die poetische Kraft seiner Sprache, die plastische Beschreibung von Tieren, Pflanzen, Menschen und Landschaften der Provence fesselten ihn. So begann er, Fabre zu übersetzen.

Wittmann und seine Frau waren zu jener Zeit bereits von einer wohl unheilbaren Krankheit befallen, an der auch ich seit langem leide: der Sucht nach dem Süden. »Dass die Sonne jeden Morgen zuverlässig am Horizont aufsteigt und den ganzen Tag am blauen Himmel scheint, das kennt man in Bayern ja nicht.« So kann man es auch auf den Punkt bringen. Bald kam es, wie es in solchen Fällen meistens kommt: Die Krankheit verschärfte sich, die Wittmanns halluzinierten von einem eigenen Haus im Süden. Sie beließen es nicht bei solchen Träumen. Als der Ruhestand des Anwalts nahte und ein Makler ihnen eine Bruchbude am Rande des Hérault zeigte, da sagten sie sich: Wann, wenn nicht jetzt? Sie kauften das Grundstück und bauten das Haus wieder auf. Wittmanns Frau legte den Garten an, mit Lorbeer, Lavendel, Rosen. Gemeinsam schnitten sie den Weg zum Fluss frei und badeten darin an heißen Sommertagen im Schatten der Weißpappeln. Der bislang vielbeschäftigte Münchner Anwalt schien am Ziel seiner Träume zu sein. Dann starb 2007 seine Frau. »So eine Lebensgefährtin zu verlieren, ist ja nicht leicht«, sagt er in seiner unprätentiösen Art.

Auf einmal lebte er ganz allein am Hérault, im tiefen Languedoc. Umso intensiver wandte er sich jetzt der Übersetzung Fabres zu. »Das hat mir ein wenig geholfen, über den Verlust hinwegzukommen«, sagt er. Glückliche Menschen erfinden sich immer wieder Projekte. Auf das Haus im Süden folgte nun die Idee, den ganzen Fabre zu übersetzen. Mit all seinem Getier.

Eine schwarze Ameise eilt den Stamm der Linde empor. Über den Laptop krabbelt eine winzige paprikarote Spinne. Das Reden mit Wittmann schärft meinen Blick für die Welt der Insekten. Doch lohnt es sich wirklich, 2000 Seiten über sie zu übersetzen? »Was können wir Deutschen denn von Fabre lernen?«, frage ich.

Wittmann überlegt diesmal sehr lange, bevor er antwortet: »Es ist die tiefe Gelassenheit, die aus der Überzeugung kommt, dass die Welt ein harmonisches Ganzes ist, dem man sich anvertrauen kann.« Das spiegelten Fabres Bücher wider, und das sei es, was die Menschen des Südens, Italiener, Spanier, Franzosen, von den rastlosen Nordlichtern unterscheide.

Ein leichter Wind zupft an den Kronen der Bäume, und Fabres kleine Freunde, seine »Stachelträger und gepanzerten Deckflügler«, erfüllen die Luft mit Summen und Zirpen. Sie und die Sonne leisten uns Gesellschaft. Manchmal aber, wenn Wittmann nachts allein in seinem Garten sitzt, überkommen ihn Zweifel. »Dann ist es hier so ruhig, dass es mir wie Lärm vorkommt, wenn ein Blatt zu Boden fällt.« Dann fühlt er sich einsam, auch wenn Fabre stets in seiner Nähe ist. Doch Wittmann ist nicht der Mann, der sich unterkriegen lässt.

Im Garten werden die Schatten länger und die Farben dichter. Bevor ich gehe, muss ich noch eine Sache klären: die Ehrenrettung der Zikade. Jean de la Fontaine, der Klassiker aus dem 17. Jahrhundert, beschreibt sie als lustige Musikantin, die den Sommer über munter zirpt und singt, um dann im Winter zur Ameise zu kriechen und etwas zum Fressen zu erbitten. Manche sehen darin eine Metapher für den sorglosen Süden und das tugendhafte Germanien. Wittmann muss da hell auflachen. »Im Winter gibt es keine Zikaden«, sagt er. Und betteln würden sie schon gar nicht. Denn die Geschichte gehe ganz anders.

Bisweilen, im Frühsommer, sieht Wittmann ein maikäfergroßes bräunliches Geschöpf der Erde entsteigen und einen Baumstamm emporkrabbeln. »Plötzlich platzt sein Kopf auf, und es erscheint ein anderes Insekt, das langsam aus dem ersten hervorkriecht.« Hellgrün und wie verknittert sitzt es auf der Rinde. Langsam entfalten sich seine Flügel und verfärben sich ins Braune. »Eine Zikade ist geboren.«

Fabre beschreibt, wie es weitergeht. Die Zikade setzt ihren Rüssel ein wie ein Präzisionswerkzeug. »Auf einem Zweig sitzend und immerfort singend, durchbohrt sie die feste und glatte Rinde, aus der ein von der Sonne gereifter Saft quillt.« Der Duft lockt ungebetene Gäste an, Metallkäfer, Fliegen, Ohrwürmer. »Die Hartnäckigsten bei diesem Banditenstreich sind die Ameisen«, entrüstet sich Fabre. »Ich habe gesehen, wie sie der Zikade in die Beine beißen, habe sie überrascht, als sie ihr am Flügel zogen, ihr auf den Rücken krochen, sie am Fühler kitzelten.« Die fleißige Handwerkerin, die bereitwillig teile, sei die Zikade.

Franz-Josef Wittmann schaut mich ernst an. »Nicht die Zikade ist die Schmarotzerin, sondern die Ameise.« Mit seiner Übersetzung will er diesem Symboltier des Südens auch in Deutschland Gerechtigkeit widerfahren lassen. Jean-Henri Fabre wäre gewiss zufrieden mit ihm.

Quer durch die Vulkanberge der Auvergne fahre ich zurück nach Saint-Cloud. Wittmann und sein Fabre gehen mir nicht mehr aus dem Kopf. Und manchmal, wenn in Paris die Tageszeitungshektik über mir zusammenschwappt, mit ihren Pressekonferenzen, Euro- und Regierungskrisen, dann träume ich davon, in einem Häuschen am Hérault zu leben und ganz in Ruhe über Insekten zu schreiben.

Einundzwanzig

Seit es Frühjahr ist, sehe ich Éric Guerin manchmal morgens mit dem Rad zu seinem Büro in Paris aufbrechen. Sein Fahrrad sieht robust und schwer aus. Er schnallt seine Aktentasche auf den Gepäckträger, setzt sich in seinem schicken dunklen Anzug darauf und fährt pfeifend los. Abends kommt er dann wieder munter in unserem *hameau* angeradelt, ohne zu keuchen und ohne eine einzige Schweißperle auf der Stirn. Das verstehe ich nicht. Er mag es als Normanne doch eher kalt. Da muss ihm doch heiß werden, wenn er den steilen Berg von Paris nach Saint-Cloud hochradelt. Seltsame Typen, diese Normannen.

Aber ich beneide ihn auch um seine Touren. Als ich noch in München lebte, bin ich immer mit dem Rad in die Arbeit gefahren, im Sommer wie im Winter. Deshalb hatte ich im Winter immer Schnupfen. Aber München ist flach und voller schön angelegter Radwege. Saint-Cloud dagegen liegt auf den *Hauts de Seine*, den Seine-Höhen. Und unten in Paris scheint mir der Autoverkehr doch zu chaotisch zu sein, als dass man genüsslich durch die Stadt radeln könnte. Schade eigentlich. So begnügen wir uns mit kleinen Touren in den Park von Saint-Cloud oder auch einmal zum Schlosspark von Versailles.

Als uns Éric wieder mal aufbrechen sieht, sagt er: »Seid ihr eigentlich schon mal runter nach Paris geradelt? Ich kenne da eine tolle Strecke.«

»Meinst du wirklich? Mit den Kindern? Das ist doch

viel zu gefährlich«, sage ich. »Und sicher nicht so schön bei all den Autos.«

»Hm. Ich hab' da so eine Strecke, die würde euch bestimmt gefallen. Warum fahren wir nicht mal gemeinsam?«

»Und wie kommen wir auf der Rückfahrt wieder den Berg hinauf?«

»Da müsst ihr halt schieben!«

»Schiebst du dein schweres Fahrrad da auch immer hinauf, Éric?«

»Niemals«, behauptet er. »Ich fahre immer.«

Am nächsten schönen Samstag strampeln wir zu acht los. Wir vier, Éric, Aurore, Zoé und Arthur. Weil die Kinder der Guerins mitmachen, sind Bernadette und Nicolas motiviert. Sie sausen uns davon, und wir müssen sie immer wieder zurückpfeifen. Wir fahren an den schönen Villen und Gärten von Saint-Cloud vorbei und dann eine extrem steile Straße den Berg hinab. Wenn jetzt die Bremsen versagen, ist es um uns geschehen. Angespannt starre ich auf den Asphalt und krache beinahe in Éric, der mitten auf der Strecke anhält. »Seht mal da vorn, ist das nicht *magnifique*?«

Tatsächlich. Wir blicken hinab auf die grüne Lunge des Bois de Boulogne, hinter dem, wie eine Fata Morgana, der Montmartre in der dunstigen Morgenluft schwebt. Transparent weiß schimmert die Basilika Sacré-Coeur zu uns herüber. Einen so schönen Blick auf den Märtyrerhügel habe ich noch nie gehabt. Bald darauf erreichen wir eine ganz lange Brücke mit sanftem Gefälle, die wie eine aufgegebene Bahnstrecke wirkt. *»La passerelle«*, sagt Éric. »Die Fußgängerbrücke.« Wir rollen wie auf einem Laufsteg an den Obergeschossen der Häuser vorbei und dann über liebevoll gepflegte Schrebergärten hinweg, die genauso in Deutschland liegen könnten. Dann kommt die Seine.

Wir stellen unsere Fahrräder ab, um uns umzuschauen. Im Norden ballen sich die glitzernden Glas-, Stahl- und Betontürme des Geschäftsviertels La Défense am Wasser. »Manhattan an der Seine«, sagt Aurore, und das ist gar nicht so weit hergeholt.

Direkt unter uns ist ein Hausboot neben dem anderen am Ufer vertäut. Wir schauen direkt auf die Decks, auf denen die Bewohner kleine Gärten angelegt haben, mit Kübelpalmen, Geranienkästen, Sonnenschirmen, Picknickgarnituren. Eine alte Frau gießt ihren Oleander, ein junges Pärchen aalt sich auf einer Sonnenliege. »Mann, schaut mal da, ein Krokodil!«, kreischt Arthur.

Wir sprinten auf die andere Seite der *passerelle*. Tatsächlich. Da unten, am Bug eines Hausbootes, fläzt sich ein schweres, breites Krokodil in der Sonne. Es ist mit einer massiven Kette um den Hals angebunden und sieht ziemlich heimtückisch aus. Nicht nur Nicolas und Bernadette, auch Antonia und ich rätseln im ersten Moment, ob es lebt. »Reingelegt, reingelegt!«, freut sich Arthur. »Das ist eine Attrappe.«

»Die Leute auf den Hausbooten lassen sich einiges einfallen«, lacht Aurore. »Ihr müsst mal genau hinsehen. Jedes Wohnschiff hat seinen eigenen Charakter, seine Atmosphäre. Da gibt es ganz mondäne Boote mit glitzerndem Chrom und Edelhölzern, gemütliche Familienpötte und völlig verschrobene Dinger, vollgestopft wie Hexenhäuschen. Die meisten sind ausrangierte *péniches*, Lastkähne, die nach dem Niedergang der Flussschifffahrt zu Wohnbooten umgebaut wurden.«

»Gibt es viele Menschen, die in Paris auf dem Wasser leben?«, fragt Nicolas.

»Hunderte«, sagt Aurore. »Manche wurden auf den Booten geboren und sind dort aufgewachsen. Sie kennen gar nichts anderes.«

»Da können die ja aus dem Schlafzimmer heraus angeln. Das muss toll sein, auf einem Boot zu leben.«

»Ja und nein«, meint Aurore. »Ich stelle es mir im Winter ganz schön feucht und klamm vor, wenn der Nebel tagelang auf der Seine liegt. Aber jetzt, in der schönen Jahreszeit, ist es natürlich prima. Mitten in der Stadt leben und zugleich in der Natur ...«

Bernadette hat derweil auf der anderen Seite der Brücke die nächste Attraktion entdeckt. »Cool! Da fährt einer Wasserski auf der Seine!«, ruft sie. Tatsächlich. Ein Motorboot zieht eine Monoskifahrerin in flottem Tempo hinter sich her. Gekonnt springt sie über die Bugwellen und lässt sich unter der Brücke hindurchziehen. Dann tuckert ein Lastkahn vorbei, der PKW des Kapitäns steht oben an Deck.

Es gibt ständig irgendetwas zu sehen, hier oben von der *passerelle*. Wir könnten noch Stunden bleiben. Doch Éric drängt zum Weiterradeln. Hinter der Brücke geht es auf einem schmalen Weg am rechten Ufer flussabwärts, an weiteren Hausbooten und einem blutrot gestrichenen Schiffsrestaurant vorbei. Wir überqueren eine dichtbefahrene Straße und tauchen in den Bois de Boulogne ein. An zwei Teichen voller Schilf und Seerosen sitzen Angler in der Sonne. Sie haben Hightechruten ausgelegt, Kühltaschen und Transistorradios neben sich und sehen aus, als ob sie den ganzen Tag hier verbringen würden. Auch ein ganz junger Angler ist dabei, seine Freundin sitzt geduldig neben ihm. Das nennt man Liebe. Ein Stück weiter fliegt plötzlich ein Reiher aus dem Schilf auf. Wir umrunden das Nordende des *Hippodrome de Longchamp* und werden beinahe von einem Rudel Rennradler über den Haufen gefahren. In rasendem Tempo wetzen immer wieder neue Pulks von papageienbunt gekleideten Sportlern an uns vorbei. Wir kommen uns richtig deplatziert vor mit unseren Hobbyrädern. Doch dann führt uns Éric auf stillen, schattigen Nebenwegen durch den herrlichen Stadtpark. Es gelingt ihm sogar, die Prostituierten zu umfahren, die im Bois de Boulogne ihr Biotop gefunden haben. So ersparen wir uns Fragen der *ados*.

Ein See mit zwei Inseln, Ruderboote, Biergärten, Wiesen, Wälder, Jogger, Skater, Picknicks im Grünen wie auf den Gemälden der Impressionisten, Schwalben, die ins Blaue stieben. Es ist zu schön. Éric muss sehr drängen, um uns loszueisen.

Schon wartet das nächste Highlight. Auf dem für Radler abgetrennten Fahrstreifen der Avenue Foch rollen wir schnurstracks auf den Arc de Triomphe zu. Es ist ein erhebendes Gefühl. Vier Franzosen und vier Deutsche aus zwei Generationen strampeln einträchtig dem Triumphbogen entgegen, mit dem Napoleon seine Siege auch über die deutschen Staaten feiern wollte – und an dem später die Soldaten der Wehrmacht ihre Siegesparade abhielten. Heute triumphiert am Arc de Triomphe die Völkerverständigung. Menschen aus der ganzen Welt zücken ihre Fotoapparate, um dieses Monument auf dem Sternenplatz abzulichten, das je nach Tageszeit, Wetter und Stimmung pathetisch, glorios und sogar romantisch wirken kann.

»Sich mit dem Fahrrad in dieses Autokarussell um den Triumphbogen zu wagen wäre Wahnsinn«, sagt Éric. »Daher müssen wir an den Ampeln Straße um Straße am Rand des Sternenplatzes überqueren, bis wir zu den Champs-Élysées kommen. Das dauert, aber es geht nicht anders.«

Doch ich habe mir in den Kopf gesetzt, wenigstens einmal im Leben mit meinem Fahrrad um den Arc de Triomphe zu fahren. Das bin ich diesem mehr als 20 Jahre alten weißen Peugeot-Rad schuldig, das mich so geduldig durch Freiburg, München, Rom und Paris getragen hat.

»*C'est fou, Stefàn!*«, ruft Aurore.
»Du spinnst«, schreit Bernadette.
»Das machst du nicht«, bittet Antonia.

Ich lasse mich nicht beirren. Ich erkläre meiner Frau noch, wo die Unterlagen meiner Lebensversicherung sind, und stürze mich dann ins Getümmel. Es wird schlimmer, als ich dachte. Nicht einmal ein Idiot fährt mit dem Fahrrad um den Triumphbogen. Das wissen auch die Autofahrer. Daher rechnen sie nicht einmal mit mir. Fassungslos merke ich, wie ich immer wieder nur um Zentimeter dem Exitus entgehe. Dann bekomme ich plötzlich Gefallen an der Sache. Womöglich ist es das Adrenalin. Geschickt, wie ich finde, passe ich die Furten zwischen den Autoströmen ab und strample hoch erhobenen Hauptes einmal rundherum. Im Triumph. Als ich wieder bei meiner Radlgruppe ankomme und den verdienten Lorbeer in Empfang nehmen will, sagt Antonia: »Du bist ein schlechtes Vorbild für die *ados*.« Wenn ich nur wüsste, was sie damit meint.

Die Akte der Lebensversicherung darf jedenfalls im Schrank bleiben. Dennoch würde ich die Platzumrundung per Rad nicht weiterempfehlen, schon wegen der Abgase.

Mein Ärger über die verweigerte Anerkennung meiner Leistung ist schnell verflogen, denn nun tut sich vor mir ein erhabener Blick auf – die ganzen Champs-Élysées hinab bis zur Place de la Concorde. Mit ziemlicher Mühe und, es sei gestanden, dem Versprechen auf ein Eis, lotsen wir unsere vier *ados* an diversen Autosalons und Klamottengeschäften vorbei, darunter am Flagship-Store einer zurzeit extrem angesagten amerikanischen Modemarke. Das Problem ist nur: Auf den Champs-Élysées gibt es keine Fahrradwege. Éric empfiehlt daher, dass wir strikt illegal um die Fußgänger auf den sehr breiten Trottoirs herumkurven sollen. Er mache das immer so. Dass wir damit bis zur Place de la Concorde durchkommen, lässt sich entweder der Ineffizienz oder der Toleranz der französischen Polizei zuschreiben. Als Frankreich-Fan, der ich allmählich zu werden drohe, plädiere ich für die Toleranz.

Die Place de la Concorde ist mit ihren 68 000 Quadratmetern gefühlt der größte Platz der Welt. Diesen Eindruck vermittelt eine geschickte Choreographie: der Obelisk als Blickpunkt in der Mitte und eine verhältnismäßig niedrige Bebauung an den Rändern. Dabei ist der »Platz der Eintracht«, auf dem einst Ludwig XVI. und Marie Antoinette geköpft wurden, nur der zweitgrößte Platz Frankreichs. Der größte befindet sich in Bordeaux. Aber was soll's. Etwas außer Atem bestaunen wir den Obelisken aus Luxor mit seiner funkelnden Spitze aus vergoldeter Bronze und die Brunnen mit ihren allegorischen Fluss- und Meeresfiguren. Gestört wird die Betrachtung allerdings von den Autoströmen, die die Ampeln wie Schleusen von verschiedenen Seiten aus auf den Platz fließen lassen. Éric weist uns an, unsere Fahrräder auf den Bürgersteigen am Rand des Platzes vorbeizuschieben, um hinunter zur Seine zu kommen. Ich verzichte darauf, mich auch hier mit dem Rad in den Autokreisel einzureihen. Der Klügere gibt eben nach. Eigentlich schade.

Nach all den Eindrücken haben wir jetzt mächtig Hunger. Éric ist darauf vorbereitet. Er lotst uns auf die stille Place du Palais Bourbon hinter der Nationalversammlung und auf die Terrasse einer eleganten Brasserie. »Hier essen auch viele Abgeordnete«, flüstert Éric uns zu und deutet auf einige ältere Herren im Anzug. Gestärkt zieht unsere Karawane weiter, über die Esplanade vor dem Invalidendom und bald darauf wieder hinunter an die Seine. Wir genießen es, befreit vom Autoverkehr am Fluss entlangzufahren und die leichte Kühle vom Wasser her auf dem Gesicht zu spüren. Unterhalb des Eiffelturms legt Ausflugsschiff auf Ausflugsschiff ab. Dann wird es ruhiger, fast beschaulich. Wir setzen uns auf den Quai in die Sonne. Alle sind zufrieden mit dieser Radtour, auch die vier *ados*. »Doch jetzt kommt der harte Teil«, sagt Éric grinsend. »Wir müssen zurück nach Saint-Cloud.«

Wir durchqueren auf Schleichwegen das noble 16. Arrondissement. Aurore zeigt uns einige vorzüglich renovierte Jugendstilfassaden. Dann geht es durch eine kleine Gitterpforte, die wir allein niemals gefunden hätten, und plötzlich sind wir in den Grünanlagen der Jardins du Ranelagh. Hier steht eines der schönsten kleineren Museen von Paris, das Musée Marmottan, eine alte Villa voller Monet-Gemälde. Ich gerate in Versuchung, doch die *ados* machen mir sofort einträchtig und unmissverständlich klar, dass das *»tout à fait hors de question«* sei, also schon überhaupt nicht in Frage komme. Schön, dass meine beiden sich so gut mit den jungen Guerins verstehen.

Die Rückfahrt durch den Bois de Boulogne und über die *passerelle* gerät etwas mühsamer, denn es geht leicht bergauf. Die Stimmung in der eben noch so munteren Gruppe sinkt. »Ich hasse Radfahren«, brummt Nicolas vor sich hin, während er ruckartig in die Pedale tritt.

»Quoi?«, fragt ihn Arthur.

»Je déteste faire du vélo«, antwortet Nicolas routiniert.

Arthur meint solidarisch: »Icke auche.«

Doch das Schlimmste steht uns noch bevor. Der Berg von Saint-Cloud. Schwitzend und stöhnend wuchten wir unsere Räder empor. Doch was macht Éric? Er fährt lächelnd an uns vorbei. Das sieht völlig mühelos aus, wie Zauberei. »Ich weiß gar nicht, was ihr habt«, ruft er grinsend und verschwindet hinter der nächsten Ecke. Coole Kerle, diese Normannen, denke ich mir.

Doch Aurore zerstört diese Illusion. »Ach, Éric, dieser *gueulard* – dieses Großmaul«, lästert sie. »Der hat doch einen Elektromotor am Rad. Nur deswegen kommt er den Berg hinauf.«

Putain! Daher sieht sein Rad so massiv aus. Da hat er mich ganz schön reingelegt. Doch irgendwie bin ich beruhigt. Kochen auch nur mit Wasser, die Normannen.

Jedenfalls wird diese *Tour de Paris* zu einem Hit für unsere Gäste aus Deutschland. Je nach Lust und Fitness dehne ich sie aus, über die Place de la Bastille bis hin zum Bois de Vincennes im Pariser Osten. Inzwischen finde ich, Paris ist die ideale Fahrradstadt. Das kompakte Zentrum Roms lässt sich gut zu Fuß erkunden. Paris ist dafür zu groß. Mit dem Rad aber kann man auf einer Tagestour sehr viel erleben. *Vive le vélo!*

Dann beginnt die letzte Schulwoche, und der Sommer rollt pünktlich über das Land. Wie schon bei unserer Ankunft bin ich überrascht, wie heiß es in Paris werden kann. Jeden Morgen, wenn wir aufstehen, ist jetzt der Himmel blau; und jeden Nachmittag steigt die Temperatur auf mehr als 30 Grad. In unserem schlecht isolierten Turm mit seiner Südhanglage wird es richtig stickig. Nicolas gießt mehrmals täglich unser Gärtchen. Nachts sitzen wir im T-Shirt im Freien. Ich finde es herrlich, wie in Italien.

Die Schulferien fangen an, und es wird noch heißer. Napoléon packt wieder das Auto. Madame Delacroix verabschiedet sich in ihr Häuschen in der Nordbretagne. »Dort ist es viel angenehmer«, raunt sie mir listig zu. »Wir haben da so ein frisches Mikroklima.«

Viele befreundete Familien aus der Deutschen Schule brechen jetzt nach Deutschland auf. Die Kinder unserer Nachbarn werden an die Küste verschickt, zu Tennistrainings und Segelkursen. Wir müssen noch etwas warten, bis wir in den Urlaub fahren. Bernadette und Nicolas lungern im Haus herum und wissen nicht so recht, was sie anfangen sollen. Nach Paris zu fahren, haben sie bei der Hitze keine Lust. Das Hallenbad im benachbarten Garches kann zwar sein Dach zurückfahren und so zum Freibad mutieren, doch es ist recht klein und nun allzu voll. Sonst sieht es mit Freibädern im Raum Paris nicht so toll aus. Wir finden das eine oder andere, doch sie können dem Vergleich mit unseren Münchner Freibädern wie dem Naturbad Maria Einsiedel oder dem Ungererbad nicht standhalten. Was machen eigentlich die Pariser, die nicht am Meer sind, an heißen Hochsommertagen?, fragen wir uns. Es muss doch irgendwo in der Umgebung nette Badeseen geben, zumindest ein paar Baggerseen. Wir starten eine Umfrage unter den noch hier verbliebenen Nachbarn im *hameau*.

»Nicht dass ich wüsste«, sagt Éric. »Wenn ich baden will, fahre ich in die Normandie.«

»Désolée«, sagt Élodie ein wenig kapriziös. »Baggerseen sind nichts für mich. Wenn ich baden will, fahre ich nach Biarritz oder an die Côte.«

Wenigstens Monsieur Rosard, der pensionierte Geschichtslehrer, sollte doch etwas wissen. Schwitzend stehe ich vor seiner Tür. »Es gibt da in der Umgebung so einige *bases de loisir*«, sagt er. »Da könnten Sie es mal probieren. Und jetzt entschuldigen Sie mich bitte, wenn ich etwas kurz angebunden bin. Ich muss noch auf mein Tretrad.« Bei der Hitze!

Die *base de loisir*, die wir sofort ansteuern, entpuppt sich als großzügiges Freizeitgelände mit Wäldern, Wiesen, Sportanlagen und einem nicht zu kleinen See. »Phantastisch«, ruft Nicolas. »Endlich schwimmen.«

Doch als wir näher kommen, sehen wir überall Schilder: *»Baignade interdite!«* Verboten. Wegen Gesundheitsgefahr. Der Grund wird schnell klar. Das Wasser ist hoffnungslos mit Kot von Enten und Gänsen verschmutzt. Allenfalls zum Bootfahren taugt es. Zum Ausgleich gibt es in der *base de loisir* zwar ein überfülltes Schwimmbad. Aber das ersetzt natürlich keinen See.

Frustriert und schon wieder schwitzend kehren wir in unseren *hameau* zurück. »Wie war es?«, fragt Monsieur Rosard, der gerade seine Mülltonne hinausrollt.

»Merde!«, schreit Nicolas.

»Na, na!«, sagt Monsieur Rosard. »Das tut mir leid. Aber mir ist da beim Tretradfahren etwas eingefallen. Da kommen mir die besten Gedanken. Es gibt tatsächlich einen Badesee. Er liegt Richtung Rambouillet.« Er zeigt mir den See auf einer Karte.

Élodie schließt sich uns spontan an. »Wenn das ein richtiger See und nicht nur ein Baggersee ist, komme ich gern mal mit«, sagt sie. Ich habe überhaupt nichts dagegen. Allerdings dauert es fast eine Stunde, bis sie ihre Badesachen, Sonnencremes und After-Sun-Lotions zusammengepackt hat. Am frühen Nachmittag treffen wir endlich am »See« ein. Naiverweise hatte ich mir so etwas wie den Starnberger See vorgestellt. Stattdessen finden wir eine Reihe künstlich angelegter und miteinander verbundener Waldweiher, die von einem Kanal bewässert werden. Das Wasser lässt sich mit viel Wohlwollen als naturtrüb bezeichnen. Wenigstens ist es kalt. Élodie rümpft die Nase. Sie gibt uns zu verstehen, dass ihr die ganze Richtung nicht passt. Als ob wir daran schuld wären, dass die Pariser keine ordentlichen Badeseen haben.

Wir lösen an einem Kassenhäuschen Tickets und

betreten einen umzäunten, künstlich aufgeschütteten Strand. Der Sand ist fein und sauber, doch es ist unglaublich voll hier – schließlich hat der Großraum Paris zwölf Millionen Einwohner, und die meisten davon sind nun hier. Dennoch finden wir ein Plätzchen, ziehen unsere Badesachen an und gehen zum grün-bräunlichen Wasser. Élodie streckt ihre gepflegten Perlenzehen hinein und befindet, das sei ihr zu trübe. Den restlichen Nachmittag bräunt sie sich auf ihrem Handtuch für Biarritz vor. Wir anderen wagen uns in den Teich.

»Baignade surveillée« steht auf einem Schild im Wasser. Es gibt also Badewächter. Der sehr überschaubare Schwimmbereich ist genau festgelegt. Doch das ist uns zu doof. Wir tauchen unter dem Absperrband hindurch und schwimmen munter drauflos. Jetzt sind wir ganz allein. Herrlich. Nun wird es richtig schön. Wir sehen Haubentaucher im Schilf. Irgendwo werden wir an einem einsamen Plätzchen an Land gehen. Dann bemerken wir ein Motorboot, das auf uns zusteuert. Ein junger, braungebrannter Mann mit gestähltem Körper ruft uns zu, er sei der Badewächter.

»Enchanté«, blubbere ich.

»Sie wissen, warum ich hier bin?«, fragt er süffisant.

»Wir ahnen es«, sagt Antonia, fragt aber dann doch, warum man hier denn nicht frei herumschwimmen dürfe. Das sei doch völlig ungefährlich.

»Klar ist das ungefährlich«, sagt der Gestählte. »Aber dann könnten die Leute ja überall ohne zu zahlen zum Baden gehen. Das wollen wir nicht. So einfach ist das.« *Vive la liberté!*

Verdrossen schwimmen wir zurück zum Strand und gehen in die Bar. Plastikstühle, Cola, Hamburger. Das Essen in den Münchner Freibädern schmeckt besser. Aber ich will ja nicht meckern. Élodie dagegen flucht, nun habe sie auch noch einen Sonnenbrand bekommen. Ein Hauch von Röte überzieht ihren gebräunten flachen Bauch. »Es ist völlig sinnlos, im Großraum Paris baden zu gehen. Deswegen fahren doch alle Pariser ans Meer. Seht auch ihr Deutschen das jetzt ein?«

Okay, wir sehen es ein. Das war ein Schlag ins Wasser. Wir nicken schuldbewusst und freuen uns auf den Urlaub am Meer.

Zweiundzwanzig

Doch noch können wir nicht in die Ferien losfahren. Denn wir haben noch eine Hochzeit zu feiern, besser gesagt zwei. Aber der Reihe nach. Bisher war noch wenig von Madame Rosard die Rede. Die ein wenig füllige Frau mit dem praktischen Kurzhaarschnitt wirkte auf uns lange etwas verhuscht und wie im Schatten ihres extrovertierteren Mannes stehend. Sie grüßte zwar freundlich, verschwand aber schnell im Haus oder im Auto, wenn wir sie mal auf dem Platz unseres *hameau* trafen. So ganz allmählich kamen wir aber auch mit ihr ins Gespräch, und sie taute überraschend kräftig auf. Sie erzählte uns, sie habe sehr viel Stress in der Arbeit und einige Sorgen mit ihren zwei erwachsenen Söhnen. Olivier, der Jüngere, sei seit zwei Jahren mit der Uni fertig, habe aber noch keine feste Anstellung gefunden. »Er schlägt sich mit Gelegenheitsjobs durch. Wenn wir ihn nicht unterstützen würden …« Sie seufzt.

»Und Ihr Älterer, wie heißt er noch gleich …?«, frage ich, um sie aufzumuntern. Denn der Ältere ist ihr ganzer Stolz.

»Ach, Albert!«, sagt Madame Rosard und verdreht die Augen. »Der ist ja so tüchtig. Beruflich läuft es *impec* mit seinem Architekturbüro. Aber jetzt will er heiraten!«

Verdutzt schaue ich sie an. »*Toutes mes félicitations* – aber Sie scheinen sich nicht besonders zu freuen?«

»Nun ja«, sagt Madame Rosard, »Zeit wäre es ja. Albert wird schon 32. Und ich freue mich auf Enkelkinder. Aber seine Braut ist, äh, wie soll ich sagen ...«

»Arm?«, frage ich naiv, denn ich weiß, dass Monsieur Rosard sehr an seinen Besitztümern hängt – von den alten Zeitschriften, die er mir schenkt, einmal abgesehen.

»Nein, das wäre nicht das Problem. Wir haben genug.«

»Krank?«

»Sie strotzt geradezu vor Gesundheit.«

»Vielleicht nicht so ganz die Augenweide?«, wage ich nun zu vermuten.

»Das kann man auch nicht sagen. Sie hat ein hübsches Gesicht und tolle Haare und war sogar einmal Schönheitskönigin ihres Heimatdorfes.«

»Aber wo liegt denn dann das Problem?«

»Nun ja, wie soll ich sagen ... Sie wissen ja, mein Mann und ich sind keine Rassisten, gewiss nicht.«

»Gott behüte«, werfe ich ein, wohl wissend, dass die Rosards mit dem rechtsradikalen Front National liebäugeln.

»Also, meine künftige Schwiegertochter ...« Es fällt ihr sichtlich schwer, mit dem »Problem« herauszurücken. Dann gibt sie sich einen Ruck: »Sie ist so ein bisschen *basanée*!«

Wieder einmal lassen mich meine Französischkenntnisse im Stich. Ich meine mich zu erinnern, dass *»basané«* braun gebrannt heißt – und sehe immer noch kein Problem.

»*Basanée*, so wie Élodie?«

»Non, beaucoup plus basanée.«

Ratlos gehe ich davon. Doch bald sehe ich eine kleine, hübsche, schwarzhäutige, hochschwangere Frau im Haus der Rosards verschwinden. Später wird sie mir als Lucianise vorgestellt. Ich erfahre, dass sie von der Karibikinsel Martinique stammt, einem der französischen Überseedepartements. Ihr künftiger Gatte, Albert, ist ein enorm großer Urfranzose mit heller Haut und rotblondem Vollbart. Die Liebe geht weite Wege.

Madame Rosard vertraut sich uns nun öfter an. Das Unternehmen Hochzeit werde sehr aufwendig, sagt sie. Man sei bereits bei 10 000 Euro angelangt.

»Kummer und Sorgen erfüllen mein Herz«, murmelt Nicolas.

Madame Rosard versteht ihn nicht. Die Braut sei schwierig zu handhaben, klagt sie. »Ständig kommt sie mit neuen Ideen. Neulich verlangte sie, nach der Tradition der Antillen zu heiraten! Albert und sie sollten während des Hochzeitsessens – wir feiern in einem Hotel – auf einem Podest unter einem Baldachin sitzen!«

»Und?«, fragt Antonia neugierig.

Madame Rosard verzieht das Gesicht. »Die Hotelmanagerin meinte nur: ›Dann sitzen Sie ja völlig isoliert. Mit wem wollen Sie sich dann während des ganzen Fests unterhalten?‹ Das hat Lucianise zum Glück wieder davon abgebracht.«

Dann lädt uns Madame Rosard zu Kirche und anschließendem Cocktail ein. Antonia sagt gern zu, doch ich muss leider absagen. Denn ich habe ausgerechnet am selben Tag eine andere Hochzeit. Der Bräutigam heißt ebenfalls Albert.

Albert und Charlene sind, ähnlich wie Albert und Lucianise, schon länger ein Paar. Nur dass in ihrem Fall alle Welt ungeduldig auf die Hochzeit wartet. Denn Albert II. ist der Fürst von Monaco, und die südafrikanische Exschwimmerin Charlene Wittstock soll seine Gemahlin werden und wie einst seine Mutter Gracia Patricia dem Zwergstaat am Mittelmeer neuen Glanz verleihen. Hochzeitsgerüchte gab es seit Jahren, wurden vom Hof aber immer wieder dementiert. Nun ist es endlich so weit. Eine Familienfeier für die Monegassen ist angesagt und zugleich ein Fernsehspektakel für Millionen. Natürlich kann, soll und muss ich mir das als Korrespondent nicht entgehen lassen. So fahre ich schon ein bisschen eher hinunter an die Côte d'Azur und schaue mich in Monaco um.

In einer regnerischen Nacht vor gut 700 Jahren hat sich hier François Grimaldi als Mönch getarnt in die von Genuesen gehaltene Burg geschlichen, die Herrschaft an sich gerissen und eine Dynastie gegründet, die noch immer regiert. Während andere Fürstentümer in den Nationalstaaten aufgingen, konnten die Grimaldis ihrem kargen Felsen am Mittelmeer mit List und Glück die Unabhängigkeit bewahren. Ihr Staat ist halb so groß wie der Englische Garten in München und damit das kleinste Land der Erde, vom Vatikan einmal abgesehen. Aber der ist ja nicht ganz von dieser Welt.

Anders als den Vatikan finde ich Monaco als Ensemble nicht übermäßig schön. Der Meeressaum ist zubetoniert. Die Hänge sind mit gesichtslosen Apartmentblocks vollgestellt. Überall lärmen Baustellen, und in den kurvigen Straßen tobt der Verkehr. Auch Porsches, Maseratis und Bugattis stinken.

Ich laufe hinunter zum Hafen. An Deck einer Motoryacht steht ein Rentner in der prallen Sommersonne. Seine Haut hat ungefähr die Farbe des roten Teppichs angenommen, der gerade oben auf dem Schlosshügel ausgelegt wird. »Monaco ist ein Traum«, sagt die Rothaut zu mir. »Hier findest du die schönsten Yachten, Autos, Mädchen.« Es gebe nur Wohlhabende, keine Armen und keinen Schmutz. »Aber du musst nicht wirklich reich sein, um dich hier niederzulassen. 20, 30 Millionen genügen.« Na dann. Ich werde es mir überlegen.

Die Wellen plätschern. Ein dunkelhäutiger Schiffsjunge serviert Melone mit Parmaschinken. Ich laufe empor zum *rocher*, dem Felsen, auf dem Albert II. in einem Palais, halb Burg, halb Schloss, herrscht. Die Residenz und die umliegenden Straßen sind bereits für die Hochzeit aufgehübscht. Arbeiter tünchen die letzten Fassaden, ziehen Fahnen auf, bepflanzen Beete. Die Häuser auf dem Felsen sind kokette Palazzi in Sahne-Melonen-Farben – ein kurioser Kontrast zu den Hochhausschachteln drum herum. In den Bars und auf den Gassen wird getuschelt. Die Untertanen rätseln, ob ihr Fürst eine Liebeshochzeit feiert oder eine Vernunftehe eingeht. Wilde Gerüchte über das Vorleben des Herrschers gehen um, und es heißt sogar, Charlene habe Fluchtpläne geschmiedet. Die Braut, die sich nicht traut? *»Nuages sur le mariage«*, dichtet eine französische Tageszeitung. »Wolken über der Hochzeit.«

Zumindest das ist gelogen. Am Nachmittag der Trauung ist der Himmel wolkenlos blau. Eine drückende Mittelmeerschwüle bringt die Gäste ins Schwitzen, die nun in hocheleganten Kleidern zum Platz vor dem Palast laufen. Nur wenige Auserwählte werden in den Palasthof eingelassen, wo der Erzbischof von Monaco Albert und Charlene trauen wird. 3500 weitere geladene Gäste und Journalisten, darunter ich, dürfen draußen vor der Tür das Ereignis auf Großbildschirmen verfolgen und durchs Tor in den Hof linsen. Die Regierung hat auf den Einladungen und Akkreditierungen um korrekte Kleidung gebeten: »Für die Herren: Jackett/weißes Hemd/Krawatte. Für die Damen: Cocktailkleid/bedeckte Schultern (kein Weiß).« Das gilt nicht nur für den Hof, sondern auch für die billigen Plätze draußen vor den Bildschirmen.

Wir Journalisten mussten uns bereits früh einfinden und sitzen nun seit Stunden in der prallen Sonne. Diener verteilen Papierfächer mit den Monogrammen des Hochzeitspaares. Ansonsten lindert kein Windhauch die Hitze. Ich klebe in meiner hochkorrekten Kleidung auf dem mir zugewiesenen Plastikstühlchen. Mehr Sorgen als meine Sitzfläche macht mir mein Kopf. Viele andere Gäste haben sich elegante Strohhüte mitgebracht, die auch unten im Ort zu kaufen waren. Ich habe lediglich eine verschossene blaue Baseballmütze dabei. Die kann ich jetzt unmöglich aufsetzen. Korrekte Kleidung, hieß es doch. Ich leide in Schönheit. Mein Hirn beginnt zu kochen. Ich ziehe die Mütze hervor und setze sie auf. Verstohlen blicke ich mich um. Niemand sonst trägt Baseballmütze zum dunklen Anzug. Ich mache mich etwas kleiner. Wird schon keiner merken. Da sehe ich auf den Großbildschirmen, wie die Kamera in die Menge zoomt. Zwischen all den schick Behuteten erscheint groß ein hitzerotes Gesicht mit Baseballmütze. Was will denn dieser Kerl mitten in der feinen Gesellschaft?

Ein weiteres Malheur kündigt sich für mich an. Die ersten Prominenten – Politiker, Hochadlige, Schauspieler, Modeschöpfer – fahren in schwarzen Limousinen vor und schreiten auf einem 103 Meter langen roten Teppich mit weißer Bordüre quer durch die Menge zum Portal des Palastes. Ich muss mir Notizen machen, da ich ja einen bunten Artikel schreiben soll, in dem die Promis prominent vorkommen müssen. Nur: Ich kenne mich mit Promis verdammt schlecht aus. Wahrscheinlich gehe ich einfach zu selten zum Friseur, um mich aus Zeitschriften über sie zu informieren. So erkenne ich gerade noch Karl Lagerfeld, Franziska van Almsick und den Bundespräsidenten. Aber all die anderen? Wer sind diese Leute? Der Staatschef von Absurdistan? Oder die Prinzessin von Whiskeypur? Zum Glück sitze ich neben einem hilfsbereiten Kollegen von der Klatschpresse. Der kann meine Ignoranz zwar kaum fassen, aber er gibt mir dann doch bereitwillig Auskunft. »Der norwegische Thronfolger, Naomi

Campbell, Roger Moore ...« Ich notiere und fotografiere.

Als ich mich so zum Paparazzo fortbilde, klingelt mein Handy. Am Apparat ist eine wütende Antonia. »Diese Froni«, schreit sie. »Ich könnte sie zum Fenster hinauswerfen.«

»Wer ist nun gleich wieder diese Froni?«, frage ich verwirrt. »Eine Herzogin des Hauses Wittelsbach?«

»Unsinn. Ich meine doch unser Navi. Es leitet mich wieder mal total in die Irre.«

Antonia fährt gerade zur Hochzeit der Rosards in der Kirche eines Pariser Vororts. »Ich bin total verzweifelt«, ruft sie. »Fronis Karten sind nicht mehr auf dem neusten Stand. Und hier wurde überall die Verkehrsführung geändert. Zeitweise zeigt mir Froni gar keine Straße mehr an. Dabei fahre ich doch auf einer Straße. Was soll ich denn tun?«

Antonia hat normalerweise sehr gute Nerven. Nur im Straßenverkehr flippt sie oft aus. Außerdem hat sie eine irrationale, um nicht zu sagen: weibliche, Abneigung gegen Froni. Womöglich ist sie eifersüchtig.

»Du bist viel schöner als Froni«, flöte ich aufmunternd.

»Idiot«, antwortet sie und beendet das Gespräch.

Trotz dieser Meinungsverschiedenheit halten wir uns in den folgenden Stunden per Anruf und SMS auf dem Laufenden, was auf der jeweiligen Hochzeit passiert. Antonia kommt schließlich doch noch pünktlich an der Kirche an und stößt auf ihre Hochzeitsgesellschaft. »Es sind ungefähr zwei Drittel Weiße und ein Drittel Schwarze aus Martinique«, erzählt sie. »Es herrscht allgemeine Unsicherheit, wer wer ist. Zum Glück zeigt mir ein Freund von Albert und Lucianise die wichtigsten Gäste. Lucianises Verwandte sind sehr schick, mit tollen Hüten. Eine ihrer Schwestern trägt ein langes, orangefarbenes Taftkleid, die andere ein champagnerfarbenes Rüschenkleid. Was haben bei dir denn die Leute so an?«

»Da ist einer, der trägt eine alte Baseballkappe zum dunklen Anzug.«

»Wie cool. Der traut sich was!«, ruft Antonia. So habe ich das noch gar nicht gesehen.

Vor dem Palast treffen nun immer mehr Prominente ein. Wir gemeinen Gäste klatschen und bestaunen die Kleider und den Kopfputz, als wären wir bei einem Filmfest. »Das ist wie Hollywood, echt crazy«, sagt eine Dame in der Reihe hinter mir. Dann erscheint die Braut, am Arm des Vaters. Giorgio Armani hat ihr Kleid aus gebrochen weißer Seidenduchesse kreiert. Sie wissen nicht, was gebrochen weiße Seidenduchesse ist? Macht nichts. Ich weiß es auch nicht. Aber der Klatschreporter neben mir hat es mir so erklärt. »Die Näherinnen haben in 2500 Stunden Zehntausende Perlen und Kristalle daraufgestickt«, sagt er. War er dabei? Hat er mitgezählt? Jedenfalls ist Armani da eine furiose Fusion aus Schlichtheit und Grandezza gelungen. Sogar Lagerfeld räumt ein: »Das Kleid ist äußerst elegant.«

Mademoiselle Wittstock, aus der nun *Son Altesse Sérénissime la Princesse Charlène* wird, zieht eine schier endlos lange weiße Schleppe hinter sich her. Sie ist eine schöne Prinzessin. Ich simse an Antonia: »Armani hat ihr eine lilienhafte Grazie verliehen.«

»Jetzt bleib mal auf dem Teppich«, simst Antonia zurück.

Bei Antonias Feier tut sich nun auch einiges. Zum Hochzeitsmarsch ziehen Albert und Lucianise I. in die Kirche ein – ein rotblonder Hüne von Bräutigam und eine zierliche schwarze Braut. Lucianise trägt ein reinweißes Kleid mit Spaghettiträgern und einen Schleier.

Neben den Brautleuten steht ein Kinderwagen – darin das inzwischen geborene, überaus verständige und den widrigen Umständen zum Trotz ausgesprochen gutartige Baby des Paares. Der Pfarrer sagt der bunten Gesellschaft, man feiere jetzt einen kirchlichen Gottesdienst. »Diejenigen unter uns, die keine Christen sind und – ähem – anderen Glaubensvorstellungen anhängen, sollten das einfach als etwas Spirituelles auf sich wirken lassen.« Damit können alle leben.

Auch in Monaco spricht jetzt der Priester. Er wünscht den Vermählten »eine fruchtbare Liebe, zu ihrer Freude und zu unserer Freude«. Albert II. sieht in seiner cremefarbenen Carabinieri-Paradeuniform etwas unbehaglich drein, so als würde er jetzt eigentlich lieber Tennis spielen. Charlènes *»Oui«* klingt wie *»Wuäi«*. Als sie Albert bei der Ringzeremonie die falsche Hand reicht, korrigiert er sie freundlich. Antonia wird von mir genau über alles informiert. »Jetzt singt Andrea Bocelli das Ave-Maria von Schubert«, simse ich.

»Auch wir singen heftig«, simst Antonia zurück. »Ganz kesse Gospelsongs.«

Als Charlène und Albert II. aus dem Palasthof treten, regnet es weiße Rosenblätter. Bei Lucianise I. und Albert regnet es Reis. Beide Bräute lachen. Dann wird gefeiert. Zu der Pariser Party sind mehr als hundert Menschen geladen. In Monaco feiern nur 6500 Untertanen der Grimaldis, 28 000 weitere Einwohner sowie ungezählte Touristen. Antonia und ich kommen beide erst sehr spät zu Bett.

»Meine Party war größer, bätsch«, simse ich ihr.

»Aber meine war bunter, ätsch.«

Die letzten verbliebenen Nachbarn unseres *hameau* packen ihre Autos voll und fahren davon in die Ferien. Nun sind wir hier wieder so allein wie vergangenen Sommer, als wir angekommen waren. Die Fenster der

Villen von Saint-Cloud sind mit schweren Eisenläden verschlossen. Polizeiautos fahren im Schritttempo durch die verwaisten Straßen. Man kann in etlichen französischen Gemeinden die örtlichen Polizisten darüber informieren, wenn man in Urlaub geht. Sie patrouillieren dann regelmäßig am Haus vorbei. Ein klasse Service. Nur gut, dass wir im Sommer im Garten keine Feuerwerke abbrennen.

Stattdessen grillen wir jetzt fast jeden Abend. Der Rauch kann zurzeit ja niemanden stören. Nicolas holt frische Baguettes beim maghrebinischen Lebensmittelhändler um die Ecke, der immer offen hat. Er schneidet sie auf, füllt sie mit unseren Gartenkräutern und Olivenöl und legt sie auf den Grill. Bald zieht ein köstlich-mediterraner Duft durch unser Gärtchen. Die Engelstrompete duftet mit den Rosen um die Wette. »Meinst du, dass wir im Urlaub in der Bretagne abends auch immer so schön draußen sitzen und schlemmen?«, fragt Bernadette ein wenig skeptisch.

»Bestimmt, mein Schatz«, verspreche ich ihr. »Ich habe extra eine Ecke in der Südwestbretagne ausgewählt. Da herrscht so ein prima Mikroklima.«

Dreiundzwanzig

Eine Woche später sitzen wir abends vor einer gemütlichen Crêperie in der Nähe von Concarneau am Meer. Unsere ersten französischen Sommerferien haben begonnen – und es ist praktisch so, wie ich es Bernadette versprochen habe. Sitzen wir etwa nicht draußen und schlemmen *galettes* mit Krabbenfleisch und *coquilles Saint-Jacques*? Zugegeben, wir sind etwas dicker gekleidet als in Saint-Cloud. Wir tragen lange Hosen und feste Schuhe, Fleecepullover, Windjacken, Wollmützen – und frieren erbärmlich. Der Sturm klatscht uns die *galettes* vom Teller ins Gesicht. Nicolas klagt über Halsweh. Antonia befürchtet eine Blasenentzündung, und Bernadette schaut mich mit einem Blick an, der töten könnte. An Baden war bisher überhaupt nicht zu denken, obwohl das Wasser nahezu 16 Grad hat. Aber die Luft ist einfach zu kühl. Der Wetterbericht prophezeit Regen. Und die Stimmung ist im … Genau. *Putain.* Durchgefroren fahren wir in unser Naturstein-Ferienhäuschen zwischen Hortensienbüschen. Die halten ganz schön was aus, diese Blumen. Antonia und ich wärmen uns an einer Flasche Rotwein – das hilft. Die *ados* bekommen Apfelschorle – das hilft nicht. »Warum sind wir nicht in die Maremma gefahren?«, fragt Bernadette.

»Wir sind doch keine verweichlichten Mittelmeerlinge, sondern Normannen«, versuche ich zu scherzen.

»Jetzt nenn uns nicht immer Normannen«, protestiert Nicolas, der sogar Strümpfe angezogen hat, was er normalerweise allenfalls im tiefen Winter macht. »Wir sind gerne Mittelmeerlinge.«

Die Diskussion spitzt sich zu. Antonia und ich behaupten ein wenig trotzig, dass wir nichts Schöneres kennen, als »dick vermummt Wind und Wetter am wilden Atlantik zu genießen«. Bernadette und Nicolas behaupten, dass sie in den Sommerferien gern auch mal etwas Sonne hätten und nichts Schöneres kennen, als »in Badehose und Bikini ins warme Mittelmeer zu springen«.

Ach, Mittelmeer!, denke ich, hüte mich aber davor, es auszusprechen. Da wir alle vier vernünftige Leute sind und zur Hälfte Juristen, schließen wir irgendwann am Abend einen Deal: Die *ados* meckern nicht mehr in diesem Urlaub – und dafür fahren wir nie wieder zu viert in die Bretagne. Bernadettes Gesicht hellt sich auf. »Abgemacht?«, fragt sie.

»Abgemacht!«

Insgeheim hoffe ich aber doch, uns alle noch von der Bretagne zu überzeugen. Schließlich hat es mir damals als Kind dort so gut gefallen. Am nächsten Nachmittag fahren wir daher nach Port Manech, einem wirklich romantischen Hafenort am Mündungstrichter des Flusses Aven. Hier entfaltet sich der ganze Zauber der Bretagne: rot-weiße Leuchttürme, Burgen aus verwittertem Granit, gewaltige Zedern, an Bojen schaukelnde Fischerboote, Angler am Quai, die auch wirklich etwas fangen, ein Sandstrand mit hölzernen Badehäuschen zwischen Felsklippen und natürlich immer wieder Hortensien.

»Was haltet ihr davon, ein Schlauchboot mit Außenborder zu mieten und den Fluss hoch bis nach Pont-Aven zu fahren?«, frage ich.

Die Antworten gehen im Jubel unter.

Die Prozedur ist erfreulich unbürokratisch. Wir bekommen von einem Kerl in einer Holzbude ein Hartgummiboot zugewiesen, das im seichten Wasser vertäut liegt. »Und wie kommen wir da hinüber?«, frage ich.

»Na zu Fuß«, sagt der Kerl. »Einen Helikopter habe ich nicht. *Allez-y!*«

»Bei dieser Kälte? Durchs Wasser?«

»Bei welcher Kälte?« Es ist eben alles relativ.

Wir ziehen Schuhe und Strümpfe aus, beißen die Zähne zusammen und waten durchs Wasser. Zum Glück habe ich Erfahrung mit Außenbordern, da ich vor 35 Jahren mit meinen Eltern vor Elba mit so einem Gummiboot herumgefahren bin. Damals musste man noch wie verrückt an einer Schnur ziehen, um den Motor anzuwerfen. Heute geht das auf Knopfdruck. Zufrieden steuere ich unser Boot aus der Bucht hinaus ins offene Delta des Aven und dann weiter flussaufwärts. Ein scharfer Wind peitscht das Wasser auf und treibt uns Gischt ins Gesicht. Wir frieren schon wieder, aber die Stimmung an Bord ist heiter. Es geht doch nichts über ein kleines Abenteuer. Auch der Sprühregen, der nun aufkommt, verdrießt uns nicht. Wir werden nach Pont-Aven fahren und dort etwas Heißes trinken. Wir kommen an wildromantischen, einsamen Gestaden vorbei. Ab und an steht ein düsteres Schloss auf einer Anhöhe, das aussieht wie Hogwarts aus Harry Potter. Das Wetter wird immer schlechter, und bald sind wir das einzige Boot unterwegs. Pont-Aven ist noch weit. Wir beschließen, besser umzudrehen. Denn wenn jetzt der Motor ausfällt …

Dann fällt der Motor aus. Wir treiben steuerlos auf dem Wasser. Ich kontrolliere den Tank, die Benzinzufuhr, drücke immer wieder auf den Starterknopf. Der Motor rülpst ein paarmal. Sonst tut sich nichts. »Scheiße«, sage ich.

»Merde«, korrigiert mich Antonia. »So viel Französisch muss sein.«

»Packt die Ruder aus«, sage ich.

Doch es gibt keine Ruder an Bord. Wir treiben weiter vom Ufer ab in die Mitte des Flusses hinaus. Der Regen wird stärker. Die Kinder stimmen *»Grazie, Roma«* an und verdrücken ein paar Tränen. Die Moral der Besatzung ist im Keller. Und wir haben nicht einmal ein Fass Rum an Bord.

Ich fürchte eine Meuterei. Man hat da schon schlimme Dinge gelesen. Würde mich meine Familie irgendwo auf einer unbewohnten Insel aussetzen? Nach einer Stunde Dümpeln im Nieselregen ist das nicht mehr so abwegig. Ich male mir aus, wie ich kannibalischen bretonischen Krabbenfischern entkomme, »Freitag« kennenlerne und in die Weltliteratur eingehe. Allerdings womöglich als Leiche. Nur: Wie wollen Antonia und die *ados* die Insel ohne Motor erreichen? Mich über Bord werfen? So weit gehen sie nicht.

Dummerweise hat uns der Vermieter des Schlauchbootes überhaupt keine Papiere mitgegeben. Keine Gebrauchsanweisung, keinen Vertrag, keine Telefonnummer – nichts. Dann sehe ich, wie Bernadette flink auf meinem Mobiltelefon herumtippt. Sie sucht unseren Vermieter via Internet. Wir haben hier sogar Empfang. Doch es gibt mehrere Bootsverleiher in Port Manech. Nach drei Telefonaten haben wir den richtigen gefunden. Ich schildere unser Problem. Er gibt mir allerlei technische Anweisungen, doch nichts hilft.

»Pas de problème«, meint er lässig. »Ich schick euch gleich jemanden.« Dann lässt er durchblicken, dass er mich für eine hoffnungslose Landratte hält, die aber auch gar nichts von Bootsmotoren versteht.

Als nach 20 Minuten noch niemand aufgetaucht ist, lassen wir allen Mut fahren. Wir überlegen schon, das Boot aufzugeben, ans Ufer zu schwimmen und uns durch die nächtlichen Wälder zum nächsten Ort durchzuschlagen. Dann hören wir ein wunderbares

Geräusch, es klingt wie Musik in unseren Ohren. Ein Außenborder. Kurz darauf taucht ein Boot hinter der nächsten Biegung des Flusses auf. Nicolas schreit »SOS«. Das Boot kommt im trüben Abendlicht näher. Darin sitzt eine Gestalt, die gerade dem Meer entstiegen sein muss. Salz überkrustet das lange, wirre Haar, das wie Seetang über das Gesicht hängt, die Augenbrauen und die Gesichtshaut. Der Körper steckt in einer dunklen, glänzenden Gummihaut. Zwischen den Zehen und Fingern wachsen Flossen, oder bilden wir uns das ein? Jedenfalls muss das ein Wassermann sein. Er kann sogar sprechen. Gönnerhaft meint er, wir hätten halt nicht *»l'habitude«*, die Gewohnheit, mit dem Motor. Der springe gleich wieder an.

Ich flehe im Stillen, er möge nicht mehr anspringen – und er springt nicht mehr an. Ich bin rehabilitiert, vor meiner Familie und vor dem Wassermann. Vergnügt schaue ich zu, wie er die beiden Boote mit einem Tau aneinanderbindet und uns abschleppt. Nass und schlotternd erreichen wir den Strand. Der Bootsverleiher erlässt uns unaufgefordert die Hälfte des Mietpreises. Nette Kerle, diese Bretonen.

Es war nicht abzusehen, aber es wird dann doch noch ein sehr schöner Urlaub. In unserer zweiten Ferienwoche auf der Halbinsel von Crozon im Finistère, dem extremen Westen der Bretagne, klart das Wetter auf. Wir verbringen herrliche Tage auf Klippenwegen und an wilden, wenig besuchten Sandstränden. Bernadette und Nicolas stauen ein Bächlein vor unserem Ferienhaus auf und haben eine Menge Spaß damit. An einem Abend fahren wir in den Hafenort Camaret-sur-Mer und essen Meeresfrüchte. Danach setzen wir uns an die warme Natursteinwand unseres Häuschens und schauen über eine Wiese hinweg auf meerumtoste Klippen. Es ist so warm, dass wir in Shorts und T-Shirts bleiben, bis die Sonne, weit nach 22 Uhr, schließlich untergeht. »Papa?«, sagt Nicolas.

»Ja, mein Liebling?«

»Ich habe gerade mit Bernadette gesprochen. Vielleicht fahren wir irgendwann doch noch einmal mit euch in die Bretagne.«

Da wissen die *ados* noch nicht, dass das Beste noch bevorsteht: Zwei Tage später verbringen wir den Nachmittag an einem Strand am Fuß einer Klippe. Wir gehen immer mal wieder in den Atlantik baden, so abgehärtet sind wir nun schon. Die Kinder entdecken einen riesigen lilafarbenen Seestern und fotografieren ihn im Wasser. Ich wärme mich im Windschatten der Felsen auf und blicke aufs Meer. Plötzlich sehe ich einen ungewöhnlich großen Plastikdelphin auf dem Wasser treiben. Er verschwindet manchmal in den Wellentälern und taucht dann wieder auf. Bernadette und Nicolas haben ihn auch bemerkt. Sie halten die Hand vor die Augen, um sie gegen die gleißende Sonne zu schützen, und schauen gebannt darauf. »Ein Plastikdelphin«, sage ich.

»Das ist kein Plastikdelphin! Der ist echt!«, schreien die beiden und sprinten los.

»Unsinn«, sage ich zu Antonia. »Hier gibt es doch keine Delphine. Schon gar nicht so nah am Ufer mitten unter den Badenden.«

Dennoch laufe jetzt auch ich zum Wasser. Und siehe da: Es ist tatsächlich ein echter Delphin. Eine Stunde lang wird er nun mit den Badenden spielen, es lässt sich nicht anders ausdrücken. Der Delphin schwimmt und taucht zwischen uns hindurch, dreht ab, kommt wieder ganz nahe auf uns zu, zieht eine Armlänge entfernt an uns vorbei. Wenn wir ihn jedoch anfassen wollen, entzieht er sich mit einer eleganten Wendung. Es ist phantastisch. Fast alle Leute vom Strand sind nun im Wasser und planschen um den Delphin herum. Der scheint ein Riesenvergnügen zu haben. Ich frage einen Taucher, der gerade aus dem Meer steigt, wie er sich das erklärt.

»Das kommt hier häufig vor«, sagt er. »Die Delphine folgen den Fischkuttern vom offenen Meer bis in die Bucht hinein. Dort sehen sie die Badenden und wollen mit ihnen spielen. Nach einer Weile haben sie dann genug und schwimmen wieder davon.«

So ist es. Unser Delphin dreht plötzlich ab und verschwindet im Ozean. Zitternd steigen wir aus dem Wasser. Wir merken erst jetzt, wie ausgekühlt wir sind. Wir setzen uns vor eine geschützte Bar in die Sonne. Die *ados* bestellen heiße Schokolade, Antonia und ich einen Lambig, einen bretonischen Apfelschnaps, der aus Cidre destilliert wird. Während es uns warm im Bauch wird, beschließen wir einstimmig, im nächsten Sommer wieder in die Bretagne in Urlaub zu fahren.

Vierundzwanzig

Dabei sind unsere diesjährigen Sommerferien noch gar nicht ganz zu Ende. Die letzten Tage wollen wir auf der Île de Noirmoutier verbringen, einer Atlantikinsel westlich von Nantes und südlich der Loire-Mündung, von der uns französische Freunde vorgeschwärmt haben. »Noirmoutier ist einfach ein Traum«, versicherten die Freunde. *»Un rêve! C'est la douceur!«* Man ahnt es, was sie noch sagten: »Es gibt dort so ein ganz besonderes Mikroklima.«

Entsprechend skeptisch fahren wir von der Bretagne aus dorthin. Wir rechnen mit dem Schlimmsten. Ich will noch Skimützen und Handschuhe kaufen, kann in dem Sportgeschäft in Crozon aber keine bekommen. Es sei schließlich Sommer, behaupten sie dort.

Und dann das: Wir überqueren vom Festland her eine moderne Brücke und landen in einem Inselparadies. Wir fahren vorbei an weißen Häuschen mit den charakteristischen hellblauen Fensterläden des maritimen Frankreich, an Dünen, Salzwiesen und den flachen rechteckigen Becken der Salinen mit ihren ameisenhaufenartigen Pyramiden aus weißem Kristall, durch Pinienwälder und Marschen. Ein azurblaues Meer klatscht gegen helle und goldgelbe Sandstrände. Radfahrer gleiten auf den Deichen vorbei. Katamarane mit bunten Segeln flitzen über die Wellen. Männer in gelben Gummihosen laden ihren Fang im Hafen des Hauptortes Noirmoutier aus. Auf den Terrassen der Brasserien sitzen die Urlauber vor überbordenden

Meeresfrüchteplatten und beschlagenen Gläsern mit wohlgekühltem Weißwein in der Sonne. Später zieht sich das Meer zurück. Halb Noirmoutier bricht barfuß oder in Gummistiefeln mit Eimern, Rechen und Harken auf, um in Prielen und Tümpeln nach Meeresgetier zu suchen. Ein zartes, milchiges Licht taucht alles in eine versonnene Atmosphäre. »*Putain*, ist das schön hier!«, sagt Bernadette.

Wieder einmal denke ich mir: Warum habe ich Frankreich nicht schon früher entdeckt? Doch lieber spät als nie.

Ich habe auf gut Glück im Internet eine Unterkunft gebucht. Sie ist ein Volltreffer. Mehrere weiße Inselhäuser mit Terrakottadächern gruppieren sich um einen mediterranen Garten mit Schwimmbad. Um die Terrasse vor dem Haupthaus und das blaue Becken wachsen Palmen, Oleander, Olivenbäume, Mimosen, Steineichen, Lorbeer, Rosen, Blauregen und Bougainvilleen. Das mit dem Mikroklima ist diesmal also nicht übertrieben. Die Zimmer sind einfach und geschmackvoll im Stil der Vendée, der hiesigen Region, eingerichtet. Jedes hat eine eigene Terrasse zum Sitzen und Träumen.

Wir stromern durch den Garten, in dem schneeweiße, puschelige Hühner herumpicken. Sie sehen aus wie wandelnde Wollknäuel. Ein Rasenmäherroboter frisst, einer riesigen Schildkröte gleich, unermüdlich das Gras ab. Immer wieder krabbelt er auf uns zu und stupst uns an die Füße, als ob er mit uns spielen wolle. Ein schlanker, gutaussehender Mann mit vollem graumeliertem Haar, vielleicht so Ende 50, kommt aus dem Haupthaus auf uns zu. Er sieht aus wie ein Schauspieler, und tatsächlich ist er ein preisgekrönter Theater- und Filmschauspieler sowie Drehbuchautor, wie wir erfahren werden. Jean, so stellt er sich vor, ist der Eigentümer dieser *résidence*. Gerade ist er aus New York zurückgekommen, wo er einen Teil des Jahres lebt. Den anderen Teil verbringt er hier mit seiner Frau Véronique. »Wir beide stammen aus Noirmoutier«, sagt er. »Ich bin in diesem Haus aufgewachsen, Véronique kommt aus dem Nachbarhaus. Doch wir haben uns erst zusammengetan, als ich nach 35 Jahren in Paris nach Noirmoutier zurückgekehrt bin. Dann haben wir gemeinsam diese *résidence* aufgemacht.«

Jean ist ein wandelndes Heimatlexikon. Er erzählt uns von steinzeitlichen Menhiren und Dolmen auf seiner Insel, von einstigen Überfällen der Sarazenen und Wikinger, von den Gräueln der Revolutionszeit und davon, dass die Menschen auf Noirmoutier vom *continent* sprechen, wenn sie das Festland meinen. »Gott sei Dank leben alle heute im Frieden miteinander«, sagt er und blickt liebevoll auf sein kleines Reich. Dann empfiehlt er uns, erst einmal Fahrräder zu mieten und die Insel zu erkunden.

Die folgenden Tage sind wir viel unterwegs, denn es gibt einiges zu erforschen. Die *Passage de Gois* etwa, eine Furt quer durch das Wattenmeer, die früher, vor dem Bau der Brücke, die einzige Verbindung zum Festland war. Die ein wenig abenteuerliche, mehr als vier Kilometer lange Fahrt vorbei an Sand, Schlick und Tümpeln voller Krabben und Austern ist noch heute sehr beliebt. Die Autos warten in langen Schlangen auf beiden Seiten, bis die Passage zweimal am Tag bei Ebbe freigegeben wird. Dann wird überall an der Strecke wild geparkt, um zum Meeresfrüchteernten auszuschwärmen. Wie schwere Sumpfvögel staksen unzählige Menschen gebückt durchs Watt und klauben sich ihr Abendessen zusammen. Dann naht die Flut, und alles eilt zurück zu den Autos. Für Fußgänger, die vom Wasser überrascht werden, stehen an der Strecke mehrere Pfähle mit Rettungskörben, in die sie sich flüchten können.

»Papa, lass uns die Flut abwarten und dann da hochklettern«, ruft Nicolas.

»Und was passiert mit unseren Fahrrädern?«

»Die nehmen wir bei der nächsten Ebbe wieder mit.«

Wir lassen das doch lieber bleiben, obwohl der Blick von den Stempen auf das heranflutende Meer sicher eindrucksvoll wäre.

Die Tage verfliegen mit dem Besuch von Salzwiesen und Austerngärten. Wir sehen Fischern zu, die ihren Fang bei einer »criée«, einer Versteigerung, verkaufen. Kisten voller Krabben, Seespinnen, Kraken, Tintenfische, Seezungen und Makrelen werden mit rauen Stimmen ausgeschrien. Dann wieder sitzen wir bei *café au lait* an einem Hafen, um uns vor dem nächsten Schwimmen im Meer zu stärken, das hier fast schon unanständige 20 Grad hat. Nach der Bretagne kommen wir uns vor wie Warmbader. Am liebsten mögen wir die sichelförmige elegante *Plage des Dames* zwischen Felsen und Steineichenwäldern. Die auf Stelzen gebauten, weißgetünchten hölzernen Badehäuschen geben dem Ort den Charme einer anderswo längst verflossenen Sommerfrische-Bourgeoisie. Wenn sich am Abend der Wind legt und der Strand leert, kommen wir uns in der warmen, feuchten Seeluft vor wie in den Tropen. *Vive le microclimat!*

Am Morgen erwartet uns ein für französische Verhältnisse ungewöhnlich üppiges Frühstück an einem langen Tisch in unserer *résidence*. Es gibt Marmeladen, frische Früchte, Eier, Käse, Croissants – alles, was der Bauch begehrt. Jean und Véronique kümmern sich persönlich um die Gäste, außer uns alle Franzosen. Wir kommen schnell ins Gespräch, und alle tauschen sogleich ihre Lebensgeschichten aus. Am meisten beeindruckt uns die von Brigitte. Sie wurde in Algerien als Tochter von Franzosen geboren und zog dann mit den

Eltern nach Madagaskar, wo der Vater einen Lebensmittelladen betrieb. Wegen Unruhen dort mussten sie alles zurücklassen und mit nur vier Koffern und ein paar Tüten nach Frankreich übersiedeln. Später ging Brigitte mit ihrem Lebensgefährten zurück nach Madagaskar. Es gab erneut Unruhen, und sie musste wieder fliehen und im französischen Jura ganz neu anfangen. Schließlich landete sie in der Vendée, in der ihre Mutter lebt. Die alte Kolonialmacht Frankreich bringt immer noch solche Schicksale hervor.

Jean und Véronique hören uns aufmerksam zu und flechten die eine oder andere Bemerkung ein, während sie das Frühstück servieren. Sie geben Tipps für Wanderungen, Strände und Märkte. Ich erzähle Jean, dass Nicolas so gerne einmal Hummer essen würde. »Doch in den Lokalen, in denen wir uns umgesehen haben, kostet der halbe Hummer um die 50 Euro. Das ist mir zu teuer. Kennen Sie nicht irgendein Restaurant, in das die Einheimischen gehen und wo es gut und günstiger ist?«

Jean überlegt. Dann sagt er: »Wissen Sie was? Ich organisiere Ihnen eine *homardise* hier bei uns in der *résidence*. Ich kaufe frische bretonische Hummer in der Markthalle und lasse sie dort gleich im großen Ofen dünsten. Dann werden sie ganz zart.«

Nicht nur wir sind begeistert. Auch Brigitte und einige andere Gäste schließen sich spontan der *homardise* an. Am Abend finden wir uns alle sommerlich fein aufgebrezelt an einer festlich gedeckten Tafel ein. Die Hummer sind köstlich. Genau richtig groß, das Fleisch aromatisch, mit Biss und dennoch zart. Dazu servieren Jean und Véronique hausgemachte Mayonnaise, Salat, interessanterweise Pellkartoffeln und knusprige Baguettes. »Ist Ihnen Muscadet recht dazu?«, fragt uns Jean.

Er ist uns sehr recht und fließt reichlich. Nicolas und Bernadette bekommen ein Glas Weinschorle, darauf besteht Jean. »Sie können ja schlecht Limo oder Cola zum Hummer trinken«, sagt er.

Meine Kinder verstehen sich prächtig mit Jeans Sohn Leo aus erster Ehe. Nach den Hummern ziehen sich die drei in Leos Zimmer zurück, um einen Videofilm anzuschauen. Wir anderen spachteln bei Käse und Rotwein weiter. Dabei wird lebhaft über den Tisch hinweg diskutiert und erzählt. Außer uns und Brigitte ist da ein junges Paar aus der Bretagne, das einige Zeit in Neukaledonien lebte. Sodann ein gewichtiger Geschäftsmann aus Montpellier mit einer etwas schrillen blondierten jungen Dame, die er als seine *»collaboratrice«* vorstellt. Sie verbringen hier wohl *un p'tit Arbeits-week-end*. Schließlich noch ein Gymnasiallehrer aus Poitiers und dessen Lebensgefährtin, eine Modedesignerin, die Accessoires im Internet vertreibt. Eine ziemlich bunte Gesellschaft. Bald kennen wir alle Lebensgeschichten und Familien- beziehungsweise Zweit- und Drittfamilienverhältnisse. Der Wein löst nicht nur meine Zunge, sondern auch meine Gedanken, und ich merke bald nicht mehr, dass ich Französisch spreche. Aus dem Garten steigt der Duft der Blumen herauf, Fledermäuse huschen durch die Luft zwischen den Bäumen. Jean fragt: »Was darf ich als Digestif anbieten? *Un calva?*«, und zwinkert uns freundschaftlich zu. Leben wie Gott in Frankreich – so muss es sein.

Mein Handy klingelt zweimal an diesem langen, fröhlichen Abend. Zunächst ist es Napoléon, der sich um unser Haus und die Tiere in Saint-Cloud kümmert. »Das Gemüse im Kühlschrank für die Meerschweinchen ist ausgegangen«, sagt er. »Da wollte ich nur fragen, was ich besorgen soll. Wieder Karotten und Gurke? Oder vielleicht mal Sellerie und Paprika? Immer Karotten und Gurke wird ja doch langweilig.«

Bernadette ist sehr beruhigt, als ich ihr erzähle, wie gut ihre Meerschweinchen versorgt werden.

Das zweite Mal ist Élodie am Apparat. »Ich bin wieder zurück aus den Ferien und wollte fragen, wie es euch geht«, sagt sie. »Ich vermisse euch. Ich würde euch gern meinen neuen *petit copain* vorstellen. Und ich möchte Bernadette die neuen Klamotten zeigen, die ich im Urlaub gekauft habe.« Wir verabreden uns für die kommende Woche zum Grillen bei uns im Garten. Es geht doch nichts über nette Nachbarn, besonders, wenn man im Ausland lebt.

In tiefer Nacht spaziere ich mit Antonia die 800 Meter von der *résidence* zur *Plage des Dames*, dem Strand der Damen. Jean hat uns erzählt, der Name stamme von den Druidinnen, die sich hier einst herumtrieben. Wir setzen uns in den Sand und hören dem Schwappen des tintenschwarzen Wassers zu. Eine goldene Mondsichel, schlank wie ein Druidenmesser, leuchtet zwischen den Sternen am Himmel. Wir strecken uns lang auf dem Strand aus, Antonia legt ihren Kopf auf meine Brust. Ich nicke ein. Ich träume von den eleganten Haussmann-Häusern mit ihren grauen Bleidächern und den vielen Kaminen in Paris. Ich sitze auf einem dieser Dächer und lese eine französische Zeitung. Eine Taube setzt sich neben mich. Sie trägt eine Baskenmütze auf dem Kopf. »Rom wird immer Rom bleiben«, gurrt sie. »Aber ihr könnt hier in Paris sehr glücklich werden.«

Ich schrecke aus dem Schlaf hoch und wecke dabei Antonia auf. »Es ist so schön hier«, sagt sie.

»Ja«, flüstere ich, »am liebsten würde ich ewig mit dir hier bleiben.«

Da wissen wir, dass wir richtig in Frankreich angekommen sind.

LE FIGARO
LE FIGARO
LE FIGARO
LE FIGARO
LE FIGARO